Maximilian
Kern

Historisches Bastelbuch für jung und alt

Maximilian
Kern

Historisches Bastelbuch

für jung und alt

Weltbild

Reprint nach der 44. Auflage der Originalausgabe aus dem Jahre 1912.
Seinerzeit herausgegeben von der Union Deutsche Verlagsgesellschaft,
Stuttgart/Berlin/Leipzig.

Genehmigte Lizenzausgabe für
Verlagsgruppe Weltbild GmbH, Augsburg 2002

Umschlaggestaltung: DYADEsign, Düsseldorf
Umschlagmotive: Andrea Kuckelkorn, Düsseldorf,
unter Verwendung zweier Abbildungen des Autors
Gesamtherstellung: Offizin Andersen Nexö, Leipzig

Printed in Germany

ISBN 3-8289-2409-3

Inhaltsverzeichnis

Schränkchen (siehe Seite 14).

Wie richte ich mein eigenes Zimmer hübsch und gemütlich ein?

Diese schwierige Frage erhebt sich im Herzen jedes Knaben, sobald ihm die Eltern einen Raum zubilligen, in dem er nach eigenem Gutdünken schalten und walten darf. Das Notwendigste zur Einrichtung des neuen kleinen Reiches stiften ja die Eltern, im übrigen aber soll der junge Eigentümer selber dafür sorgen, daß es eine richtige „gemütliche Bude“ wird, in der er sich sowohl allein bei ernster Arbeit behaglich fühlt als mit guten Freunden, die auf ein halbes Stündchen zum Plaudern kommen. Und mit Recht wird diese Forderung an ihn gestellt! Denn er, der später als Mann sich aus eigener Kraft den Weg durchs Leben bahnen muß, kann nicht früh genug damit beginnen, seinen praktischen Blick zu schärfen, seine Wünsche mit seinen Mitteln in Einklang zu bringen und dadurch von den Zufälligkeiten des Lebens weniger abhängig zu werden.

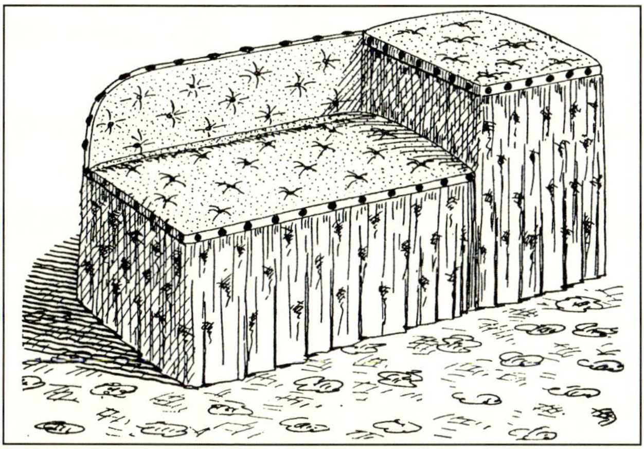

Abb. 1. Sitzbank mit Truhe und Kasten.

Da ist das eigene Zimmer just das beste Übungsfeld. In der Art, wie der junge Besitzer es auszustatten versteht, kommen seine Neigungen, sein Charakter am klarsten zum Ausdruck. Der eine wird die Wände mit hübschen Bildern schmücken, der andere hängt Präparate, Maschinchen oder Waffentrophäen daran auf, ein angehender Baumeister bastelt Modelle von Häusern, Kirchen und Burgen zusammen. Ihnen allen wollen wir gerecht werden, ihnen Anleitung und Anregung geben. Also ans Werk!

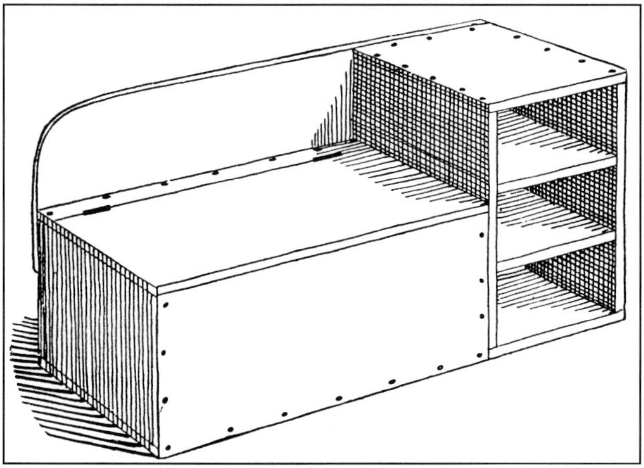

Abb. 2. Das Holzgestell der Sitzbank.

Wo es gemütlich sein soll, muß vor allem für eine Sitzgelegenheit gesorgt werden. In der Ecke zwischen Schreibtisch und Wand gibt es wahrscheinlich Platz für eine *Sitzbank* (Abb. 1). Aber weil ein so großes Möbel zuviel Raum in Anspruch nehmen würde, wenn es nur diesem einen Zweck diente, soll es zugleich mit Truhe und Kasten eingerichtet werden, um darin Werkzeuge, Schlittschuhe, fotographische oder physikalische Gerätschaften, Herbarium, Stein- und Münzensammlung unterbringen zu können.

Wer an der Hobelbank die erforderliche Geschicklichkeit besitzt, hält sich am besten genau an die Vorlage (Abb. 2) und zimmert die Sitzbank aus halbzölligen, glattgehobelten Brettern zusammen. Als Maße mögen gelten: für die gesamte Länge 135 cm, für die Höhe der Rückwand und der drei Kasten 72 cm, für die Höhe der

Banktruhe und die Breite des Sitzbrettes je 42 cm. Alle Teile sind der Haltbarkeit wegen nach dem Zusammenleimen noch durch Nägel zu verbinden. Der aufklappbare Truhendeckel wird mit der schmalen Anschlagleiste oder direkt mit der Rückwand durch starke eiserne Scharniere verbunden. Die Außenseiten beizt man braun an und festigt diesen Anstrich mit Spirituslack oder einer Auflösung von Schellack in Weingeist.

Man kann aber auch, ohne den Zweck des Möbels irgendwie zu beeinträchtigen, einige alte Kisten von entsprechender Größe dazu verwenden und braucht diese nur an den Seiten, wo sie aneinanderstoßen, durch zwei oder drei Schrauben zu verbinden. Außen herum aufgenagelte Leisten müssen allerdings vorher entfernt und der Deckel der Sitzkiste zum Aufklappen eingerichtet werden.

Abb. 3. Hocker mit Tarsoverzierung.

Der Stoffüberzug – jeder billige Baumwollstoff genügt – wird an der Lehne, der Oberseite der Kasten und auf der Sitzfläche glatt gespannt und an den Rändern mit Ziernägeln und unterlegter Zierborte festgemacht; an den Seiten reicht er in Falten bis auf den Boden (Abb. 1).

Auf die Oberseite der Kasten legt man hübsche Bilderwerke oder Noten, oder man stellt Blumen in einer Vase auf. Zieht man jedoch lebende Pflanzen vor, die sich hier ebenfalls sehr nett ausnehmen, dann legt man ihnen ein entsprechend großes Zinkblech (nicht Eisenblech, welches rostet) unter.

Ein anderes sehr brauchbares und leicht herzustellendes Sitzgerät ist ein sogenannter Hocker. Er besteht aus vier halbzölligen, etwa 42 cm hohen Brettern, zu einem Prisma oder Pyramidenstumpf zusammengeleimt und genagelt, und einem eckigen oder runden Sitzbrett darüber (Abb. 3). Die Seitenbretter, welche die Stuhlbeine vertreten, kann man unten zackig oder geschweift ausschneiden und schließlich alle fünf Flächen mit hübschen Verzierungen in irgendeiner Holztechnik (Holzbrand, Tiefbrand, Kerbschnitt usw.) ausstatten. Am einfachsten, aber dennoch von sehr liebenswürdiger Wirkung ist imitierte Intarsia (Tarso). Man überträgt das gewählte Muster auf das helle Grundholz (Satinholz), färbt die Teilflächen mit den nicht fließenden Richterschen Holzbeizen, kann nach Belieben auch die Umrißlinien des Ornamentes noch mit dem Brennstift kräftiger hervorheben und festigt die Farben schließlich mit zwei- bis dreimaligem Auftrag von hellem Spirituslack oder Schelllacklösung. Es genügt aber für bescheidene Ansprüche auch jeder dunkle Ölfarbenanstrich, den man auf allen Flächen durch eine schmale, hell und zu Kanten parallel laufende Linie unterbricht. So sehen auch die echten Hocker in den Bauernstuben aus, die Urbilder der seit einigen Jahren beliebt gewordenen Salonhocker. Wenn man das Sitzbrett aufklappbar einrichtet und zwischen die

Abb. 4. Türkisches Taburet.

Seitenbretter unten einen Boden einfügt, kann der Hocker zugleich als Papierkorb dienen.

Wer auf ein solches Sitzmöbel viel Zeit verwenden will, der mag sich an die Ausführung des *türkischen Taburets* (Abb. 4) machen. Am prächtigsten wirkt es in indischer Einlege-(Tauschier-)Arbeit. Man läßt in diesem Fall den Rohbau am besten aus weichem Holz vom Tischler herrichten, da das Verbinden unter einem Winkel von 60 Grad ziemlich umständlich ist. Die Höhe der Seitenwände mag 45 cm, die Breite 18 cm, die Dicke des Holzes 2 cm betragen; jede Seite des Sitzbrettes mißt 20 bis 22 cm. Auf diese Grundform werden die aus 2 mm dicken Furnieren gesägten Ornamente (Abb. 5 und 6) aufgeleimt. Man nimmt entweder zu den schwarzen Teilen Ebenholz (echt oder imitiert), zu den hellen Amarant-, Mahagoni- oder Nußbaumholz und erspart dadurch später das Färben, muß sich dann aber beim Aussägen peinlich genau an die vorgezeichneten Linien halten, oder man sägt alle Teile aus Ahornholz. Sind diese Furniere gut aufgeleimt, werden in die Fugen, die der Schnitt der Säge zurückgelassen hat, Streifen von 0,6 bis 0,8 mm dickem Kupfer- oder Zinkblech eingetrieben. Man läßt sie vom Klempner in einer Breite von ungefähr 2 mm zurechtschneiden, schärft sie mit der Feile an der einen Seite

Abb. 5. Muster zum Sitzbrett des Taburets.

Abb. 6. Muster zu den Seitenteilen des Taburets.

leicht zu und treibt sie dann mit Hammer und Flachmeißel vorsichtig ein, ohne das Holz zu verletzen. Sodann wird die ganze Fläche mit einer alten breiten Feile und feinstem Sandpapier sauber geglättet, worauf man die Felder des Grundes, ohne ein Auslaufen der Farbe befürchten zu müssen, mittels eines dünnen Pinsels nach Belieben braun oder schwarz beizt. Schließlich wird das Ganze poliert. Diese Arbeit ist freilich sehr mühevoll und wird nur einem geübten Bastler gelingen; dafür hat man dann aber auch ein schmuckes Möbelstück, das man jederzeit sehen lassen kann. Wer diese Mühe scheut, kann sich mit einer einfacheren Ausführung begnügen und auch damit einen recht hübschen Erfolg erzielen. Man läßt dann das Taburet gleich ganz aus hartem Holz, etwa Nußbaum, herstellen und bringt die Ornamente darauf in Flachschnitzerei an; der Grund wäre dann zu bunzen. Man kann aber auch das Muster in der Art des schon erwähnten Tarso ausführen oder gar nur in einfacher Ölmalerei; freilich wird in letzterem Falle das Taburet sich bald abnutzen und unan-

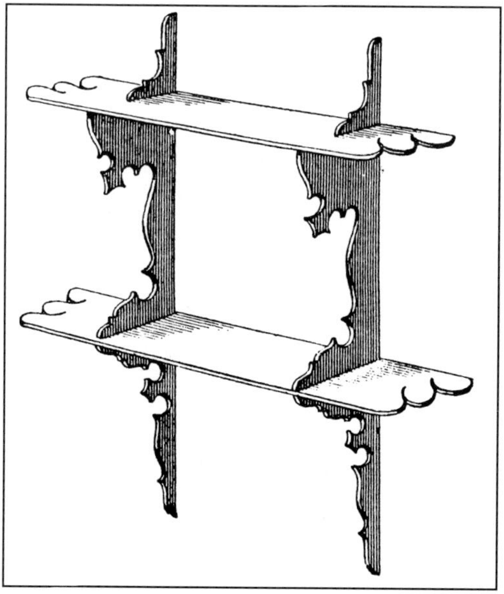

Abb. 7. Wandgestell.

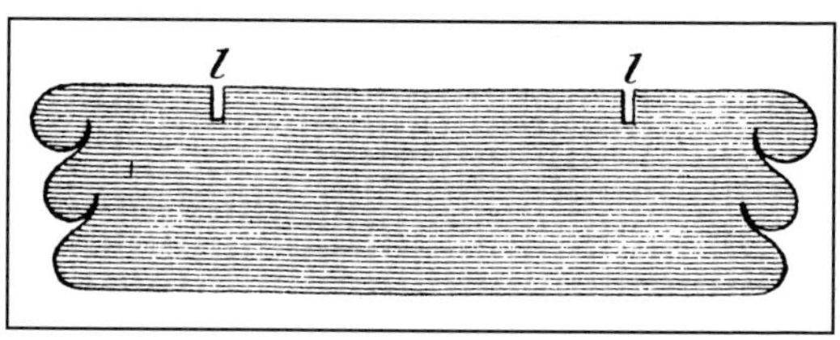

Abb. 8. Querbrett zum Wandgestell.

sehnlich werden, was zeitraubende Ausbesserungen verursacht. Größere Dauer gewährt dagegen der Holzbrand, der ja gleichfalls vielen jungen Bastlern geläufig ist. Die Umrißlinien werden dabei eingebrannt, der Grund wie bei Flachschnitzerei vertieft und mit dem Brandstift genarbt, endlich alle Flächen mit Bildhauerwachs überzogen und gebürstet.

Ein anderer sehr willkommener Gebrauchsgegenstand für das eigene Zimmer ist ein *Wandgestell,* gewöhnlich *Etagere* genannt. Abb. 7 zeigt eine solche in einfacher Ausführung, die auch von Anfängern leicht herzustellen ist. Man verwendet dazu viertelzölliges Holz, gleichviel ob weich oder hart, achte aber beim Aussägen sorgsam auf senkrechten Schnitt. Die nachstehenden Maßangaben dürften dem durchschnittlichen Bedürfnis entsprechen: für die beiden Längsbretter (Abb. 9) a b = 80 cm, c d = 18 cm, e f =10 cm; die Querbretter 20 cm breit, das obere 65 cm, das untere 75 cm lang. Letztere nehmen in den Ausschnitten l (Abb. 8) die schmalsten Teile der Längsbretter bei l auf und ruhen hier selber in

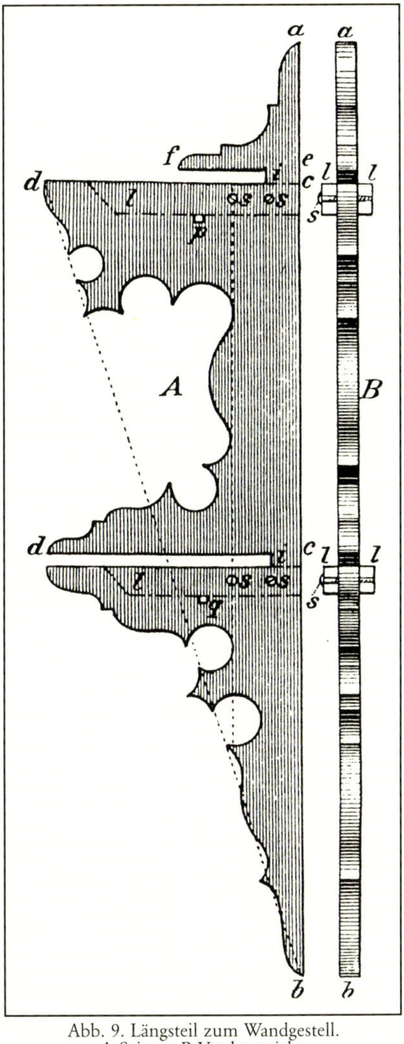

Abb. 9. Längsteil zum Wandgestell.
A Seiten-, B Vorderansicht.

Abb. 10. Eine Zigarrenkiste als Lesepult.

den Ausschnitten oberhalb der Verstärkungsleisten 1, die durch Schrauben s befestigt sind. In die Löcher p q schiebt man horizontal die Nasen von starken Mauerhaken und schlägt diese dann in die Wand, bis die Etagere fest aufliegt. Aus diesem Grunde ist es gut, vorher zu versuchen, wo sich solche Haken überhaupt in die Wand treiben lassen, und nach der Entfernung dieser Stellen die Maße der ganzen Etagere einzurichten. Es werden nur bei starker Belastung, etwa durch viele Bücher, vier solcher Haken notwendig sein; sonst genügen zwei. Die fertige Etagere wird im Naturzustand belassen oder gebeizt, dann gewachst, lackiert oder poliert.

Weit hübscher, aber auch etwas schwieriger herzustellen ist das *Eckschränkchen* auf unserer Beilage. Die unter dem Hauptbild befindliche Skizze zeigt, daß es aus zwei übereinandergestellten Kasten besteht; beiden fehlt die Vorderwand, dem oberen auch der Deckel. Man nimmt auch hier wieder viertelzölliges Holz, Tanne, Fichte oder Erle. Der untere Kasten kann vielleicht 60 cm lang, 35 cm breit und 45 cm hoch sein, die

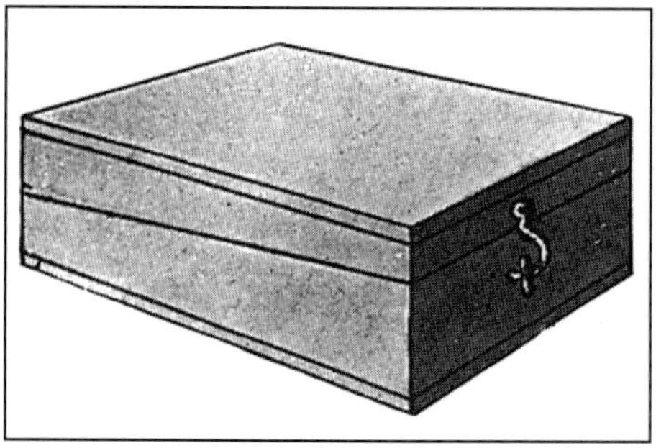

Abb. 11. Schreib- und Lesepult, geschlossen.

Vorderleiste oben 10 cm breit; für den oberen Kasten wären dann die entsprechenden Maße 47, 22 und 30 cm. Die Seitenwände des letzteren sind vorn bis auf 25 cm der Höhe abgeschrägt. Für die kleinen Seitenbrettchen bleibt dann eine Breite von 13 cm bei 10 cm innerer und 5 cm äußerer Höhe. Die inneren Scheidenwände sind nach Bedürfnis abzupassen und einzuleimen; ihre Anordnung braucht sich nicht unbedingt nach der Vorlage, sondern soll sich nach dem Bedürfnis jedes einzelnen richten. Kommt das Schränkchen in die Mitte einer Wand zu hängen, ist auch der Aufsatz in die Mitte zu stellen; er erhält dann nur 42 cm und die Seitenbrettchen nur 9 cm Länge. Das Muster kann man in Flachschnitzerei mit farbig ausgemaltem Grunde ausführen, ferner als Holzbrand oder Tarso. Am hübschesten wirkt es vielleicht, wenn man das ganze Kästchen blendend weiß lackiert (Zinkweiß mit einer Idee Blau vermischt) und das Muster mit Delfter- oder Preußischblau aufträgt. Zu diesem Zweck schneidet man sich Schablonen aus nicht zu dickem Karton, die man vor dem Gebrauch mit Leimwasser tränkt und trocknen läßt. Der Farbanstrich ist natürlich mit Ölfirnis anzurühren. Nachdem er mehrmals aufgetragen und jedesmal gut getrocknet ist, lackiert man das Schränkchen mit wasserhellem Spirituslack.

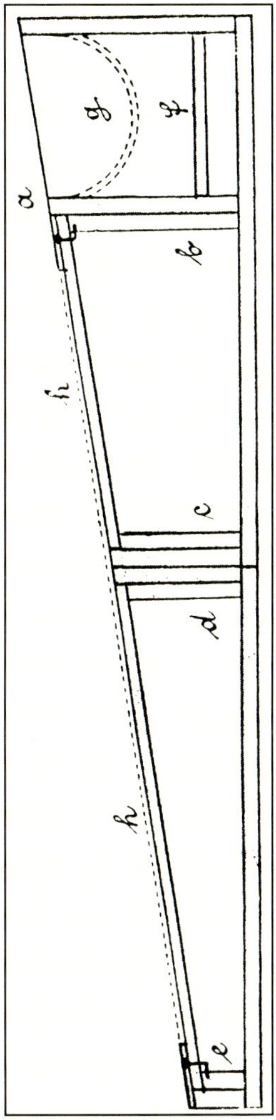

Abb. 12. Schreib- und Lesepult im Durchschnitt.

Unsere Schreibtische werden fast ausnahmslos mit horizontaler Platte hergestellt, obwohl es für unsere vielangestrengten Augen weit besser wäre, wenn die Bücher und Hefte etwas schief lägen, wie z.B. auf den Schulbänken. Diesem Übelstand kann man wenigsten beim Lesen auf die sehr einfache Art abhelfen, die in Abb. 10 dargestellt ist. Man nimmt eine flache, aber entsprechend große *Zigarrenkiste,* nagelt an der hinteren Seite des Deckels die Leiste c e auf, um das Buch am Herabrutschen zu hindern, klappt dann den Deckel nach Bedürfnis in die Höhe und erhält ihn in dieser Lage durch gewöhnliche Wäscheklammern oder durch die bekann-

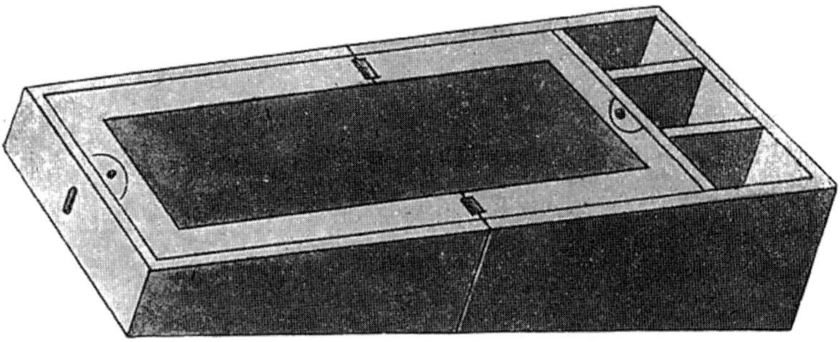

Abb. 13. Schreib- und Lesepult zum Gebrauch aufgeschlagen.

ten federnden, besonders von Amateurphotographen benutzten Holzklammern (a und b), die man rechts und links über die Seitenwände der Kiste klemmt.

Wer auf ein solches Hilfsmittel beim Arbeiten mehr Mühe verwenden will, mag die Herstellung des in den Abb. 11 bis 13 dargestellten *Pultes* versuchen; wie die Unterschrift besagt, eignet es sich sehr gut auch zum Schreiben. Seine ganze Länge beträgt 46 cm, die Breite 27 cm, die Höhe in geschlossenem Zustand 13 cm. Das Holz kann 6 bis 8 mm dick sein. Wie der Durchschnitt (Abb. 12) zeigt, enthält es einen größeren Raum (d e) für Papiere und einen kleineren (b c) für Briefumschläge u. dergl.; in der oberen offenen Abteilung gibt es ferner drei Fächer, von denen das mittlere für das Tintenfaß, die seitlichen für Stahlfedern, Radiergummi usw. bestimmt sind. Bei der Herstellung verfährt man am besten, wenn man aus den Brettern einen Kasten von 22,5 cm Breite, 27 cm Länge und

Abb. 14. Einfaches Notenpult.

13 cm Höhe durch Verzinken oder einfaches Verleimen zusammenfügt. Dann wird er in schräger Richtung zersägt, so daß die eine schmale Seitenwand im Verhältnis von 3:1, die andere im Verhältnis von 2:2 geteilt erscheint (Abb. 11). Hierauf werden die Querwände eingefügt und schließlich die Deckel h (Abb. 12) der beiden flachen Kasten gesägt, die auf besondere Leistchen (b c d e) zu ruhen kommen. Diese Deckel müssen etwas tiefer liegen als der sie umgebende Außenrand der Kasten, weil man sie später ringsum mit dünnen Furnierstreifen versieht (Abb. 13) und zwischen diesen grünes oder rotes Tuch ausspannt oder anleimt; auch richtet man sie mittels kleiner Scharniere und Vorreiber zum Aufklappen ein. Die beiden einzelnen Kasten sind rückwärts durch zwei starke Scharniere verbunden und vorn mit einem Schließhaken versehen.

Abb. 15. Notenpult in Alabastersägerei.

Abb. 16. Einfacher Wandleuchter in Kleineisenarbeit.

Auch an diesem Pult kann man mancherlei hübsche Verzierungen in Flachschnitzerei, Holzbrand u. dergl. anbringen.

Viele unserer Leser sind wahrscheinlich große Musikfreunde. Ihnen wird es willkommen sein, zu erfahren, wie man aus acht einfachen schmalen Holzleisten ein sehr praktisches *Notenpult* zusammenbastelt. Diese mögen etwa 3 bis 4 cm breit, 4 mm dick und sieben davon 40 cm lang sein, während die achte, die rückwärts als Stütze dienen soll, nur 22 cm mißt. Man nagelt sie nach Abb. 14 zusammen und verbindet die Stütze mit der mittleren Längsleiste durch ein Scharnier. Die mittlere Querleiste ist doppelt zu vernageln, weil sonst das Ganze nach bekannten mathematischen Gesetzen nicht im rechten Winkel festbleibt. Beizen, Lackieren oder ein Anstrich mit Ölfarbe tun auch hier ein übriges, dem Gegenstand zu gefälligerem Aussehen zu verhelfen.

Etwas schwieriger ist das *Notenpult in Alabastersägerei* (Abb. 15), das auch schon durch seine Ornamente, eine Leier, Thyrsosstäbe und Lorbeeren, auf den künstlerischen Zweck hinweist. Die Alabastersägerei, zu der man die erforderlichen Platten in jedem größeren Geschäft für Dilettantenkunst erhält, ist nicht schwieriger, sondern nur etwas langweiliger als gewöhnliche Laubsägearbeit; die Säge ist aber dabei immer reichlich mit Wasser zu kühlen. Die untere Breite des Pultes mag 40 bis 50 cm betragen. Das Aufmontieren der fertigen Platte auf einen entsprechend hohen Stän-

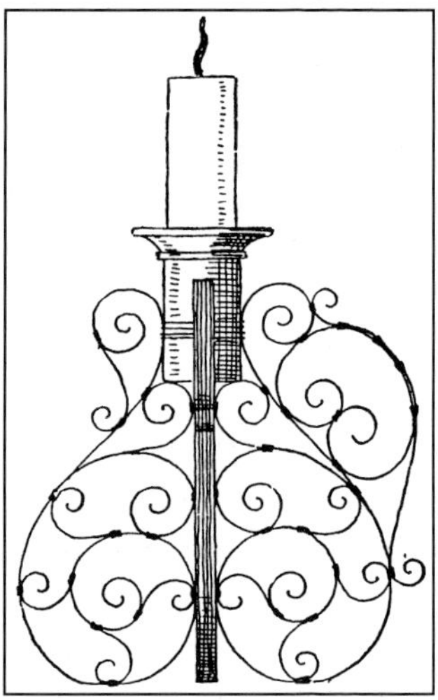

Abb. 17. Einfacher Handleuchter in Kleineisenarbeit.

der geht jedoch über jugendliche Bastelkunst hinaus und wird daher am besten einem mit solchen Arbeiten vertrauten Handwerker überlassen; meist besorgen dies auch die Geschäfte, in denen man die Platte gekauft hat.

Abb. 18. Ampel mit Wandarm in Kleineisenarbeit.

Wenn wir uns jetzt der Beleuchtung unseres Zimmers zuwenden, sei gleich vorausgeschickt, daß man an Stelle der in den Vorlagen angegeben Kerzen ebensogut Glühlämpchen anbringen kann. Was das rein Elektrotechnische, also Stromquellen, Schaltungen usw., anlangt, so würde eine Erörterung dieser Dinge über den Rahmen des vorliegenden Buches hinausgehen, weshalb wir auf die betreffende Spezialliteratur verweisen müssen. Bemerkt sei nur, daß dann an Stelle der Kerzenhülsen Glühlampengewinde kommen müssen; die Zuleitungsschnüre wären längs einer der großen Spiralen so zu führen, daß sie möglichst wenig ins Auge fallen.

Zu diesen *Leuchtern* eignet sich in hohem Grade die sogenannte Kleineisenarbeit. Allerdings ist dieser Name nicht völlig zutreffend, denn statt Eisenblechstreifen nimmt man besser solche von Zinkblech, 1 mm dick und 5 bis 10 mm breit, weil sie sich viel leichter biegen lassen. Sie werden, nachdem man das Muster auf den natürlichen Maßstab vergrößert hat, nach diesem gebogen, untereinander durch Klammern aus gleichem Metall, oder wo es nötig ist, durch Nieten verbunden und schließlich der fertige Gegenstand mit Eisenlack angestrichen. Die Rosetten unten an der großen Wandampel (Abb. 18) schneidet und biegt man gleichfalls aus dünnem Blech zurecht und verbindet sie durch Drahtglieder. Der dicker gezeichnete Tragstab des einfachen *Wandleuchters* (Abb. 16) mag etwa 25 cm lang sein und kann aus Eisen oder Holz bestehen. Die übrigen Maße entnimmt man der Vorlage durch Abstechen mit dem Zirkel und Vergleichen. Der *Handleuchter* (Abb. 17) ist ungefähr zweieinhalbmal zu vergrößern; die Höhe eines Fußes beträgt also ohne Kerzenhülse gegen 10 cm. Dieser Leuchter kann drei- oder vierteilig hergestellt werden und der mittlere Stab sowie der Kerzenhalter gleichfalls aus Holz bestehen. Den Wandarm der großen sechseckigen *Ampel* dagegen (Abb. 18), der eine ziemliche Last zu tragen hat, macht man aus diesem Grunde wohl durchwegs aus Eisenblechstreifen. Der Stab A dürfte mit 30 cm gerade recht bemessen sein, so daß dann der untere Durchmesser der Laterne von Eck zu Eck etwa 14 cm betragen würde. Die eine Seite dieser Laterne ist als Türchen einzurichten, um die Kerze, Öllampe oder Glühbirne

Abb. 19. Burgruine als Uhrhalter.

auswechseln zu können. Innen wird die Laterne durch sechs trapezförmige und eine sechseckige bunte Scheibe verglast, die man vom Glaser zurechtschneiden läßt und mit Metallklammern befestigt; die sechsseitige Scheibe unten dient dann zugleich als Träger für die Kerze oder Öllampe.

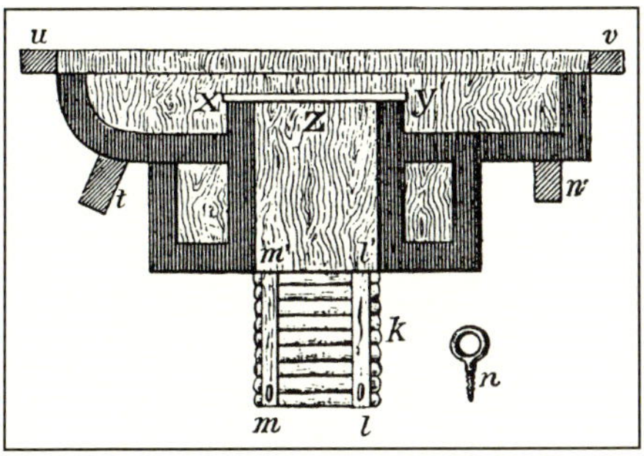

Abb. 20. Grundriß der Burgruine.

Zur vollständigen Einrichtung unseres Zimmers gehört ferner ein Uhrständer. Von den zahlreichen Möglichkeiten, einen solchen herzustellen, haben wir eine ausgewählt, die sich, ohne besonders schwierig zu sein, vor den meisten anderen durch Originalität auszeichnet und sicherlich die Bewunderung jedes Besuchers erringt. Wir meinen den *Uhrhalter* in Form einer *Ruine,* wie ihn die Abb. 19 in der Gesamtansicht darstellt. Den Querschnitt in der Höhe der Zugbrücke zeigt die Abb. 20.

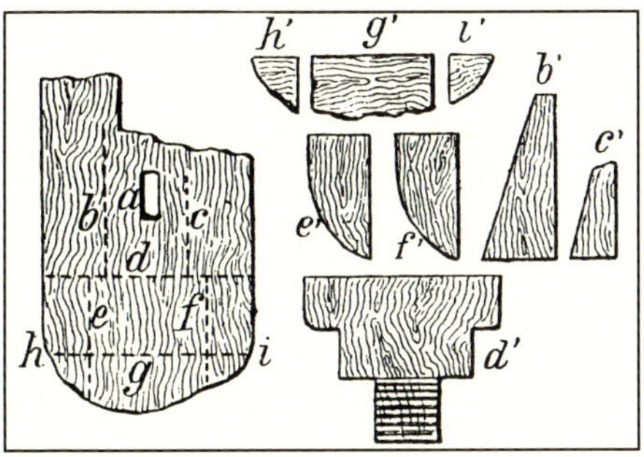

Abb. 21. Brettchen zum Gestell der Burgruine.

Man sägt zunächst aus gewöhnlichem Laubsägeholz neun Brettchen von den Formen, die aus Abb. 21 zu ersehen sind. Wenn wir die größte Breite des Brettchens d', an der Rückseite gemessen, mit etwa 25 cm angeben, lassen sich die übrigen Maße durch Abstechen mit dem Zirkel leicht berechnen. Auf das Brettchen d' nagelt man unten zwei Leisten, die vorn ungefähr 8 cm vorstehen, und oben mit Weidenstäbchen belegt werden;

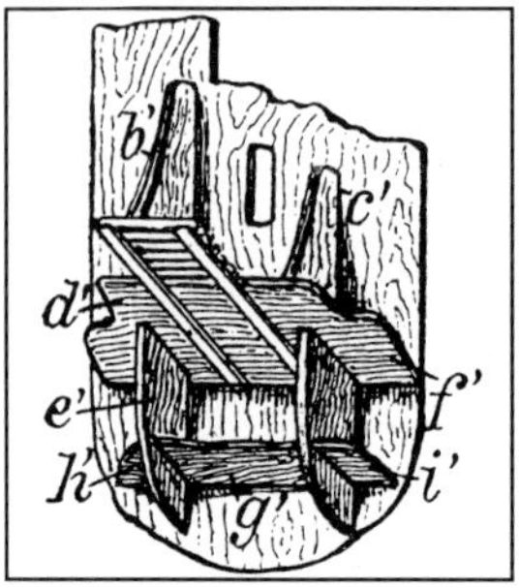

Abb. 22. Gestell zur Burgruine.

darüber kommen nochmals kurze schmale Leistchen (m m' und l l'). Das Ganze stellt dann die Zugbrücke vor (k in Abb. 20). Bei l und m werden kleine Metallösen (n) eingeschraubt, in die später die Enden der Zugkette gehakt werden. Ist man so weit, dann werden die Brettchen b' bis i' auf dem großen Rückenbrett in der Weise festgeleimt, daß das Ganze das Aussehen von Abb. 22 erhält. Auf dieses Holzgestell kommt nun der Aufbau der Ruine zu stehen. Man schneidet zu diesem Zweck aus alten Korken kleine Quadern, die man nach Bedürfnis mit einer Korkfeile glättet. Letztere besteht einfach aus einem flachrunden Holzstab, der ringsum mit feinem Sandpapier beklebt ist. Die so erhaltenen Quadern leimt man an den schwarz schraffierten Stellen des Brettes d' (Abb. 20) übereinander, bis man ungefähr die Form der Abb. 19 erzielt hat. Abb. 23 zeigt die Einzelheiten des Torbogens. Man ersieht daraus, daß innen im Torweg rechts und links ein kleines Rad, etwa von einem alten Spieleisenbahnwagen stammend, mit einem Nagel festgesteckt ist. Von diesem geht die Kette über kleine Rollen D E, aus Holz- oder Beinknöpfen hergestellt, bis zu den Ösen der Zugbrücke. Das Fallgitter wird aus dünnen, runden Holzstäbchen und einer dickeren Querleiste gefertigt, dann mit einem Brei aus Graphitpulver und Wasser bestrichen und gebürstet, so daß es das Aussehen von Eisen gewinnt. Hinten in den Torbogen (bei x–y der Abb. 20) kommt ein Stück Spiegelglas (z) von entsprechender Größe; da sich

Abb. 23. Toreinfahrt zur Burgruine.

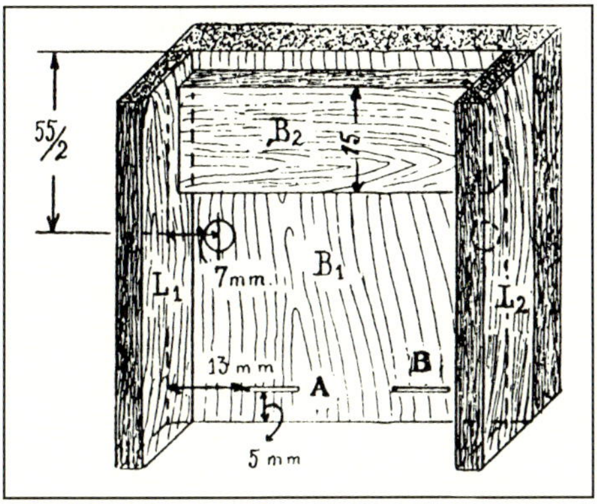

Abb. 24. Kästchen zum Uhrhalter mit elektrischer Beleuchtung.

der ganze Torweg darin widerspiegelt, erhält es den Augenschein, als ob unsere Burg auch nach rückwärts hin offen sei. Über den Torbogen kommt ein kleiner Schraubenhaken (B in Abb. 23), der später die Uhr tragen soll. Auf die Vorsprünge t–u–v–w des Brettes d (Abb. 20) werden nun die Strebepfeiler aufgebaut, die gleichsam aus den Felsen herauswachsen. Ist alles gut trocken, rührt man Gipsbrei an und formt daraus von d nach abwärts die Felsen, die nach dem Erstarren mit gewöhnlichen Wasserfarben graublau bis schwärzlich angestrichen und mit einer Lösung von Schellack in Weingeist getränkt werden, zur größeren Haltbarkeit sowohl der Farben als des Gipses. Schließlich setzt man auf die Türme der Ruine einiges Moos und dürre Ästchen als Strauchwerk, gibt auch den Mauern mit brauner oder grauer Farbe ein altes Aussehen, und das Kunstwerk ist fertig. Das Loch a in der Rückwand (Abb. 21) dient zum Aufhängen an einem entsprechend starken Mauerhaken.

Manche unserer jungen Leser dürften wahrscheinlich bei ihrem Uhrhalter zugleich ein Glühlämpchen wünschen, das ihnen ermöglicht, zu jeder Zeit die genaue Stunde abzulesen. Ein solches Lämpchen liesse sich nun wohl ohne weiteres an unserer Burgruine anbringen, würde

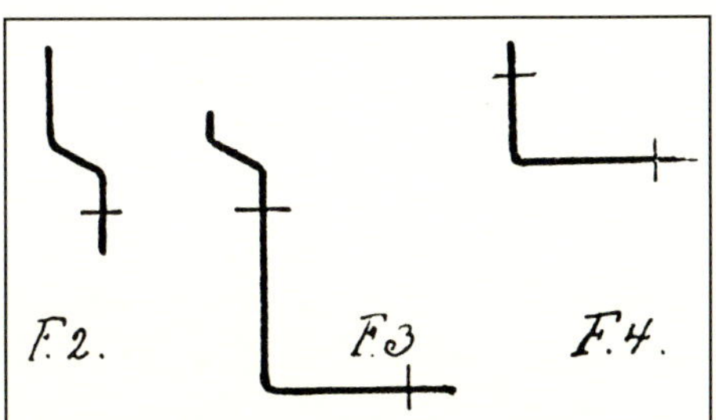

Abb. 25. Kontaktbleche zum Uhrhalter.

aber als hochmoderne Erfindung mit einem solchen alten Bauwerk im schreiendsten Widerspruch stehen. Es sei deshalb jedem Wunsche Rechnung getragen durch die Beschreibung des *Uhrhalters mit Glühlampe,* dessen Herstellung die Abb. 24 bis 31 erläutern. In ein quadratisches Brettchen B1 von 7 bis 8 mm Dicke und 55 mm Seitenlänge bohrt man (Abb. 24 und 26) zur späteren Befestigung an der Wand zwei Löcher (Lö) und schneidet mit der

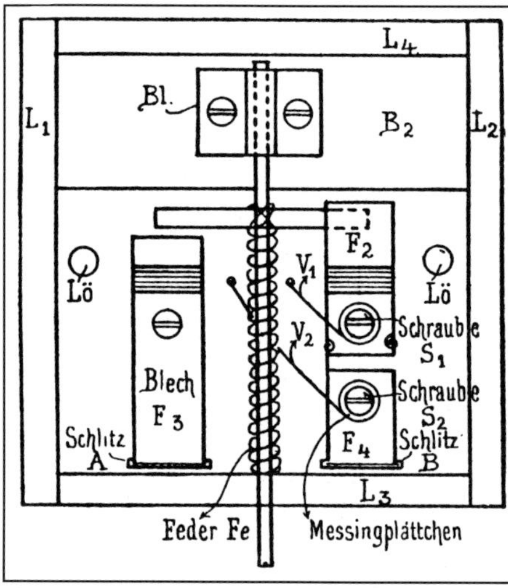

Abb. 26. Kontaktgehäuse, von rückwärts gesehen.

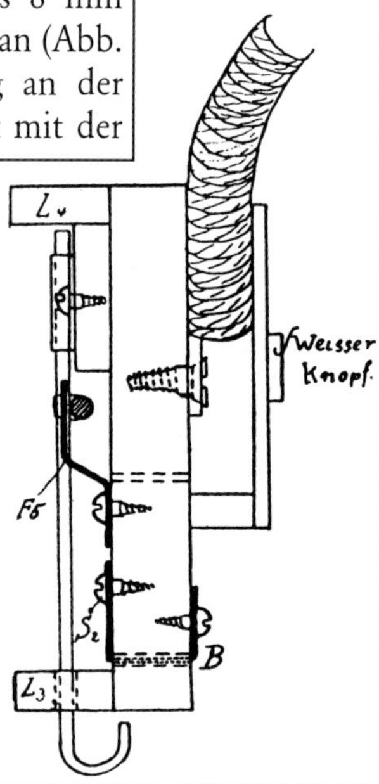

Abb. 27. Kontaktgehäuse im Durchschnitt.

Laubsäge an den ebenda angegebenen Stellen zwei Schlitze (A und B) von ungefähr 8 mm Länge und 1/2 mm Breite aus. Dann sägt man aus Zigarrenkistenholz vier Leistchen von 10 mm Breite. Zwei davon (L_1 und L_2) haben eine Länge von 55 mm; man leimt oder nagelt sie nach der Vorschrift der Abb. 24 auf das quadratische Brettchen B_1. Ferner braucht man noch ein Brettchen B_2, 3 bis 4 mm dick und 15 mm breit; es wird zwischen die Leisten L_1 und L_2 geleimt. In den schmalen Raum, der oben bleibt, kommt später das Leistchen L_4. Des weiteren sägen wir noch aus einem 7 mm dicken Brettchen einen Holzring mit 35 mm äußerem und 25 mm innerem Durchmesser – um später den Lampenarm hindurchführen zu können, wird an einer Stelle ein etwa 7 mm breites Stück aus ihm herausgesägt – und eine runde Scheibe von 35 mm Durchmesser. Damit ist die Laubsägearbeit zu Ende. Wir schneiden nun einen Messing- oder Kupferdraht, 25 mm lang und 2 bis 3 mm dick, sowie einen Eisendraht, 65 mm lang und 1,5 mm dick, zurecht, machen daraus ein Kreuz (siehe Abb. 26 in der Mitte), so daß der kleinere Arm des Eisendrahtes 17 mm lang bleibt, und vereinigen die beiden Stücke durch Löten. Man bindet sie zu diesem Zweck mit dünnem Blumendraht zusammen, bestreicht die Stelle mit Lötwasser, wickelt ein Stück Stanniol darum, gibt noch einmal Lötwasser darauf und erhitzt das Ganze in der Spiritusflamme, bis das Stanniol geschmolzen ist. Sodann schneiden wir aus 1/2 mm dickem Messingblech drei Streifen von 7 mm Breite und 20 mm, bzw. 28 und 45 mm Länge. Sie werden nach Abb. 25 gebogen und an den mit Querstrichen bezeichneten Stellen mit Löchern für 2 mm dicke Schrauben versehen. Das längste Blech F_3 schieben wir mit seinem kürzeren Schenkel durch den Schlitz A, biegen das auf der anderen Seite vorragende Stück von etwa 10 mm Länge um, daß es fest aufliegt, und ziehen die vorgesehenen zwei Schrauben ein. Unter die Schraube auf der Außenseite legt man besser noch ein durchbohrtes Messingplättchen, weil

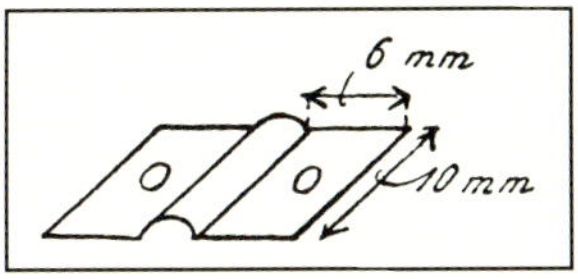

Abb. 28. Blechführung für das Drahtkreuz.

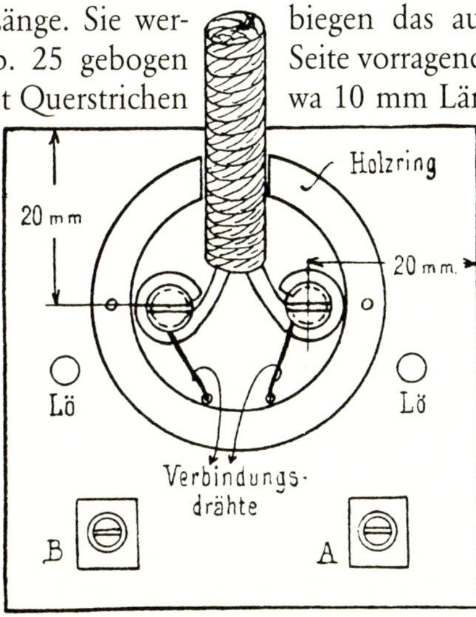

Abb. 29. Befestigung des Lampenarmes, von vorn gesehen.

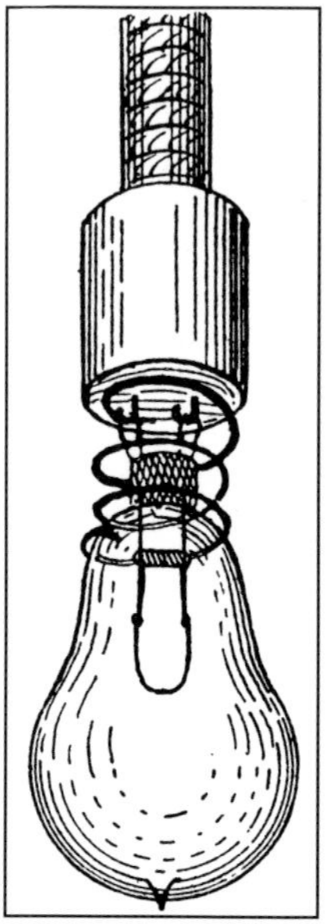

Abb. 30. Einhängevorrichtung für die Glühlampe.

hier zum Schluß der eine Stromzuleitungsdraht eingeklemmt wird. Das Blech F_4 wird durch den Spalt B geschoben, gleichfalls umgebogen und verschraubt; auch hier legt man ein Messingplättchen unter. Wie und wo jetzt noch Blech F_2 anzuschrauben ist, zeigt deutlich die Abb. 26; damit sich dieses Blech nicht aus seiner Lage drehen kann, schlägt man rechts und links von seinem unteren Ende noch je ein kurzes Stiftchen ein. Nun wickeln wir aus einem Stück Stahldraht (alte Klaviersaite) über einem Nagel eine Spiralfeder (Abb. 26), schieben sie über den längsten Schenkel des Drahtkreuzes, stecken dessen Ende durch ein in die Mitte des Leistchens L_3 gebohrtes Loch, in dem er sich leicht bewegen, aber nicht klappern darf, und leimen das Leistchen an die angegebene Stelle. Das obere Ende des Kreuzes erhält durch das nach Abb. 28 gebogene und nach Abb. 26 befestigte Blech B_1 eine sichere Führung. Jetzt wird noch Leistchen L_4 eingeleimt und dem herausragenden unteren Ende des Drahtkreuzes die Form eines Hakens gegeben. Abb. 27 zeigt das Kästchen im Durchschnitt.

Nun wäre der Lampenarm herzustellen. Zwei Kupfer- oder Messingdrähte, 2 mm dick und etwa 25 cm lang, werden an einem Ende mit einer Öse versehen und dann in der Form des beabsichtigten Armes gebogen (Abb. 31). Hierauf umwickelt man sie mit Isolierband – zur Not genügt auch gewöhnliche Borte, die aber nachher mit Schellacklösung zu tränken ist –, und verbindet sie durch Einlage von Kor-

Abb. 31. Gesamtansicht des Uhrhalters mit elektrischer Beleuchtung.

del und Umwinden mit Blumendraht zu einem runden Körper, aus dem nur einerseits die Ösen und anderseits die 20 mm langen freien Enden der Drähte hervorsehen. Durch Umwickeln mit Kordel oder Schnur und Anstreichen mit Asphaltlack erhält er ein hübscheres Aussehen. Die freien Enden der Drähte werden nun durch einen Kork von 15 mm Länge gesteckt, ohne daß sie sich

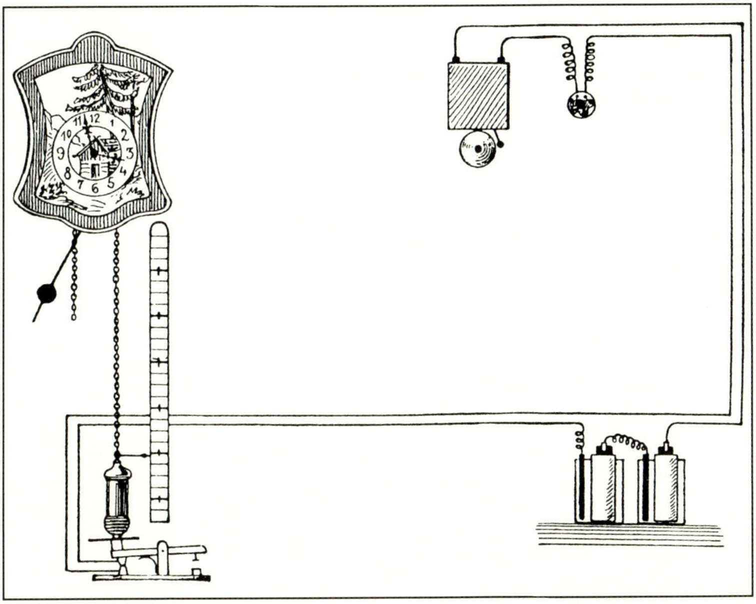

Abb. 32. Elektrische Weckvorrichtung an einer Schwarzwälderuhr.

berühren, und die vorstehenden Endchen zu Haken gebogen, in die wir später die Glühbirne einhängen (Abb. 30). Eine Spiralfeder aus Draht drückt deren Ösen dann fest in die Haken und sorgt hier für guten Kontakt. Um den Kork leimt man am Schluß eine Manschette aus Seidenpapier. Der Arm wird nun mit Hilfe der beiden Ösen nach Abb. 29 auf die Vorderseite des Holzkästchens geschraubt; dabei klemmt man gleichzeitig zwei Leitungsdrähte fest, die von S_1 und S_2 herkommen. Dann leimt man den Holzring an und schraubt auf diesen die Holzscheibe. Wer Spaß liebt, mag

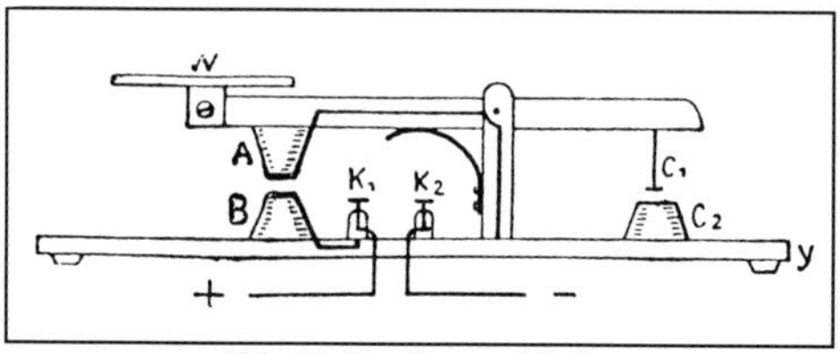

Abb. 33. Der Stromschließer.

auf letztere noch einen weißen Knopf (Abb. 27) leimen; Uneingeweihte werden dann glauben, er diene zum Schließen des Stromes. In Wirklichkeit hängt man den Uhrpantoffel an den Haken, der unten aus dem Kästchen vorschaut. Will man nach der Zeit sehen, so zieht man einfach am Pantoffel; dann stellt der Querarm des Drahtkreuzes die Verbindung zwischen F_2 und F_3 her, und der Strom bringt auf dem Wege Batterie–A–F_3–Querarm–F_2–S_1–V_1–Glühlampe–V_2–S_2–F_4–B–Batterie das Lämpchen zum Aufleuchten.

Nicht unwichtig für das eigene Zimmer ist ferner eine Weckvorrichtung. Der gesunde, tiefe Schlaf ist nun einmal eine Gabe der Jugend, und wir fügen hinzu, ein glückliches Vorrecht, wenn er auch nicht selten eine sehr große Selbstüberwindung von uns fordert. Da muß gewöhnlich die Weckuhr mit ihrer mahnenden Stimme zu Hilfe kommen, wenn man aus dem wohlig warmen Bett mit einem Male an das Waschbecken mit dem kalten Naß treten soll, besonders im Winter. Nun ist zwar ein Wecker heutzutage ein ziemlich billiger Marktartikel, aber die drei bis vier Mark, die er kostet, sind für die Börse des jungen Bastlers doch recht empfindlich, zumal er immer Ergänzungen für seinen Werkzeugkasten und dergl. braucht; außerdem kennen wir mehr als einen jungen Freund, der es fertig bringt, den Mahnruf des Weckers grollend anzuhören und dann sich friedlich wieder aufs Ohr zu legen. Da hilft nur eine *Weckuhr,* die so lange läutet, bis man sie abstellt und zu diesem Zweck aus dem Bett springt. Die Herstellung eines solchen nützlichen Helfers zur Pünktlichkeit wollen wir nun an Hand der Abb. 32 bis 34 beschreiben.

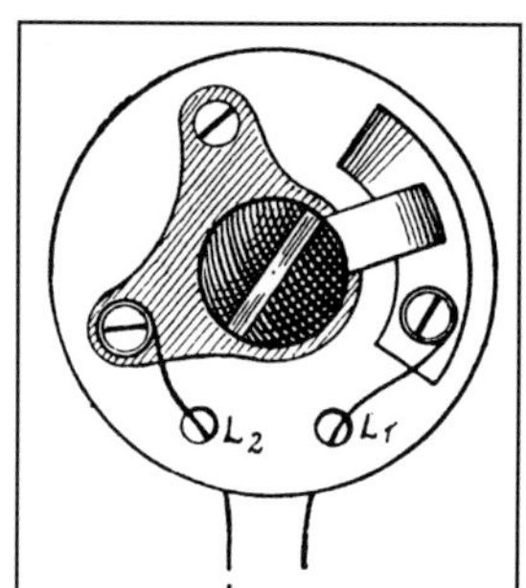

Abb. 34. Der Ausschalter.

An dem Gehwerkgewicht einer Uhr, die nicht einmal in unserem Zimmer zu hängen braucht, bringen wir einen leichten Zeiger an und hinter diesem an der Wand einen genügend langen Papierstreifen, auf dem wir viertelstundenweise den Weg des Gewichtes markieren, etwa indem wir die Stellung des Zeigers früh und abends um 7 Uhr bezeichnen und den Zwischenraum in 48 Teile teilen. Nun ist ein Stromschließer herzustellen. Er besteht aus

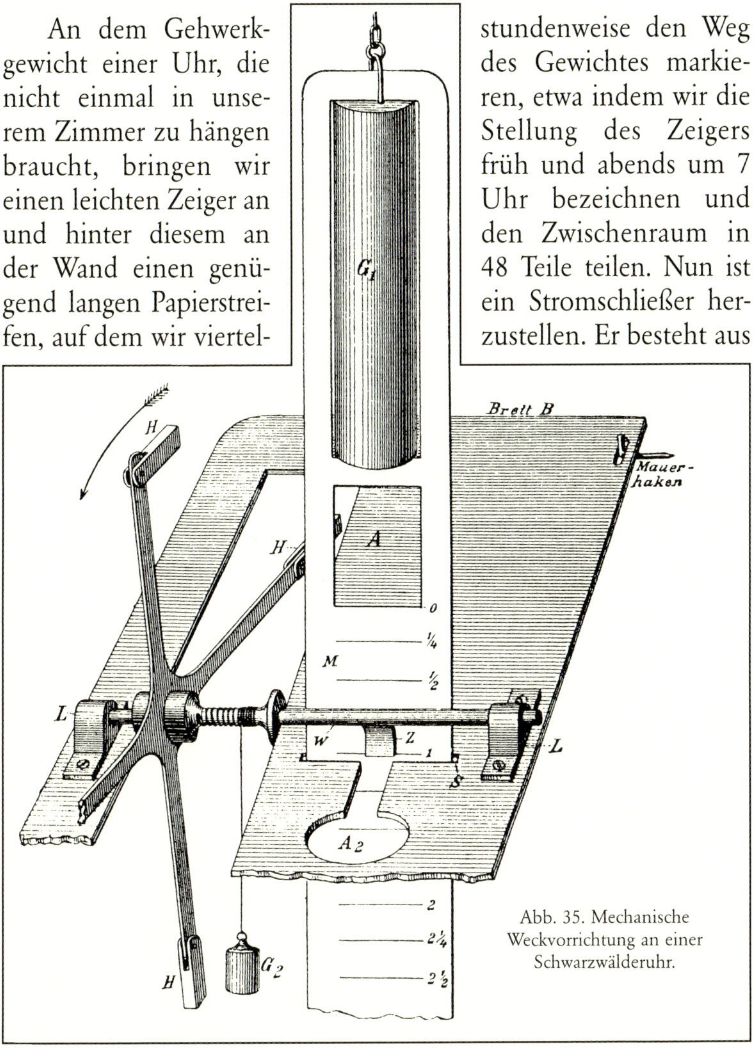

Abb. 35. Mechanische Weckvorrichtung an einer Schwarzwälderuhr.

einem 12 cm langen Metallhebel mit waagrechter Achse. Etwa 3 cm vom Drehpunkt entfernt befindet sich der Kontakt, bestehend aus zwei Metallknöpfen A B in Abb. 33, die sich in einer Fläche berühren müssen und mit den Klemmschrauben k_1 und k_2 verbunden sind. Eine Feder schließt in der Ruhestellung den Stützkontakt C_1 C_2. Dieser Hebel wird auf ein Brettchen y geschraubt und dann so unter das Gewicht gestellt, daß dieses, auf die Platte W drückend, den Strom gerade schließt, wenn der Zeiger auf den untersten Skalastrich zeigt. Die Schaltung mit der Batterie, der Glocke und dem Ausschalter ist aus Abb. 32 deutlich zu erkennen. Um den Wecker einzustellen, schließt man zuerst den Ausschalter.

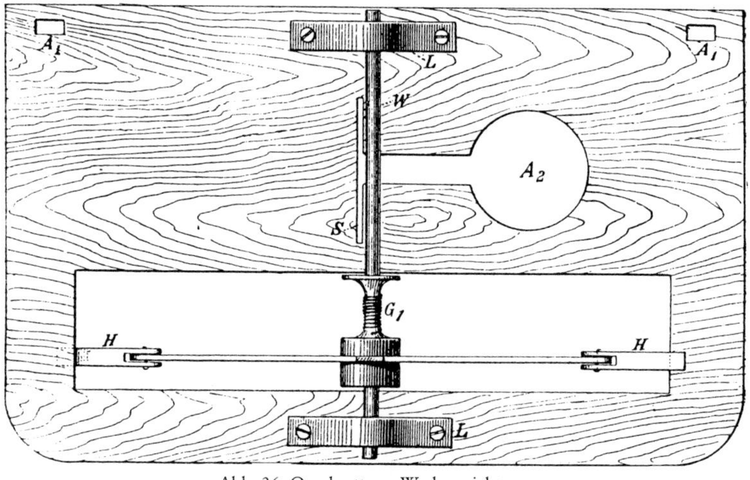

Abb. 36. Querbrett zur Weckvorrichtung.

Dann sieht man auf die Uhr und zieht das Gewicht um so viele Teilstriche vom untersten hinauf, als Viertelstunden bis zum Wecken vergehen sollen. Wenn man also z.B. um 3/4 10 Uhr abends einstellt und um 7 Uhr früh geweckt sein will, muß man das Gewicht hinaufziehen, bis der Zeiger auf den 37. Teilstrich weist, weil zwischen den genannten Zeiten 37 Viertelstunden liegen. Wer auch die kleine Ausgabe für den Ausschalter scheut, kann sich einen solchen nach Abb. 34 herstellen. Er ist da in der Stellung für Stromschluß gezeichnet; dreht man mit dem mittleren Knopf das schmale Plättchen von der bogenförmigen Platte nach oben, so wird die Leitung unterbrochen. Diesen Ausschalter bringt man, wie schon gesagt, recht weit vom Bett entfernt an, damit man zum Abstellen des Weckers aufstehen muß. Bei vorstehenden Ausführungen haben wir vorausgesetzt, daß eine elektrische Klingel und ein Element zur Verfügung steht, was

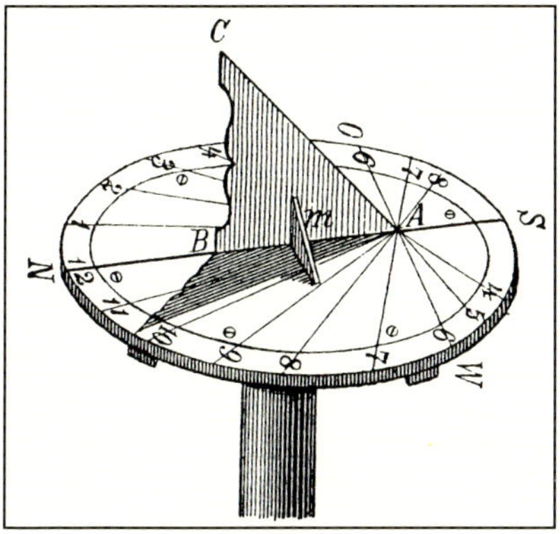

Abb. 37. Horizontale Sonnenuhr.

wohl auch meistens der Fall sein dürfte. Sonst mag man die *Weckvorrichtung* herstellen, die auf Seite 29 abgebildet ist und von einem findigen alten Waldhüter droben in den Bergen an langen einsamen Winterabenden ersonnen wurde. Sie kann leicht an jeder Uhr mit Gewichten angebracht werden. Man bestimmt wieder in der schon angegebenen Weise genau den Weg, den das Gehwerkgewicht in einer Viertelstunde zurücklegt. Dann schneidet man in einen entsprechend langen Streifen aus nicht zu dünnem Papier (M in Abb. 35) an einem Ende zwei Ausschnitte. Der größere entspricht der Form des Gewichtes (G), denn vermittels dieses Ausschnittes wird der Streifen an jenem befestigt; von dem unteren Rande des Aus-

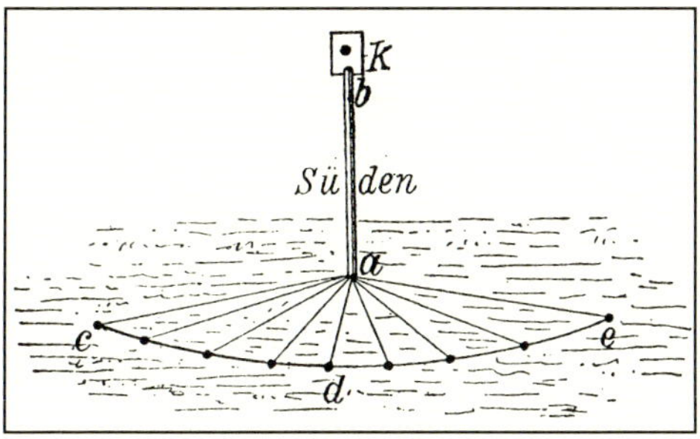

Abb. 38. Der Weg des Sonnenbildchens.

schnittes A, aber diesmal nach abwärts, tragen wir die Viertelstundenteilstriche auf. Sodann schneiden wir ein Brett von der Form der Abb. 36 zurecht; genaue Maße können wir dabei nicht angeben, weil diese sich nach der Entfernung der Mitten der beiden

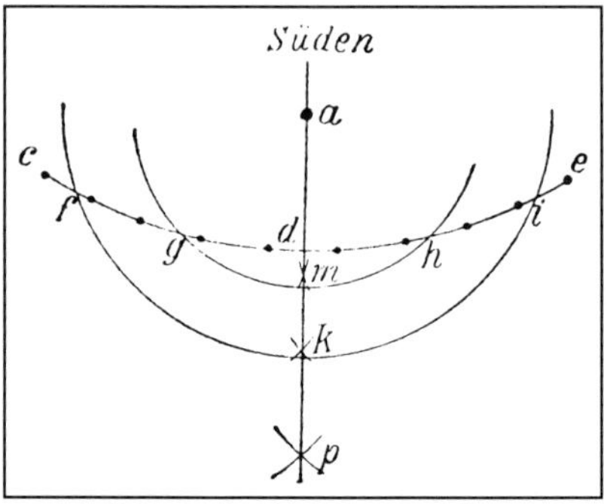

Abb. 39. Ermittlung der Mittagslinie.

Uhrgewichte richten müssen. Durch S bewegt sich nämlich der Papierstreifen, A_2 gibt dem Schlaggewicht Raum. L sind die Lager einer Welle W, auf die eine Garnrolle G_1 fest aufgesteckt ist. Neben G_1 ist eine Holzscheibe angebracht, von der vier Arme in Form eines Kreuzes ausgehen. Diese Arme tragen an ihren Enden, um eine Achse drehbar, kleine Hämmer H aus Metall. Schließlich sehen wir an der Welle noch den Hemmzahn Z, der so lange von dem Papierstreifen aufgehalten wird, bis sich das Gewicht genügend gesenkt hat, daß er durch A schlüpfen kann. Dann setzt sich die Welle, durch das Gewicht G_2 angetrieben, in rasche Umdrehung, die Hämmer schlagen gegen die Ränder des großen Ausschnittes im Brett und verursachen einen lauten, prasselnden Lärm. Zum Gebrauch hängt man die Vorrichtung vermittels der Ausschnitte A_1 (Abb. 36) an zwei Mauerhaken auf und zieht das Gewicht der Uhr um so viele Teilstriche in die Höhe, als Viertelstunden bis zum Wecken vergehen sollen.

Eine andere Vorrichtung, die junge Bastler mit Vorliebe anfertigen, ist eine *Sonnenuhr.* Man kann sie im Garten oder auf dem Fensterbrett anbringen; der Einfachheit halber sei aber beides hier zusammen besprochen.

Um die Mittagslinie im Garten zu bestimmen, stecken wir einen geraden Stab von 1 m Länge senkrecht in den Boden (b in

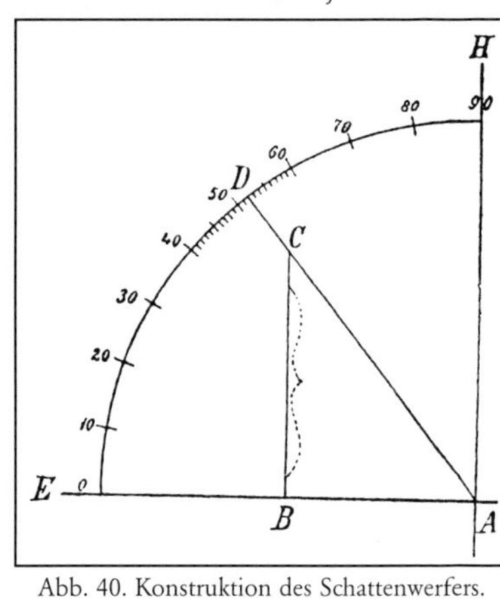

Abb. 40. Konstruktion des Schattenwerfers.

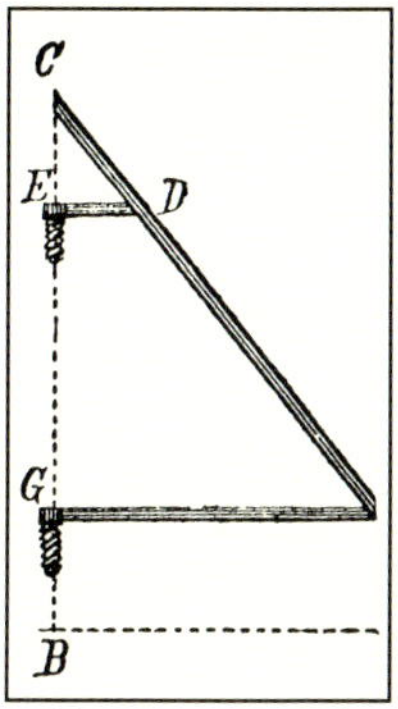

Abb. 41. Zeiger für die vertikale Sonnenuhr.

Abb. 38). In das obere Ende des Stabes schneiden wir einen Spalt und schieben hier ein Stück Karton K ein, das ein Loch von 5 mm Durchmesser hat. Dieses Blatt – es muß mit seinen Flächen nach Norden und Süden zeigen – wirft nun an einem sonnigen Tag einen Schatten auf den Boden, der in der Mitte einen hellen Punkt aufweist. Die Lage dieses Punktes bezeichnen wir mehrmals am Tage durch eingesteckte Hölzchen, und wenn wir dann am Abend die Hölzchen zu einer Kurve verbinden, erhalten wir eine Hyperbel, den Weg des Sonnenbildchens tagsüber bezeichnend (c d e). Vom Fuß des Stabes als Mittelpunkt (a) ziehen wir nun mit Hilfe einer Schnur und eines darangebundenen Holzstäbchens Kreise in den Sand, welche die Hyperbel jeweils in zwei Punkten (g–h, f–i in Abb. 39) schneiden werden. Von diesen Punkten aus schlagen wir dann und zwar für je zwei korrespondierende Punkte mit demselben Halbmesser wiederum Kreise, welche jetzt die Schnittpunkte m k p ergeben. Die letzteren und a liegen dann in einer Geraden, und diese Gerade ist die gesuchte Mittagslinie. Nun schlagen wir in a einen kräftigen Pfahl in den Boden, befestigen darauf mit Hilfe einer Wasserwaage genau horizontal ein rundes Brett von 30 cm

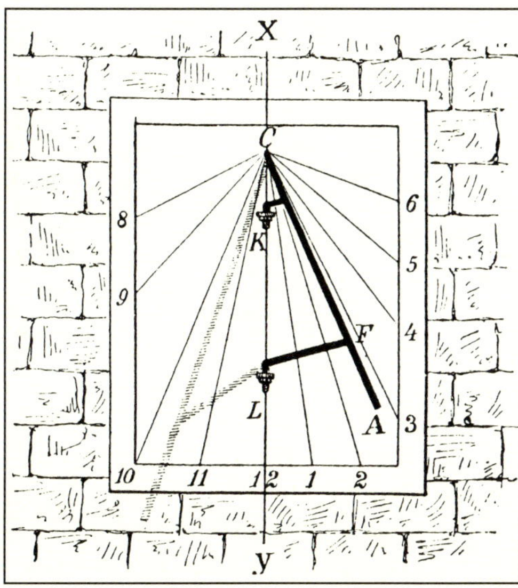

Abb. 42. Vertikale Sonnenuhr.

Durchmesser (Abb. 37) und zwar aus 2 cm dickem Holz, das wir noch durch unten angeschraubte Querleisten vor dem Werfen schützen. Jetzt kommt das wichtigste der Sonnenuhr, der Zeiger. Wir zeichnen auf ein Blatt Papier einen Viertelkreis von 30 cm Durchmesser (Abb. 40) und ziehen die Halbmesser A E und A D, die einen Winkel einschließen, der dem Breitegrad des Wohnortes gleicht (von jeder Landkarte leicht abzulesen); dieser Winkel wird mit dem Transporteur aufgetragen. Sodann machen wir A B = 13 cm und ziehen in B die Senkrechte, die A D in C schneidet. Dieses Dreieck A B C sägen wir nun genau in gleicher Größe aus einem Stück Zinkblech von 1 mm Dicke senkrecht auf eine Zinkblechscheibe von 30 cm Durchmesser so auf, daß A B genau auf einen Durchmesser zu stehen kommt und die Entfernung A S (Abb. 37) ungefähr 7 cm beträgt. B C können wir bogenförmig aussägen, so daß wir uns später nicht im Schatten irren; m dient nur als Stütze, um A B C in der senkrechten Lage festzuhalten. Jetzt legt man die Blechscheibe so auf die Holzscheibe, daß A B C genau in der Ebene der Mittagslinie liegt, und schraubt sie in dieser Lage darauf

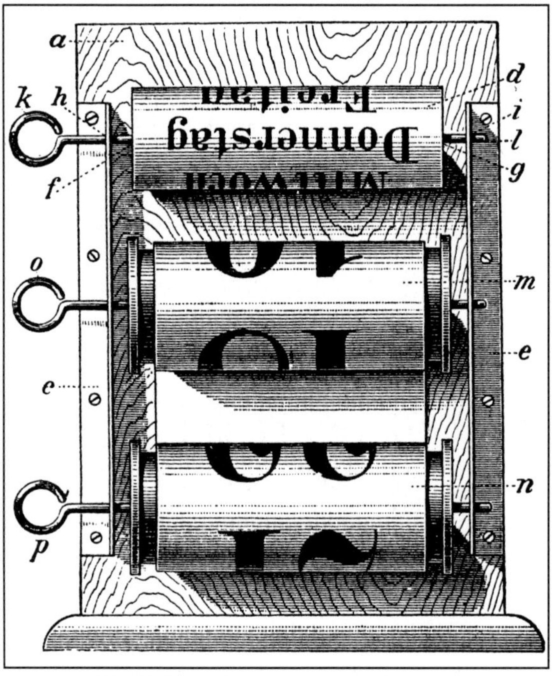

Abb. 43. Innere Einrichtung des Drehkalenders.

fest (Abb. 37). Verlängern wir nun A B bis N und S, so wird der Schatten von A B C punkt 12 Uhr als feiner Strich auf diese Linie fallen. Die in A auf N S gezogene Senkrechte O W ergibt die Lage des Schattens um 6 Uhr morgens (W) und um 6 Uhr abends (=). Die Lage des Schattens zu den übrigen Stunden bestimmt man am besten nach einer genau gehenden Taschenuhr.

Soll die Sonnenuhr auf dem Fenster Platz finden, nimmt man die Maße entsprechend kleiner, also b etwa 10 bis 15 cm, und bestimmt die Mittagslinie gleich auf der runden Scheibe. Die Entfernung A S in dem Kreise ist in unseren Breiten etwa gleich ein Viertel des Durchmessers N S zu nehmen.

Abb. 44. Drehkalender, von vorn gesehen.

Wollen wir eine *senkrechte Sonnenuhr* herstellen, so wählen wir dazu eine Wand des Hauses, die möglichst nach Süden schaut; eine kleine Abweichung davon hat nichts zu sagen. Hier zeichnet man mit Hilfe eines Bleilotes die Senkrechte x y (Abb. 42) und schlägt auf ihr zwei Ösenhaken K L ein. Dann konstruiert man wie oben A B C, aber größer, so daß A C etwa einen Meter lang wird. Nach dieser Vorlage läßt man hierauf vom Schlosser das in Abb. 41 wiedergegebene Gestell machen,

Abb. 45. Drehkalender in Uhrform.

das mit E und G in K und l gehängt wird. Hierauf dreht man um 12 Uhr mittags den Stab A C so, daß sein Schatten auf x y fällt, und schraubt ihn in dieser Lage bei K und L unverrückbar fest. Die übrigen Stundenwinkel werden am besten wieder nach einer gut gehenden Uhr bestimmt, wozu man sich aber, wenn möglich, die Tage 15. April, 14. Juni, 31. August oder 24. Dezember auswählt, weil nur an diesen Tagen die wahre Sonnenzeit mit der mittleren, sogenannten bürgerlichen Zeit zusammenfällt.

Wichtiger noch als eine Sonnenuhr ist der Besitz eines *Drehkalenders,* denn unsere Taschenuhr zeigt zwar die Stunden an, aber für gewöhnlich nicht auch die Tage und Monate. Die Herstellung solcher immerwährender Kalender ist nicht schwierig. Wir sägen aus Laubsägenholz ein Brettchen a (Abb. 44, gleich der vorhergehenden in natürlicher Größe gezeichnet) und in dieses zwei Ausschnitte b c für die Namen der Tage und das Datum. Dann nehmen wir eine Holzrolle d (Abb. 43) und kleben auf ihre Man-

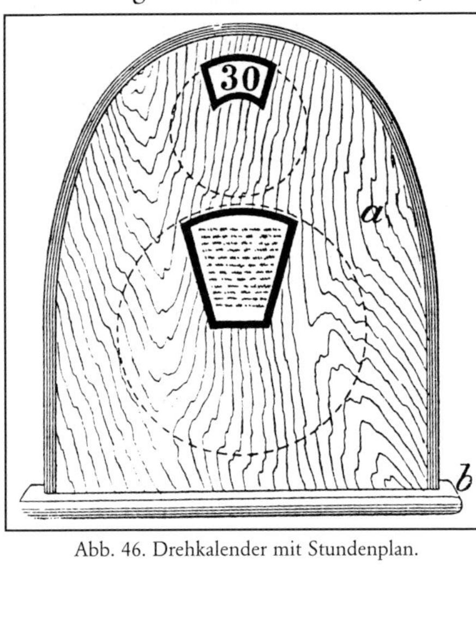

Abb. 46. Drehkalender mit Stundenplan.

telfläche die Namen der Wochentage, die wir aus den Blättern eines Abreißkalenders sauber ausschneiden. Hierauf biegen wir zwei Blechstreifen e im rechten Winkel um, bohren an den angegebenen Stellen je drei Löcher für die Drahtachsen und schrauben sie auf das Brett a. Mit Hilfe der Achse l und der Ösenachse k, die man von seitwärts in die Holzrolle zwängt, wird letztere hinter dem Ausschnitt c drehbar eingefügt. Nun beschaffen wir uns zwei jener Holzrollen, die in der Fotografie zum Aufrollen der lichtempfindlichen Filme Verwendung finden; wahrscheinlich kann sie uns ein Freund abtreten. Diese Rollen (m und n) werden in der gleichen Weise wie d durch Stifte und die Ösenachsen o p zwischen den Blechstreifen drehbar eingefügt. Dann nimmt man einen langen Streifen Papier oder entsprechend breites Band und klebt darauf, wieder von einem Abreißkalender stammend, die Ziffern 1 bis 31. Das eine Ende des Streifens leimt man auf m, rollt ihn auf dieses durch Drehen an o auf und klebt das andere Ende auf n.

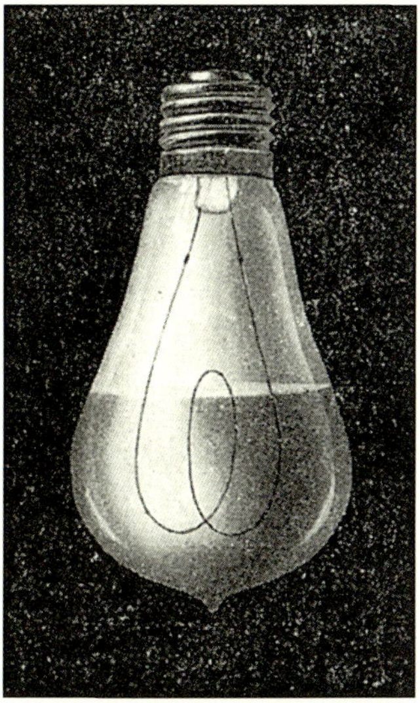
Abb. 47. Glühbirne als Barometer.

Indem man nun an k dreht, erscheinen im oberen Ausschnitt die Namen der Wochentage, durch Drehen an o im untern die Datumziffern. Sind wir mit diesen bis 31 gekommen, so wird der Streifen mit Hilfe von p auf n zurückgerollt.

Eine andere Form eines Drehkalenders zeigt Abb. 45. Die beiden Ringe mit den Namen und Ziffern stellt man mit Farben oder mit dem Brandstift her; die Zeiger werden aus Messingblech gesägt und vermittels einer Schraube auf dem Holz festgeklemmt, so daß sie zwar gedreht werden, aber nicht von selber herabrutschen können. Die obere Hälfte des innersten Kreises sägt man heraus und

Abb. 48. Einfaches Hygrometer.

läßt dabei nur die beiden halbrunden Vorsprünge g stehen. Hinter dieser Öffnung wird eine schwarze Scheibe mit einer aufgemalten gelben Mondscheibe angebracht, die gleichfalls um die Schraube c drehbar ist; geschieht diese Drehung im Sinne des Pfeiles f, so wird der Mond zuerst als Sichel, dann als volle Scheibe sichtbar sein, bis er schließlich hinter g wieder verschwindet. Diese Mondscheibe muß man nach den Angaben des Kalenders mit der Hand in die richtige Stellung drehen.

Eine dritte Art von Drehkalender mit zwei Drehscheiben sieht man auf Abb. 46. Er besteht aus einem senkrechten Brettchen a und einem Fußbrettchen b und ist so leicht herzustellen, daß eine ausführlichere Beschreibung füglich überflüssig ist. Im oberen Ausschnitt erscheint das Datum, im unteren der Stundenplan. Will man noch Scheiben für die Wochentage und die Monatsnamen anbringen, so steht dem nichts im Wege.

Aber nicht nur die Stunden und Tage an sich beschäftigten die Gedanken der Jugend, sondern auch das Wetter, das sie bringen. Dieses anzuzeigen dient zuvörderst ein *Barometer.* Ein solches kann man sich mit sehr geringer Mühe aus einer ausgebrannten Glühbirne herstellen, vorausgesetzt, daß sie noch luftleer ist. Man taucht sie in eine Schüssel voll Wasser und bricht mit einer kleinen Zange unter Wasser die Spitze ab. Dann wird mit ziemlicher Heftigkeit das Wasser ins Innere dringen. Ist die Birne so weit voll, wie die Abb. 47 zeigt, hebt man sie heraus und kehrt sie um; der übrig gebliebene Raum füllt sich nun mit Luft. Hierauf dreht man die Birne nochmals um, daß die kleine Öffnung

Abb. 49. Hygrometer mit Papierspirale.

wieder nach unten zeigt und hängt sie in dieser Lage irgendwo auf. Da nun der Luftdruck im Innern, wenigstens für unsere Zwecke in hinreichendem Maße, gleich bleibt, der äußere dagegen wechselt, wird bald ein Tröpfchen unten an der Spitze zum Vorschein kommen, bald das Wasser sich ein wenig ins Innere zurückziehen. Im ersteren Falle ist der äußere Luftdruck niedriger als der innere, was auf schlechtes Wetter deutet; im anderen ist umgekehrt der äußere größer und es steht heiteres, sonniges Wetter bevor.

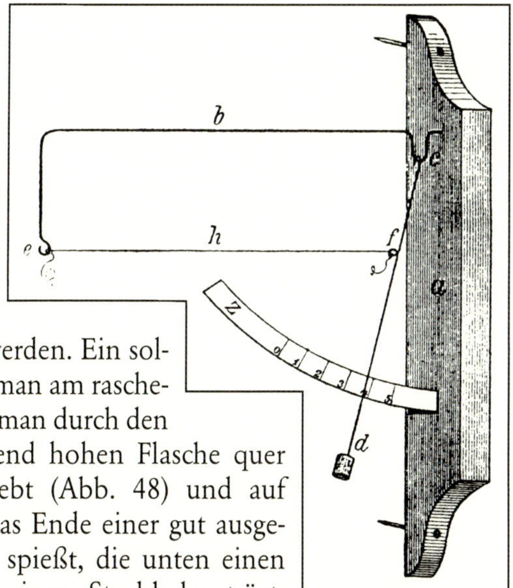

Abb. 50. Haarhygrometer nach Saussure.

Diese Wetterprophezeiungen müssen noch durch die Angaben eines Feuchtigkeitsmessers ergänzt werden. Ein solches *Hygroskop* macht man am raschesten in der Weise, daß man durch den Kork einer entsprechend hohen Flasche quer eine Stricknadel schiebt (Abb. 48) und auf deren anderes Ende das Ende einer gut ausgetrockneten Darmsaite spießt, die unten einen leichten Zeiger, etwa einen Strohhalm trägt. Unter diesem Zeiger ist eine kreisförmige Skala aufgestellt. Den Null-(Trocken-)punkt derselben bestimmt man, indem man das Instrument eine Viertelstunde lang in die warme Ofenröhre stellt, den Höchst-(Sättigungs-)punkt an einem regenreichen Tage in einer mit Wasserdämpfen erfüllten Waschküche. Den Zwischenraum zwischen beiden Punkten teilt man in 4 bis 10 Teile, denn dies einfache Instrument soll ja den Feuchtigkeitsgehalt der Luft nur relativ (ob groß oder klein), nicht aber für strenge wissenschaftliche Berechnungen anzeigen.

Bequemer, nur etwas schwieriger herzustellen, ist das Hygroskop Abb. 49. Man wickelt um einen runden Bleistift einen Streifen Zeichenpapier, 6 mm breit und 16 cm lang, spiralig auf, tränkt ihn auf der Außenseite einmal und nach dem Trocknen nochmals mit Schellacklösung, worauf man das Ganze eine Woche lang an einem warmen trockenen Orte aufbewahrt.

Nimmt man dann den Streifen herunter, so rollt er sich ein wenig auf. Man klebt nun am oberen Ende ein rundes Hölzchen ein, am unteren befestigt man einen in der Mitte durchlochten Papierzeiger und hängt das Ganze auf die Seite einer Stricknadel, die senkrecht auf einem Brettchen in der Mitte einer Kreisskala steht.

Abb. 51. Wetterhäuschen, Vorderansicht.

Die Grenzpunkte der letzteren werden wie beim vorigen Instrument bestimmt.

Das Hygroskop Abb. 50, das dem des Gelehrten Saussure nachgebildet ist, bietet auch keine große Schwierigkeiten. Das Brettchen a ist etwa 20 cm lang, 5 cm breit und 1 cm dick. Es wird später außen am Fensterrahmen festgenagelt. Dann biegt man einen Messingdraht b, 15 cm lang und 3 mm dick, nach der Form der Abbildung, und befestigt ihn im Brettchen a. Bei c wird nun ein anderer Messingdraht eingehängt, der aber nur 1 mm dick ist; er trägt am unteren Ende ein kleines Korkstück d. Zwischen den

Ösen e und f wird ein Haar festgeknüpft, das man vorher entfettet, indem man es zwei Tage lang in Schwefeläther legt (Größte Vorsicht, weil höchst feuergefährlich!). Z ist eine Skala aus Blech, die wie oben angefertigt wird. Der Nullpunkt liegt näher gegen e hin, der Sättigungspunkt beim Brettchen a.

Die bekanntesten Hygroskope sind die sogenannten Wetterhäuschen. Die Abb. 51 zeigt die Außenansicht eines solchen (Häuschen mit Turm und balkonartigem Vorsprung), Abb. 52 den Grundriß, beide in halber natürlicher Größe gezeichnet. Der Drehmechanismus, der hinter dem

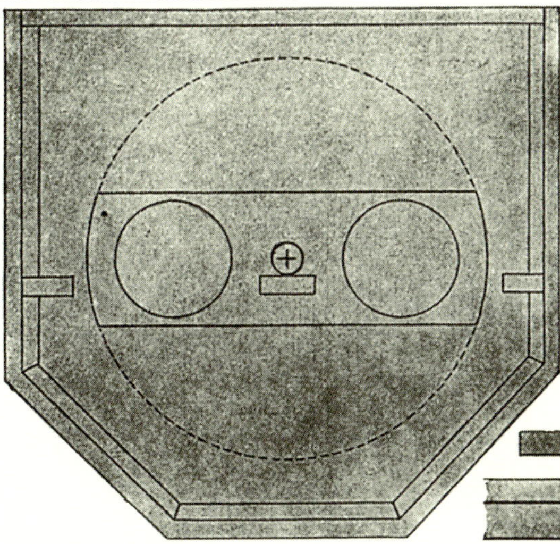

Abb. 52. Grundriß des Wetterhäuschens.

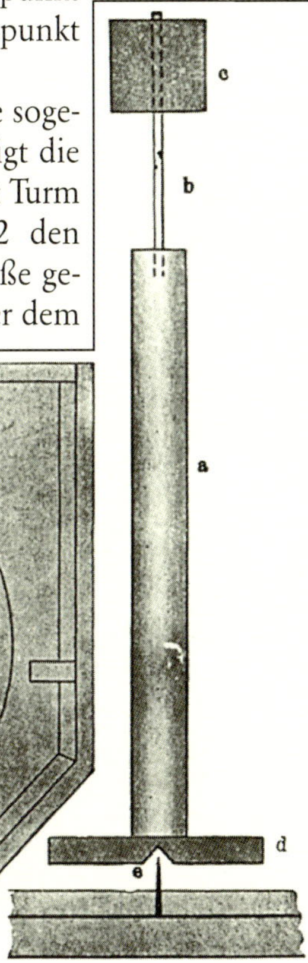

Abb. 53. Aufhängevorrichtung der Drehscheibe.

Pfeiler zwischen den Türöffnungen verborgen ist, besteht aus folgenden Teilen. In einem runden Holzstab (a in Abb. 53, nat. Größe) klemmt man das eine Ende einer kurzen Darmsaite b ein. Am unteren Ende befestigt man ein Querbrettchen d, etwa 10 cm lang und 3 cm breit (siehe auch Abb. 52). Im Mittelpunkt der

Unterseite erhält dieses eine konische Vertiefung, und dieser gegenüber wird im Boden des Häuschens von unten her ein Stift e eingeschlagen, damit die Achse des Stäbchens nicht aus der senkrechten Lage weichen kann. Auf die Enden des Brettchens d leimt man dann zwei leichte Holzfiguren, Männchen und Weibchen, die man in jeder Spielwarenhandlung billig erhält. Darauf bohrt man durch das quadratische Klötzchen c unten im Turm ein Loch, schiebt das freie Ende der Darmsaite hindurch und klemmt dieses einstweilen mit einem Holzstift fest, so daß sich das Brettchen d ohne Hindernis über e drehen, aber auch nicht zur Seite ausweichen kann. An einem recht warmen sonnigen Tage dreht man nun die Darmsaite so lange herum, bis das Männchen ganz im Freien steht, und klemmt sie in dieser Lage endgültig mit dem Holzstift fest. An Regentagen wird dann das Männchen im Inneren verschwinden und dafür das Weibchen vor der Tür erscheinen.

Abb. 54. Verbindung der Ecken von Bilderrahmen.

Nachdem wir nun allerlei nützliche Dinge für unser eigenes Zimmer angefertigt haben, wollen wir uns wieder der freundlichen Ausschmückung zuwenden.

Noch gähnen uns die leeren Wände entgegen, die wir deshalb mit allerlei Bildern beleben möchten. Die Rahmen dafür fertigen wir aus viertelzölligen Brettern (Hartes oder weiches Holz). Wir zersägen sie in Leisten von 1 bis 5 cm Breite, je nach der Größe des einzurahmenden Bildes, und hobeln sie gleichmäßig, so daß namentlich die Schmalseiten schön parallel verlaufen. Die Länge der einzelnen Rahmenteile mißt man auf der Innenseite ab, nach der freien Fläche, die für das Bild bleiben soll. Zum Absägen im Winkel von 45 Grad haben die Rahmentischler eine besondere Vorrichtung, doch gelingt es bei einiger Sorgfalt und Übung auch aus freier Hand; nur muß man dazu eine Säge verwenden, wie sie auf Abb. 54 zu sehen ist, und gleich über die ganze Breite weg sägen, nicht aber etwa mit einer Laubsäge und von den Schmalseiten ausgehend. Für das Verbinden der Ecken gibt es verschiedene Methoden. Am einfachsten ist es, rückwärts übers Eck ein dünneres Brettchen oder ein Furnier aufzuleimen. Sicherer ist die in Abb. 54 dargestellte Art. Man legt die Rahmenteile auf ein rechtwinkliges Brett, so daß Kante mit Kante abschneidet, und klemmt sie in dieser Lage mit Schraubzwingen fest. Dann sägt man in der Mitte der Schmalseiten übers Eck bis zur Mitte der Leisten ein und leimt in den so erhaltenen Spalt einen entsprechend dicken Span oder Furnierstreifen, dessen überstehende Teile nach dem Trocknen sauber entfernt werden. Auf die Beschreibung kunstvoller Verzapfungen wollen wir verzichten.

Abb. 55. Kartonrähmchen, mit Muscheln verziert.

Die so hergestellten Rahmen beizt man einfarbig in rot, grün, grau oder braun. Der Ton dieser Farben muß bei farbigen Bildern dem Mittelton derselben entsprechen. Ganz weiße Rahmen sind nur bei Kreidezeichnungen, Schwarzweißdrucken und allenfalls bei sehr hell gehaltenen Aquarellen zu empfehlen, ganz schwarze

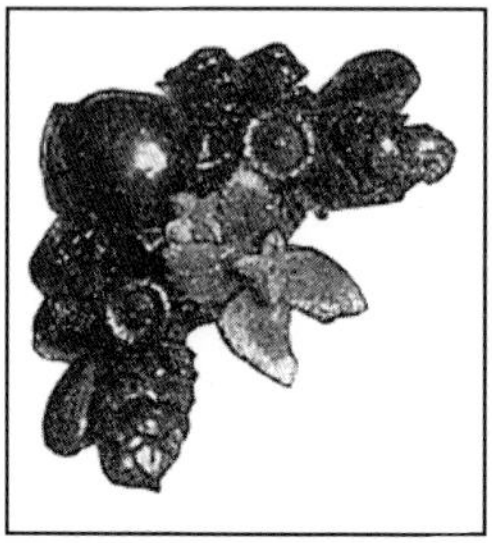

Abb. 56. Eckverzierung aus Naturgegenständen.

nur bei farbigen Bildern, die Abend- oder Nachtstimmungen wiedergeben, weil sie diesen zu größerer Leuchtkraft verhelfen. Sind die Rahmen nach dem Beizen trocken, gibt man ihnen Halbglanz durch Wachsen, Hochglanz durch Polieren oder mit Spirituslack. Auch Ölfarbenanstriche wirken, wenn sie gut ausgeführt sind, nicht übel, besonders in Weiß. Unbedingt aber hüte man sich vor reiner Gold- oder Silberbronze. Derartige Anstriche müssen vielmehr stets durch eine Lasurfarbe – und sei es auch nur die gewöhnliche braune Schellacklösung – gedämpft werden. Jedenfalls denke man stets daran, daß der Rahmen das Bild nur ergänzen, nicht aber erdrücken soll; das Einfachste ist auch hier meist das Schönste. Etwas mehr Spielraum hat man nur bei kleinen Bildern, etwa bis zu Postkartengröße; doch soll auch hier die Verzierung stets zum Gegenstand des Bildes passen. Ein kleines Strandbild mag man etwa in einem Rähmchen aus Karton unterbringen und letzteres mit kleinen Muscheln bekleben, wie sie das Meer auf den Sand wirft (Abb. 55); mit einem Wüsten- oder Alpenbild stände dagegen ein solcher Rahmen im grellsten Widerspruch. Auch sogenannte Naturholzrahmen, bestehend aus lackierten, noch mit der Rinde versehenen Baumzweigen bis zur Dicke eines Fingers, dürften nur bei solchen kleinen Bildern am Platze sein.

Abb. 57. Rahmen aus ungehobeltem Holz mit Eckplatten.

Sind die Eckverbindungen etwas klaffend ausgefallen, so kann man dem auf verschiedene Art abhelfen. Bei Jagd- und Waldszenen kann man eine Verzierung

Abb. 58. Rahmen mit dem Aussehen von gepreßtem Leder.

aus Naturgegenständen (Eicheln, Bucheckern, Zapfen u. dergl.) anbringen, wie Abb. 56 zeigt; höchst häßlich sähe es dagegen aus, einen ganzen Rahmen mit solchem Beiwerk zu bekleben, weil er unbedingt das Bild erdrücken würde. Eine andere Möglichkeit ist die, quadratische Klötzchen aufzusetzen (Abb. 57). Dieselbe Abbildung zeigt zugleich eine Art Rahmen, die ebenfalls bei Jagd und Waldbildern sehr hübsch wirkt. Man fertigt den Rahmen aus ungehobeltem Kistenholz, beizt ihn erst dunkelbraun oder schwarz und überstreicht ihn dann nach dem Trocknen noch einmal mit Goldbronze, die ziemlich dünnflüssig mit Schellacklösung angerieben ist. Die schweren Bronzeteilchen lagern sich dann in den tieferen Stellen ab, die rauh hervorstehenden Fasern aber bleiben dunkel, was sich recht nett ausnimmt. Endlich bleibt für Bilder etwa bis zur Größe von 18 x 24 cm noch folgender Ausweg. Man fertigt nach der früher gegebenen Anweisung aus Leisten einen Rahmen, so gut es eben gehen will, z.B. 13 x 18 cm innere Weite = ganze Größe des einzurahmenden Bildes. Dann schneidet man aus Pappendeckel von 2 bis 3 mm Dicke einen Rahmen von 12 x 17 cm innerer Öffnung; außen herum hat er die gleiche Größe wie der Leistenrahmen. Nun leimt man beide recht fest aufeinander, tränkt die obere und die äußeren Seiten nach dem Trocknen mit Leimwasser, überzieht sie hierauf mit einem Gemisch aus Schlemmkreide und Leimwasser von der Konsistenz des Honigs und schleift diese Flächen nach dem abermaligen gründlichen Trock-

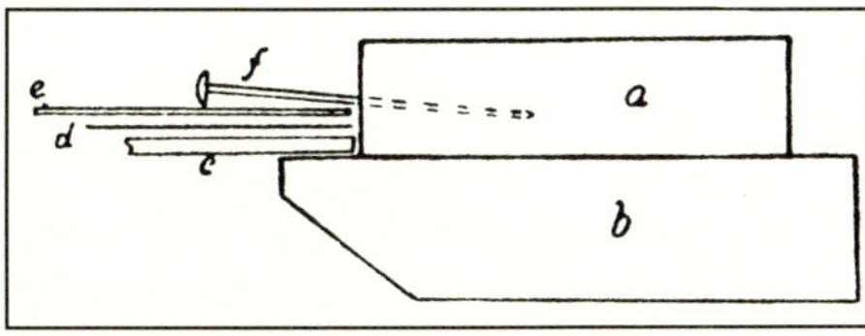

Abb. 59. Bilderrahmen im Durchschnitt.

nen mit Bimsstein und Sandpapier hübsch glatt. Dieser (sogenannte Vergolder-)Grund nimmt jede Farbe willig an, und zwar setzt man sie in Pulverform einer Lösung von Schellack in Weingeist zu, womit der ganze Rahmen mehrmals gestrichen wird, bis er den gewünschten Glanz zeigt. Bei Rahmen für große Bilder wäre es ohne besondere eiserne Pressen nicht möglich, den Papprahmen auf dem Holzrahmen genügend fest aufzuleimen; doch gibt es auch da einen Ausweg. Man leimt auf die Oberseite längs der äußeren und inneren Kante einen Pappstreifen von 8 bis 10 mm Breite; er kann aus mehreren Stücken bestehen und mit kleinen flachköpfigen Stiftchen noch besser befestigt werden. Man tränkt ihn dann, wie vorher beschrieben, mit Leimwasser, trägt den Vergoldergrund auf und schleift nach dem Trocknen sauber ab, so daß nunmehr eine etwa 2 mm hohe Randeinfassung zu beiden Seiten der Rahmenfläche hinläuft. Die mittlere vertiefte Fläche bestreicht man mit dickflüssigem Leim und streut dann Graupen, Gerstenkörner oder Mohn darauf, jedoch so, daß die Körner nebeneinander, nicht aber übereinander zu liegen kommen; auch darf es keine größeren Lücken geben. Ist dies wieder gut getrocknet, wird der Rahmen mit Damarlack angestrichen und auf diesen, solange er noch klebrig ist, mit Hilfe eines Wattebausches Bronzepulver reichlich aufgetragen. Ist der Lack völlig eingetrocknet, bläst man das überschüssige Pulver weg und stumpft den

Abb. 60. Wandbilder in Tarsomalerei.

Hochglanz der Bronze durch mehrmaliges Anstreichen mit Schellacklösung ab, der man etwas Englischrot zugesetzt hat. Auf diese Weise erzielt man Rahmen (Abb. 58), die täuschend das Aussehen von gepreßtem Leder zeigen und fast zu jedem Bild passen.

Um nun das Bild im Rahmen zu befestigen, nagelt man auf letzteren rückwärts ringsherum nochmals Leisten, die außen bis an den Rand reichen können, innen aber so viel zurückstehen müssen, daß man die Glasscheibe mit dem Bild und dem rückwärtigen Schutzkarton einlegen kann. Wie man dann diese drei, Glas (c), Bild (d) und Karton (e), mit sogenannten Glasernägeln (f) befestigt, zeigt Abb. 59.

Abb. 61. Lustige Laubsägerei als Wandschmuck.

Wer die Wände seines Zimmers mit eigenen Kunstwerken schmücken möchte, aber mit dem Pinsel nicht genügend umzugehen weiß, findet in der sogenannten *Tarsomalerei* ein lohnendes und nicht allzuschwieriges Arbeitsfeld. Es eignen sich dazu vor allem lustige, großzügig gehaltene Szenen, die nicht viel Detail brauchen. Man überträgt sie in der gewünschten Größe auf ganz helles Laubsägeholz, hebt die Umrisse nach Belieben mit dem Brennstift kräftiger hervor und färbt dann die einzelnen Felder in der Art, wie wir es beim Hocker auf S. 10 angegeben haben. Weil Bilder dieser Art nicht als Bildwerke an sich, sondern als anmutige Flächendekoration wirken, darf man bei ihnen wohl auch Eckverzierungen aus Metall anbringen (Abb. 60). Derartige drollige Figuren kann man übrigens auch aus Laubsägeholz ausschneiden, die einzelnen Teile verschiedenfarbig beizen und nach dem Wiederzusammensetzen ohne Rahmen an die Wand hängen. Das Schiff der Wüste mit seinem dicken Treiber (Abb. 61) ist ein wohlgelungenes Beispiel für diese lustige Holztechnik. Außer den Wänden bieten auch die Fenster sehr hübsche Gelegenheit zu künstlerischer Betätigung. Den sogenannten Fensterpapieren, die echte farbige *Glasfenster* ersetzen sollen, haften mancherlei Übelstände an. Wir wollen deshalb hier eine Anleitung folgen lassen, wie man den gleichen Zweck mit Ölfarben erreichen kann. Man zeichnet das Muster in der erforderlichen Größe auf weißes Papier

Abb. 62. Fenster mit Spruchband. Imitierte Glasmalerei.

und klebt dieses hinter die zu bemalende Scheibe, die auf der Vorderseite ganz rein und trocken sein muß. Mit einem feinen Haarpinsel werden nun die Umriß- und Verbindungslinien ausgezogen und zwar mit schwarzer Deckfarbe, weil diese Linien die undurchsichtigen Bleistege der echten Glasmalereien ersetzen sollen. Nach dem Trocknen löst man das Papier ab und malt nun in der Durchsicht mit Lasurfarben, besonders solchen, die das Wort Lack im Namen führen, also Krapplack, blauer Lack usw. Mischtöne werden nicht durch Mischen der Grundfarben hergestellt, weil sie dann zu schmutzig ausfallen würden, sondern man trägt erst die eine Grundfarbe auf und nach deren Eintrocknen die andere. Feines Herausmodellieren der Details ist nicht nötig, da unsere Fenster ja dekorativ wirken sollen; höchstens wischt man aus dem dunkleren Grunde hellere Stellen heraus oder stellt sie nach dem Eintrocknen der Farbe durch vorsichtiges Herausschaben her. Was die Farbengebung anbelangt, so wähle man bei aller wünschenswerten Leuchtkraft des Ganzen doch nicht zu viel buntes Durcheinander, sondern lasse einer Farbe sozusagen die Oberhand. Als Beispiel sei das Fenster mit Spruchband beschrieben (Abb. 62). Das Band bleibt weiß, Schrift

Abb. 63. Landsknecht als farbige Fensterverzierung.

und Schattierung werden trübgelb; die Wappen, die nicht zu grell hervortreten sollen, tönt man grau, wovon sich dann das zarte Rosa der Rosen fein abhebt. Den Hintergrund für das Band und die Wappen malen wir dunkel weinrot, ebenso die kleinen Zwickel oben zwischen den Spitzbogen. Die großen bunten Felder zwi-

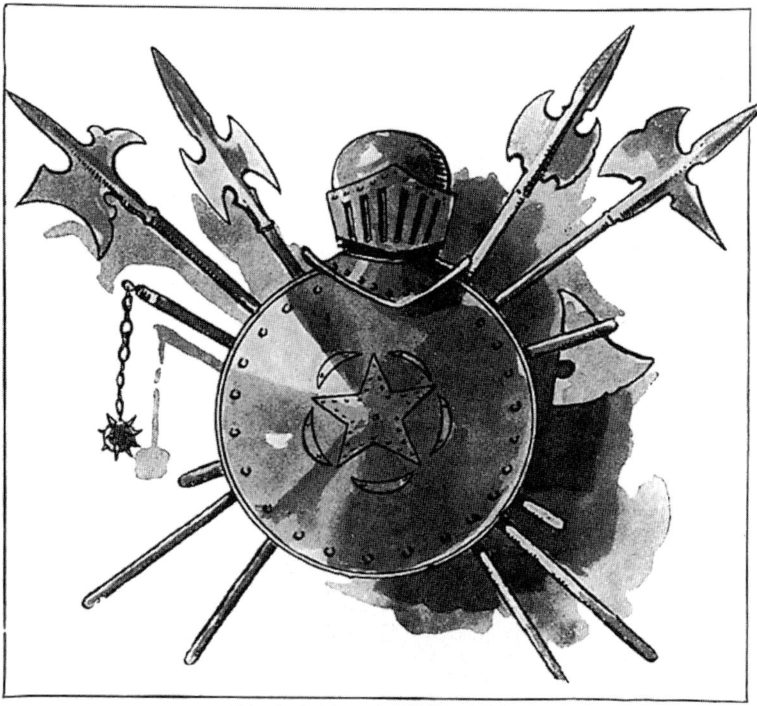

Abb. 64. Imitierte alte Waffentrophäe.

schen letzteren und die beiden Rechtecke unten werden blaugrün ausgefüllt, das Maßwerk der Fenster in einem graugelben Ton, wie Stein, vielleicht hell und dunkel abwechselnd. Der Landsknecht (Abb. 63) kann etwas bunter gehalten werden. Am besten legt man sich vor der endgültigen Ausführung eines solchen Glasfensters erst eine Farbenskizze auf Papier an, um den Gesamteindruck richtig abstimmen zu können.

Auch *alte Waffen aus der Ritterzeit* sind ein hübscher Zimmerschmuck. Die Abb. 64 zeigt eine hübsch angeordnete Trophäe dieser Art. Der Schild ist aus einem Stück Pappe in der Form eines sehr flachen Kegels zusammengerollt und geleimt. Die Verzierungen in der Mitte sind gleichfalls aus Pappe; der erhöhte Rand ist nichts anderes als ein ringsum aufgeleimter Strick, begleitet von einer Reihe großköpfiger Sofanägel. Wie man aus einem alten steifen Hut und zwei Stück Pappendeckel einen wirkungsvollen Helm herstellt, zeigt Abb. 65. Man schneidet den Hut a längs der punktierten Linie durch, erhöht ihn durch den Zwischensatz b aus Pappe, gibt ihm ein Visier c, gleichfalls aus Pappe, und formt den Rand in einen Halsberg um, indem man ihn herabbiegt (Abb. 64 u. 65 d) und in dieser Lage durch eine im Innern von rechts nach links verlaufende Schnur festhält. Die Klingen von Äxten (Abb. 68) und Hellebarden werden doppelt aus dünner Pappe geschnitten (Abb. 67) und um einen aus einem alten Besenstiel geschnitzten Schaft (Abb. 66) geleimt. Zur Kugel eines

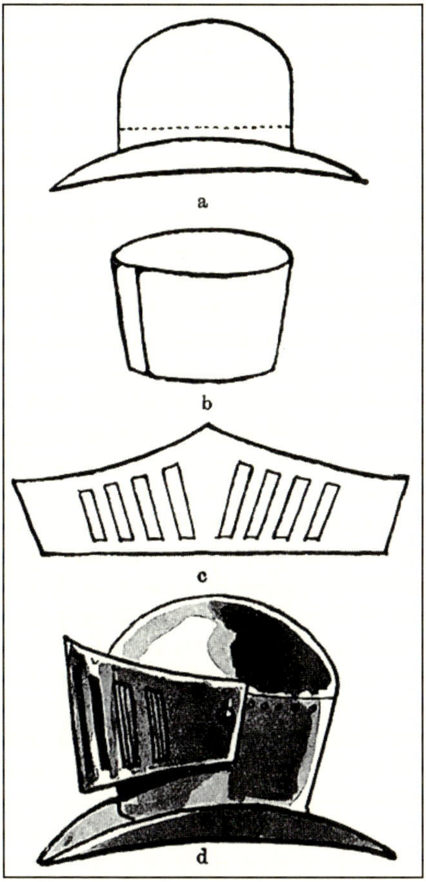

Abb. 65. Umwandlung eines alten Hutes in einen Ritterhelm mit Visier.

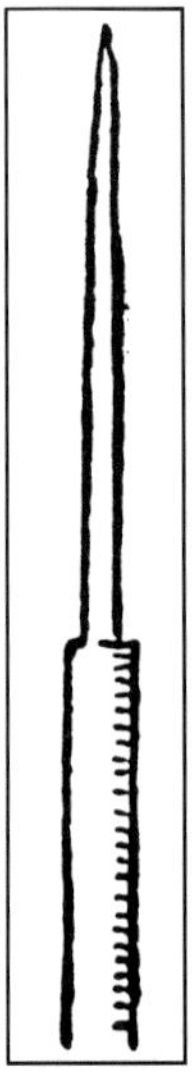

Abb. 66. Holzschaft für die Hellebarde.

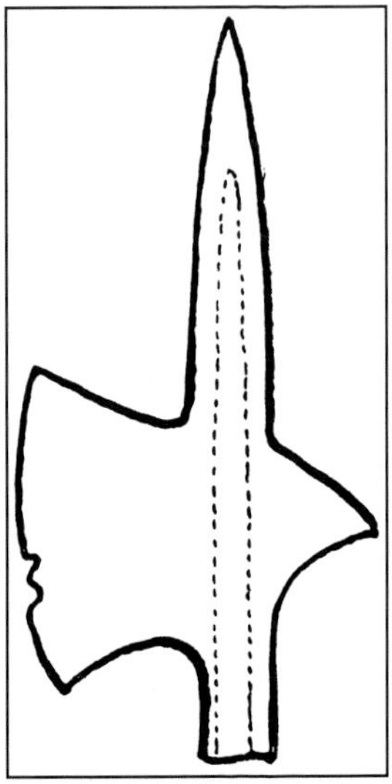

Abb. 67. Blatt der Hellebarde.

Morgensternes nimmt man einen Kinderspielball, treibt großköpfige Sofanägel hinein und verbindet sie vermittels einer alten großgliedrigen Kette mit dem Handholz. Um diesen Waffen nun das alte Aussehen zu geben, beizt man zunächst die Holzteile dunkelbraun. Dann streicht man die Eisenteile gleichfalls brauner Holzbeize an, die aber ziemlich dünn sein und sehr reichlich aufgetragen werden muß. Solange sie noch naß ist, tupft man mit einem steifen Borstenpinsel Aluminiumbronze darauf, die nun auf dem nassen Grunde ein wenig auseinanderläuft. Dabei verfährt man mit dem Tupfen recht unregelmäßig, damit die glänzenden Metallflächen wahrheitsgetreu von rostigen Stellen (braune Beize) unterbrochen erscheinen. Die Aluminiumbronze ist mit Gummilösung anzureiben und vor dem Auftragen der Beize bereit zu halten. Noch wirkungsvoller ist das folgende Verfahren. Man überzieht die Flächen mit dem oben beschriebenen Vergoldergrund, der aber diesmal etwas dünnflüssiger sein muß, und tränkt diesen nach dem Trocknen und Schleifen mit Schellacklösung, der etwas Indischrot zugesetzt wurde. Dann macht man sich einen Brei aus Graphitpulver und Spiritus, trägt ihn mit einem Pinsel auf

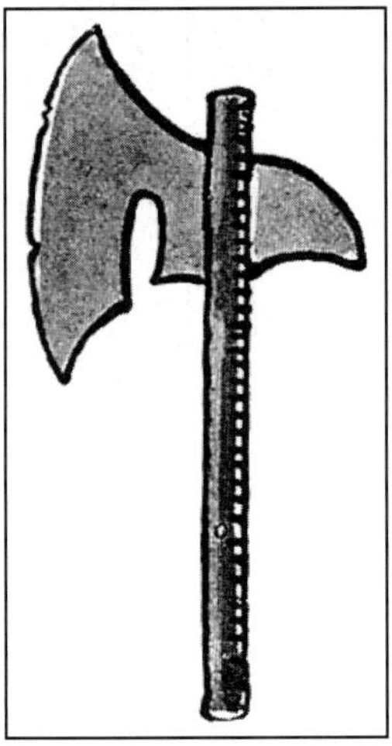

Abb. 68. Streitaxt.

und bürstet schließlich mit einer alten Bürste so lange, bis sich Hochglanz zeigt. Dabei entsteht der Wechsel von Rost und Metallglanz von selber, weil der Graphit nicht überall gleichmäßig haftet; durch Auftrag von Schellacklösung oder Graphit kann man Rost oder Glanz nachträglich noch nach Belieben vermehren.

Abb. 69. Schrank mit imitierten eisernen Beschlägen.

Die gleiche Technik eignet sich auch vorzüglich zur Nachahmung der beliebten *eisernen Beschläge* an Möbelstücken. Wir schneiden die Beschläge aus 1 mm dicker Pappe, tränken sie mit Leimwasser und spannen sie im nassen Zustand mittels Stecknadeln auf ein Reißbrett über ein Blatt Papier, damit sie nicht festkleben. Dann folgt in der bekannten Weise das Auftragen des Vergoldergrundes, Schleifen, Schellackieren und Graphitieren; Rostflecke dürfen natürlich hier nicht zu sehen sein. Damit der Graphit sich in der Folge nicht durch Berührung mit den Händen vermischt, schützt man ihn durch einen Auftrag von Zaponlack, der völlig unsichtbar eintrocknet. Schließlich nagelt man die Beschläge mit rundköpfigen Nägeln auf, für die man aber die Löcher vorbohrt. Zu welchem Ansehen ein einfacher braungebeizter Schrank aus Tannenholz durch solche Beschläge gelangen kann, dafür spricht deutlich genug unsere Abb. 69. Freilich wird man zu dieser Art Verzierung nur dann greifen, wenn es sich um ein einfaches, billiges Möbelstück handelt, etwa einen Werkzeugkasten, Chemikalienschrank u. dergl., bei dem es sich nicht lohnen würde, echte Beschläge zu erstehen oder sie mit einem übermäßigen Aufwand von Mühe aus Eisenblech auszusägen. Noch eine Art Zimmerschmuck bleibt uns zu erwähnen, der zugleich einen sehr beliebten Zeitvertreib darstellt und in hohem Grade das Anschauungsvermögen, sowie den praktischen Blick schärft. Wir meinen die Herstellung von *Modellbauten* aller Art. Leider können wir dieses Gebiet hier nicht so ausführlich behandeln, als wir gern möchten, denn es ließe sich recht gut ein besonderer dicker Band darüber schreiben. Aber Vorwürfe dazu findet man ja ringsum in der Welt, wohin man das Auge schweifen läßt, so daß wir uns wohl auf die notwendigsten Andeutungen beschränken können.

Abb. 70. Modell einer Ritterburg aus Holz und Sackleinwand.

Sehr beliebt sind bei der Jugend Modelle alter Ritterburgen. Für die in Abb. 70 dargestellte verfertigt man zunächst auf einem entsprechend großen Grundbrett ein leichtes Gestell aus Zigarrenkistenholz, über das man Sackleinwand derart spannt, daß die Falten nach Möglichkeit die Formation von Felsen wiedergeben. Diese Leinwand wird dann entweder mit Ölfarben angestrichen, oder man überzieht sie mit einer dicken Schicht Gips, den man nachher

Abb. 71. Modell einer Ritterburg aus Schiefer und Zement.

mit dem Schabeisen nach Belieben modellieren und mit Wasserfarben bemalen kann. Die Burg selbst wird entweder aus Korken aufgebaut, wie dies schon auf S. 22 beschrieben wurde, oder auch aus Kartonpapier, das man farbig ausmalt. Das gleiche gilt von der

Mühle, deren Räder man durch Sand oder gar durch Wasser beweglich machen kann, wofür der Behälter im Innern des Felsens und von rückwärts zugänglich anzubringen wäre. Die sehr hübsche Burgruine Abb. 71 ist ganz aus Schieferbrocken und Zement aufgemauert und bedarf daher keines besonderen Anstriches. Abb. 72 zeigt, wie man aus Zigarrenkistenholz jede beliebige Straße in hübschen Modellen nachbilden kann. Die architektonischen Einzelheiten, wie Fenster und Simse, sind daran mit Pinsel und Farbe zum Ausdruck gebracht. Ein Meisterwerk der Bastelkunst dagegen, bei dem jede Einzelheit der Wirklichkeit auch im Modell wiederholt erscheint, ist das Schwarzwälderhaus (Abb. 73). Wer endlich an seinem Fenster über eine tiefe Fensternische verfügt, was besonders auf dem Lande nicht selten sein dürfte, der kann da hinein ein vollständiges Landschaftsbild zaubern

Abb. 72. Modellhäuser aus Zigarrenkistenholz.

Abb. 73. Modell eines Schwarzwaldhauses.

Abb. 74. Fenstergarten.

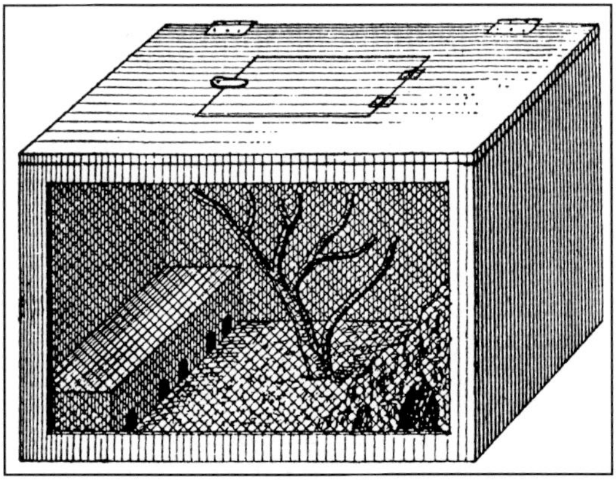

Abb. 75. Käfig für weiße Mäuse.

mit Häusern, Mauern und Türmen, einem kleinen See als Aquarium, allerlei Pflanzen und Rankengewächsen. Die Abb. 74 wird als gute Anleitung dazu dienen. Dieser Fenstergarten führt uns zugleich auf ein neues Gebiet, nämlich auf die Zimmergenossen aus dem Tier- und Pflanzenreiche. Bevor wir jedoch näher darauf eingehen, allen unseren lieben Lesern einen ernsten, gutgemeinten Rat: „Man soll sich niemals ein Tier als Zimmergenossen zulegen, ehe man sich eingehend über dessen Wartung und Ernährung unterrichtet hat! Das Gegenteil ist, ohne Umschweife herausgesagt, grausame, herzlose Tierquälerei!"

Sehr beliebte Zimmergenossen sind Eichhörnchen und weiße Mäuse. Um ihnen eine *Herberge* zu verschaffen, in der sie sich wohlfühlen, nimmt man eine alte Kiste (Abb. 75), für *Mäuse* etwa 30 x 30 x 40 cm, für *Eichhörnchen* das Doppelte bis Dreifache messend, und benagelt sie innen mit Zinkblech, weil die lieben Nager sonst leicht einmal den Weg ins Freie finden könnten. Die Vorderseite wird mit einem großmaschigen Drahtnetz abgeschlossen; in der Oberseite bringt man ein Türchen an, um den Pfleglingen Nahrung einwerfen und ihren Unrat entfernen zu können. Auf die Mitte des Bodens kommt ein dürrer Ast als Kletterbaum, an die eine Schmalseite eine Anzahl Ställchen,

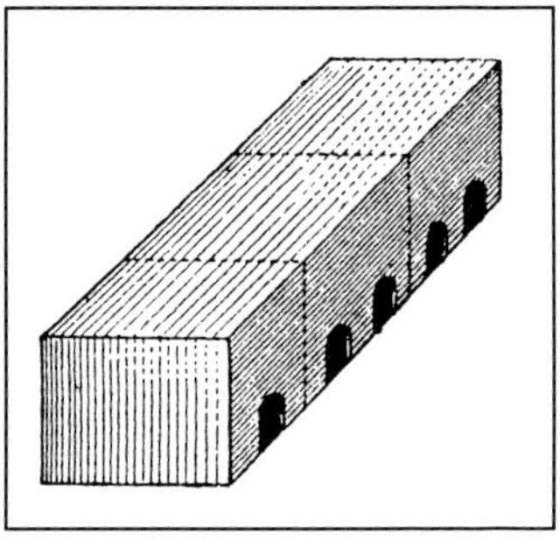

Abb. 76. Ställchen für den Mäusekäfig.

die, wie Abb. 76 zeigt, durch Scheidewände für die einzelnen Pärchen abzuteilen sind. Auch ein Schlupfgang in dem Tuffelsen rechts ist den Tierchen sehr willkommen; er muß aber geräumig genug sein, daß sie darin nicht sich festzwängen und ersticken können. Wer sich mit Zuchtversuchen befassen will, muß den Stall natürlich entsprechend größer machen, und auch die Anzahl der Ställe vermehren, wie Abb. 77 zeigt. Dieser Zuchtstall ist an der Vorderseite mit einer großen Glasscheibe verschlossen, während das Gitter oben, das Türchen T seitwärts angebracht ist; diese Anordnung hat mancherlei Vorzüge. Zur Unterhaltung der Mäuse ist ferner eine Lauftrommel R vorgesehen. Sie besteht aus zwei kreisrunden Scheiben, die durch querlaufende Drähte zu einem zylinderförmigen Körper verbunden sind. Von den beiden Zapfen, um die er sich dreht, ruht der eine im Lager F, der andere in der Wand des Käfigs. Hier ist auch ein rundes Loch in die Stallwand sowohl als in das Trommelbrett eingebohrt, groß genug, daß die Mäuse bequem hin- und herschlüpfen können. Der Durchmesser der Trommel mag 15 bis 20 cm betragen. Noch deutlicher erkennt man die Einrichtung einer solchen Drehvorrichtung bei dem großen Käfig für Eichhörnchen oder weiße Ratten (Abb. 78). Ihr Durchmesser ist natürlich für diese Tiere größer zu nehmen, etwa 20 bis 30 cm, was zugleich mehrere Schlupflöcher anzubringen ermöglicht. Die Höhe dieses Käfigs soll mindestens 60 bis 70 cm betragen, besonders wenn man ein Pärchen zu Zuchtzwecken zusammenhält. Im übrigen gleicht seine Herstellung bis auf die Verwendung stärkeren Drahtes vollständig der eines *Vogel-*

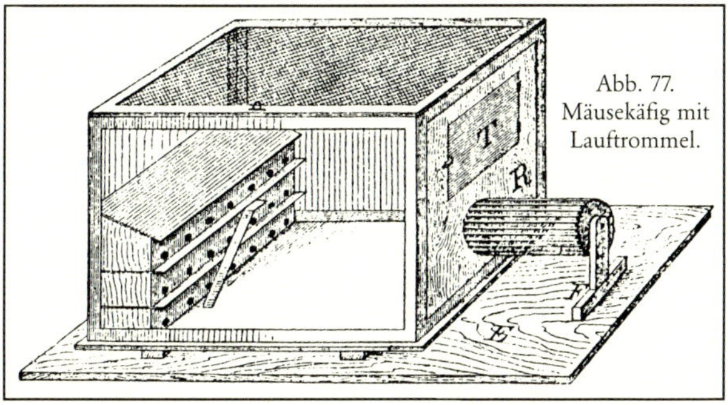

Abb. 77. Mäusekäfig mit Lauftrommel.

käfigs, weshalb wir beides gleich im Zusammenhang behandeln wollen.

Man verfertigt zuerst das Holzgestell aus Stäben von Tannenholz. Die senkrechten haben quadratischen Querschnitt (1 bis 2 cm Seitenlänge), die oberen horizontalen sind etwa doppelt, die unteren viermal so hoch als dick (vergleiche die Abb. 88). Dann zieht man die Querdrähte ein, die durch das Holz gehen und außen umgebogen werden (Abb. 79). Die senkrechten Drähte Enden spitz zugefeilt und mittels einer Drahtzange 5 bis 10 mm tief ins Holz eingedrückt, ohne daß man Löcher vorbohrt. Der Draht soll harter Eisendraht und etwa 1 mm dick sein, der Zwischenraum zwischen den Drähten je 1 cm betragen. Das Geraderichten muß man eben geduldig mit der Hand besorgen, wenn man es nicht vom Klempner auf der Ziehbank ausführen lassen will; auch durch Walzen zwischen zwei Brettern aus hartem Holz gelingt es meist. Die Längs- und Querdrähte werden dann miteinander durch ausgeglühten Blumendraht verbunden, und zwar in der Weise, wie es die Abb. 79 deutlich erkennen läßt. Durch stärkeres oder schwächeres Zusammenziehen der Schlinge kann man dabei die gleiche Entfernung der Drähte voneinander bis aufs Haar genau einhalten und kommt obendrein viel rascher vorwärts, als wenn man statt der Querdrähte Holzleisten anbringen und diese für jeden Längsdraht besonders durchbohren wollte.

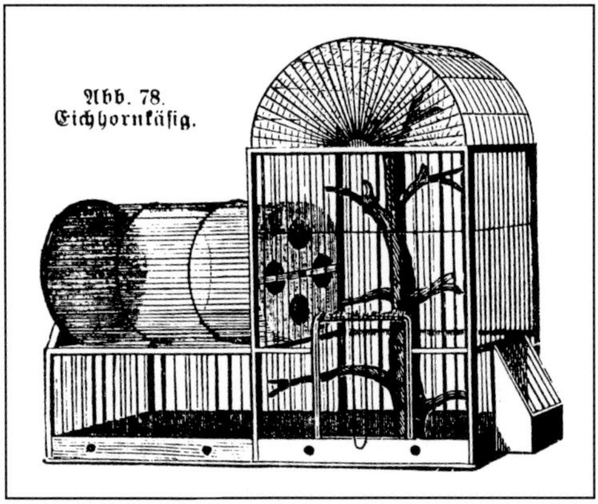

Abb. 78. Eichhornkäfig.

Da auf den Boden jedes Käfigs ein herausziehbarer Einsatz aus Zinkblech kommen muß, ist die eine der unteren Leisten zu hal-

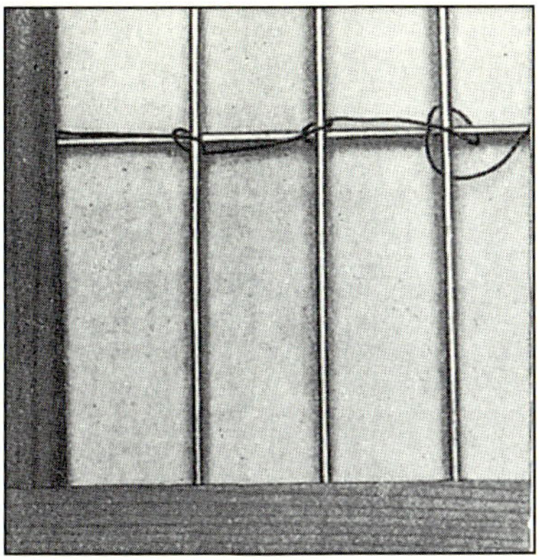

Abb. 79. Herstellung des Gitters an einem Vogelkäfig.

bieren und nur die obere Hälfte mit dem übrigen Gestell fest zu verbinden. Die untere wird entweder drehbar an der oberen befestigt, so daß man den Einsatz darunter hervorziehen kann (Abb. 80), oder man nagelt sie gleich an diesem fest (Abb. 83) und versieht sie außen mit hölzernen Knöpfen zum Anfassen. Käfige, die an die Mauer gehängt werden sollen, erhalten eine Rückwand aus Holz. Will man in dieser ein Türchen anbringen, so wird es am besten gleich der Leiste in Abb. 80 eingehängt, damit es nicht einmal aus Versehen offen bleibt, sondern stets von selber zufällt. Aber auch mit kleinen Drahtklammern (Abb. 81 a) läßt sich die Sache unschwer bewerkstelligen (Abb. 81 b). Etwas schwieriger sind Türchen im Gitter anzubringen, für die man darin natürlich Raum aussparen muß. Die gebräuchlichste Form ist die, daß man zwei Holzstäbe von der Form der Abb. 81 c durch senkrechte Drähte miteinander verbindet und durch die seitlichen Löcher die Randdrähte des Loches im Gitter führt, so daß man sie an diesen auf- und abschieben kann; diese Randdrähte müssen wie die Querdrähte durch die Holzleisten geführt und außen umgebogen werden, damit sie nicht nachgeben können, was besonders beim Anhängen einer Badekabine leicht möglich wäre. Solche Türchen sieht man in der Abb. 84 rechts und links unten, nur sind sie hier zum

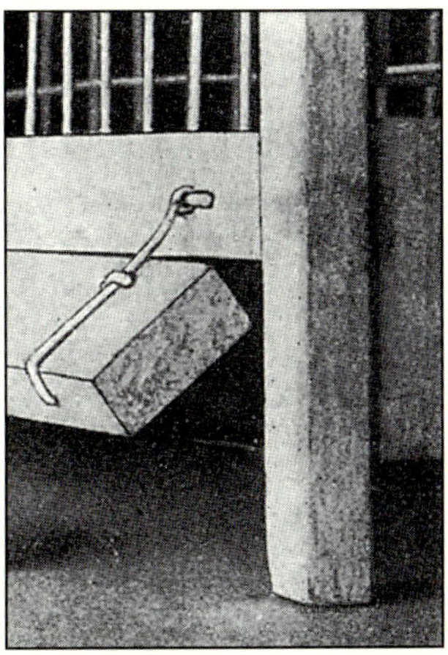

Abb. 80. Befestigung der beweglichen Bodenleiste.

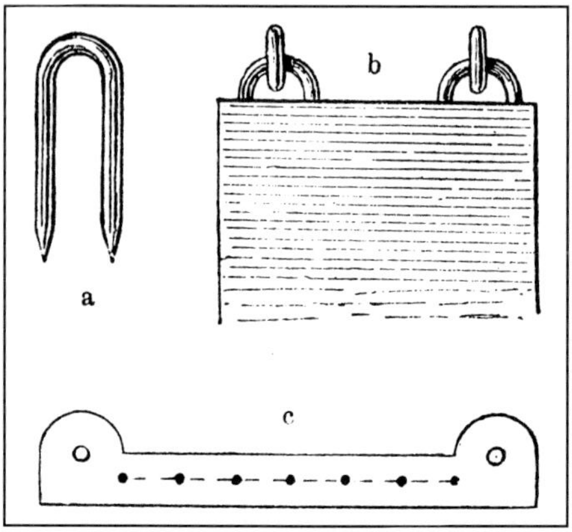

Abb. 81. Herstellung von Türchen an einem Vogelkäfig.

Auf- und Zudrehen eingerichtet, was aber aus mancherlei Gründen weniger praktisch ist. Am allerbesten biegt man jedoch solche Türchen aus einem einzigen Stück Draht, wie Abb. 82 zeigt; nur der mittlere Querdraht ist besonders einzufügen. Alle Drähte sind dann untereinander in der bereits beschriebenen Weise mit ausgeglühtem Blumendraht fest zu verbinden. Wem das Biegen aus der freien Hand nicht gelingen will, der schlage sich eine Anzahl Stifte in ein Brett und leite den Draht um diese. Die Ösen an den vier Ecken werden zum Schluß im rechten Winkel umgebogen, so daß man die Randdrähte der Gitteröffnung hier durchstecken kann. Ist der Käfig so weit gediehen, wird er zunächst einmal innen und außen mit Leinölfirnis, und nachdem dieser vollständig getrocknet ist, noch zwei- bis dreimal mit weißer Ölfarbe angestrichen. Man nehme aber dazu Zinkweiß, und ja nicht Bleiweiß, weil letzteres sehr giftig ist und den gefiederten Pfleglingen schaden könnte, die gern an den Drähten herumknabbern; damit die Farbe nicht zu rasch vergilbe, setzt man ihr ein klein wenig Pariserblau zu. Die Futternäpfe biegt und lötet man aus Zinkblech

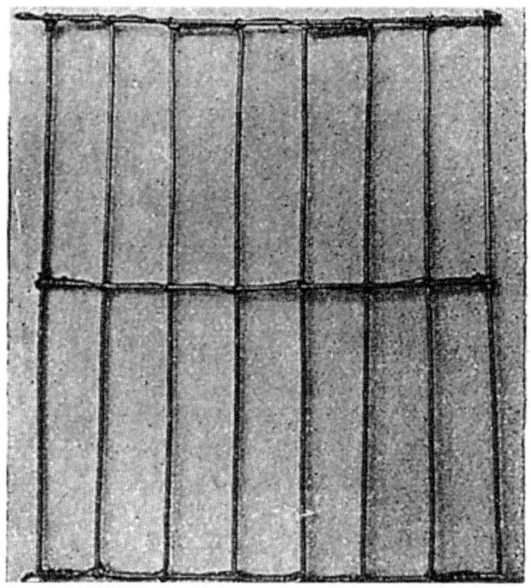

Abb. 82. Schiebetürchen, aus einem Stück Draht gebogen.

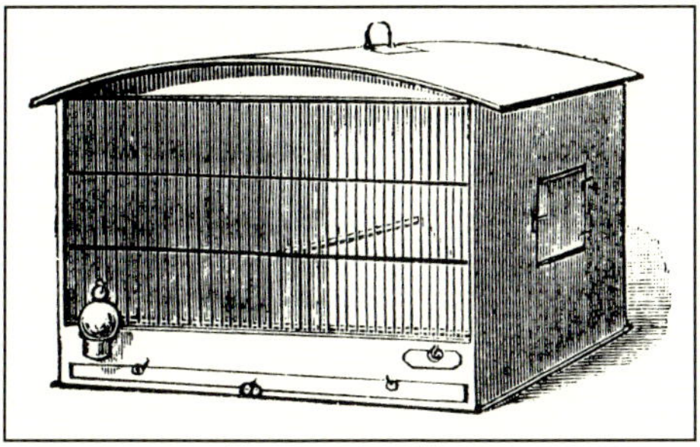

Abb. 83. Nachtigallkäfig.

zusammen oder benutzt die käuflichen aus Glas, die schon wegen des leichteren Reinigens vorzuziehen sind; das gleiche gilt von den Wassernäpfen. Die Sitzstangen verfertigt man am besten aus spanischem Rohr; es muß aber zuvor der harte glänzende Überzug mit einer alten Feile vollständig entfernt werden, weil die Vögel auf der glatten Fläche sonst leicht den Krampf in die Füße bekommen und dauernd erkranken. Schließlich nagelt man als Boden ein entsprechend großes Stück Zinkblech unten auf den Käfig. Vogelbauer dieser Art sind hell und luftig, zugleich aber infolge ihrer eigentümlichen Bauart so elastisch, daß sie auch einen harten Stoß gut aushalten; die Ölfarbe verklebt ferner sämtliche Risse und Fugen im Holz wie zwischen den Drähten, so daß sich kein Ungeziefer ansiedeln kann, und blendet die Vögel bei weitem nicht so wie der blanke verzinnte Eisendraht. Messingdraht ist völlig zu verwerfen, weil er rasch Grünspan ansetzt. Für die verschiedenen Vogelgattungen wären in der Länge, Breite und

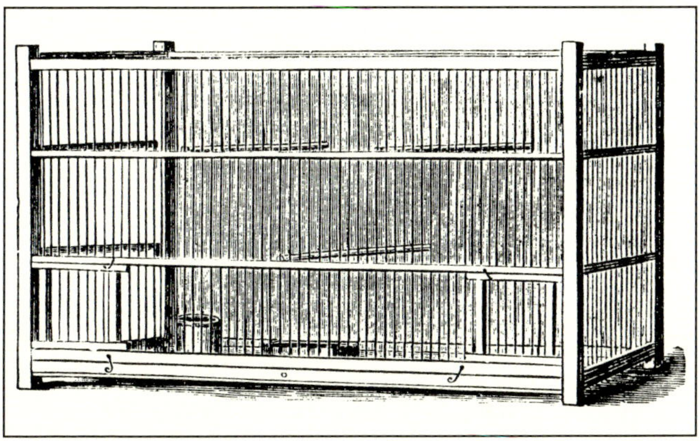

Abb. 84. Heckbauer für Kanarienvögel.

Höhe etwa folgende als die Mindestmaße anzusehen. Für Finken und Meisen 35 x 22 x 36 cm und flaches Dach; für Kanarienvögel, Zeisige und Blutfinken (auch Gimpel oder Dompfaff genannt) 33 x 27 x 30 cm und leicht gewölbtes Dach; für Lerchen, Grasmücken und Mönchsplattenvögel 44 x 27 x 30 cm und statt des Daches ein ausgespanntes grünes Tuch; für Schwarzdrossel und Amsel wie für die vorstehenden, nur etwas größer, der Draht stärker und die Zwischenräume 1 1/2 cm; das gleiche für die Wachtel, die noch ein Laufrad oder einen halbrunden Vorbau erhalten kann. Beim Käfig für Nachtigallen (45 x 24 x 40 cm, Abb. 83) sollen auch die Seitenwände wenigstens bis zur halben Höhe aus Holz, die Decke wieder aus grünem Tuch bestehen. Heckkäfige zu Zuchtzwecken (Abb. 84) müssen wenigstens die doppelten Ausmaße wie die Einzelbauer erhalten, ferner in der Rückwand eine Tür, genügend groß, um Nistbauer oder Nistkörbchen einhängen zu können. Nistkäfige fertigt man nach Anleitung der Abb. 85 leicht selber an, Nistkörbchen (Abb. 86 und 87) kauft man besser, da sie sehr billig sind. Beide müssen zur Brut gut mit Watte ausgelegt werden, die man nach beendetem Brutgeschäft verbrennt, während die Nistkäfige gründlichst gereinigt werden müssen.

Abb. 85. Nistkäfig.

Wer genug Platz hat, kann sein Kanarienbauer freistehend auf einem besonderen Gestell unterbringen (Abb. 88), das man mit geringer Mühe aus einigen Leisten und Brettchen zimmert und gleichfalls weiß anstreicht. Die seitlichen Brettchen dienen zum Aufsetzen von Blumentöpfen, desgleichen das Blech unten zwischen den Füßen. Solche freistehende Käfige erhalten ringsum ein Drahtgitter, müssen aber zugfrei stehen und nachts mit einem leichten Tuch verhängt werden.

Abb. 86. Nistkörbchen.

Abb. 87. Nistkörbchen anderer Art.

Auf die Herstellung von *Terrarien* und *Aquarien* können wir hier nicht eingehen, vor allem, weil fast jede Tiergattung eine besondere Einrichtung und Bepflanzung verlangt, wenn sie nicht zugrunde gehen soll. Wir verweisen deshalb auf die einschlägige Literatur, besonders auf den guten und billigen 2. Band der Illustrierten Taschenbücher für die Jugend: „Aquarium und Terrarium", der auch alles Wissenswerte über den Bau solcher Pflegestätten enthält. Dagegen wollen wir kurz eine Einrichtung besprechen, die das lästige *Einfangen der Fliegen* für Laubfrösche und andere Terrariumbewohner erspart. Man verschließt eine der bekannten Fliegenfangglocken (Abb. 89) oben mit einem durchbohrten Kork, von dem man ein ziemlich weites gebogenes Glasrohr nach aufwärts ins Terrarium leitet. Wenn die Fliegen von dem unter das Fangglas gestreuten Zucker genascht haben, fliegen sie meist gerade auf, geraten unter die Glocke und kriechen schließlich, da sie den Ausweg nach unten nur selten wiederfinden, durch das Rohr von selber ins Terrarium.

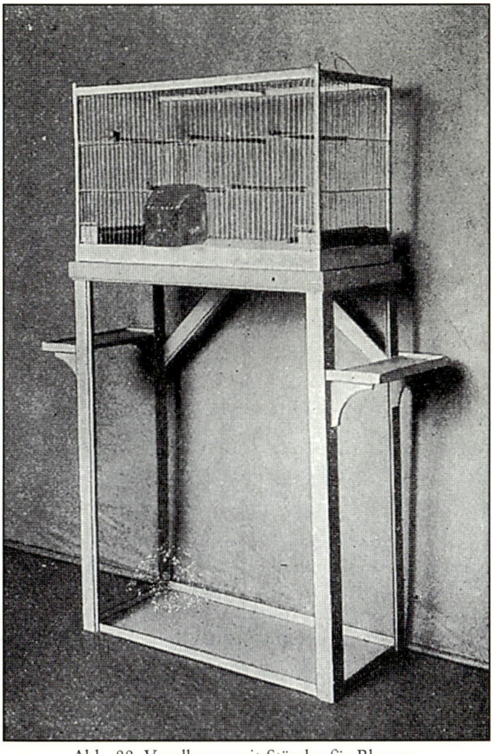

Abb. 88. Vogelbauer mit Ständer für Blumen.

Hat man nur einen Laubfrosch in der Pflege, so kann man ein solches Fangglas allergrößter Nummer zugleich als *Froschhaus* einrichten, wie Abb. 90 zeigt. Man läßt es oben (A) bei b von einem Glaser abschneiden und rauht den Rand mit einer alten Feile oder Bimsstein, damit man sich später nicht schneidet. Über die untere Öffnung bei c kommt ein Drahtgitter mit fc weiten Maschen, daß die Fliegen bequem durchschlüpfen können. In der einen Hälfte der unteren Glasrinne baut man aus Tuff- und Ziegelbrocken mittels Zement eine Felsengruppe, die mit allerlei Grün (Farne, Tradeskantien, Ficus stipularis, Sellaginellen, Lykopodium und anderen) bepflanzt wird; die andere Hälfte füllt man mit Wasser (W). Über das so zugerichtete Glas stülpt man dann eine große Käseglocke (B), deren unterer Rand (bei a) mit dickem Tuch beklebt wurde, um einen guten Abschluß zu erzielen. Der Grünrock wird sich in dieser Behausung, die man aber nicht ins grelle Sonnenlicht stellen darf, sehr behaglich fühlen. Das Wasser ist täglich mit einem Heber abzuziehen und durch frisches zu ersetzen. Überhaupt gilt das gleiche für alle unsere Zimmergenossen aus dem Tierreiche, mit Ausnahme verschiedener Aquariumgäste. Auch müssen die Exkremente täglich entfernt werden, weil sie infolge ihrer scharfen Ausdünstung sowohl

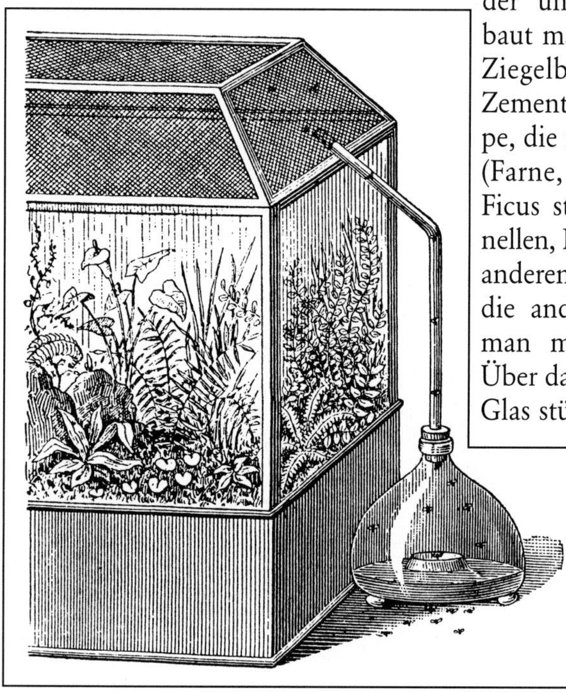

Abb. 89. Selbsttätige Fliegenfalle für Terrarien.

auf die Tierchen selber als auf unsere eigene Gesundheit schädlich wirken würden.

Gerade diese Ausdünstungen aller in der Gefangenschaft gehaltenen Tiere, die sich nie ganz vermeiden lassen, sind die Ursache, warum manche junge Naturfreunde überhaupt alle Tiere aus dem Zimmer verbannen und sich lieber mit der Aufzucht und Pflege von Pflanzen befassen. Nun sollen aber auch diese nicht in einem Zimmer stehen, worin Personen schlafen. Man weist ihnen deshalb am besten einen Platz auf dem äußeren Fenstersims an, und falls dieser dafür zu schmal sein sollte, baut man einen *Pflanzenkasten* nach Art der Abb. 91, der nach außen ragt und nach unten abgestützt ist. Er erscheint zwar auf diesem Bilde an dem Holzgeländer einer Veranda befestigt; es hindert aber nichts, ihn in gleicher Weise an einem Fenster anzubringen. Seine Maße richten sich nach der Zahl und Größe der Töpfe, die er aufnehmen soll. Jedes weiche Holz eignet sich dazu; es muß aber alle Frühjahre frisch gestrichen werden, und zwar rot, braun oder grün, weil die weiße Farbe unter dem Einfluß von Sonnenschein und Regen zu viel leiden würde.

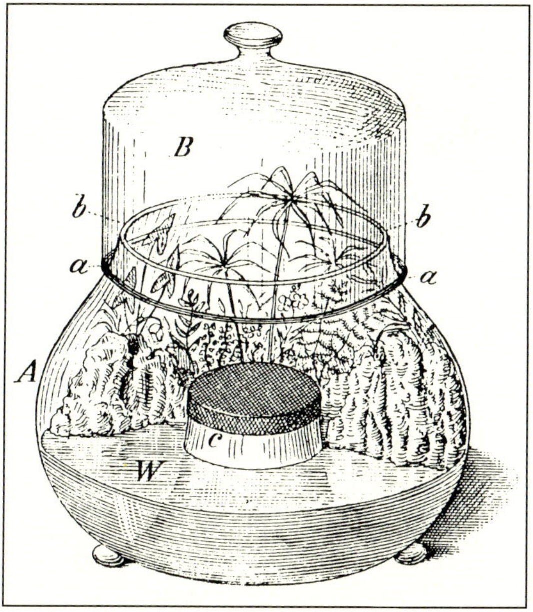

Abb. 90. Fliegenfangglas als Laubfroschhaus.

Statt die jungen Pflanzen vom Gärtner zu kaufen, ist es weit interessanter, sie aus Samen oder Stecklingen selber zu ziehen. Das geschieht zumeist in sogenannten *Zimmertreibhäuschen.* Die Abb. 92 zeigt ein solches für Pflanzen, die einzeln in kleinen Töpfen gezogen werden müssen, z.B. Kakteen. Es dürfte nicht allzu schwer fallen, danach ein solches Häuschen aus Holzleisten und Glasplatten selber zusammenzubasteln. Seine Maße richten sich nach dem verfügbaren Raum und der Zahl der Töpfchen, die darin untergebracht werden sollen. Die Scheiben müssen mit Glaserkitt eingekittet, alle Holzteile mehrmals gut mit Ölfarbe gestrichen werden. Der Deckel ist zum Aufklappen eingerichtet, um bei allzu

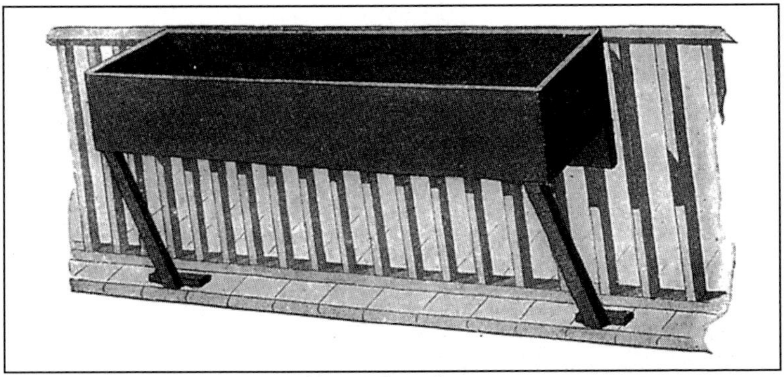

Abb. 91. Pflanzenkasten.

großer Erwärmung des Innern lüften zu können. Der staffelförmige Einsatz mit besonderen Löchern für jeden Topf dient dazu, alle diese Gefäße auf einmal herausnehmen zu können, sooft man den Wärmespender – ein flaches Blechgefäß, das mit heißem Sand oder Wasser gefüllt wird – neu auffüllen will. Die Abb. 93 zeigt ein Zimmertreibhäuschen für Topf- oder Beetsämlinge, das für ununterbrochene Heizung eingerichtet ist. Es besteht zur Gänze aus Zinkblech, mit Ausnahme der Scheiben in der oberen Abteilung; der Deckel der letzteren ist wieder aufklappbar. Außerdem sehen wir an der Seite eine Anzahl Löcher, welche durch die davor in Führungen verschiebbare, gleichfalls durchlöcherte Leiste nach Belieben geöffnet oder geschlossen werden können; das Ventilieren des oberen Abteils läßt sich damit weit besser und genauer regulieren als durch Öffnen des Deckels. Die mittlere Abteilung ist vollständig geschlossen, bis auf das kurze seitliche, nach aufwärts gebogene Rohr zum Nachfüllen des Heizwassers. In den untersten Teil führt man durch die seitliche Öffnung eine Spiritus- oder Petroleumheizlampe mit breitem, einfachem oder doppeltem Docht. Durch Versuche muß vor dem Beschicken mit Pflanzen ermittelt werden, wie hoch man die Flamme brennen lassen darf, um

Abb. 92. Zimmertreibhäuschen mit herausnehmbarem Einsatz.

das Wasser und damit die Luft im obersten Raum stets auf der gleichen vorgeschriebenen Temperatur zu halten.

Zum Abschluß dieses Kapitels sei noch auf eine sehr unterhaltende Art hingewiesen, wie man mit geringen Mitteln hübsche *Vasen* für den Blumenschmuck des eigenen Zimmers anfertigt. Man stellt eine Flasche mit weitem Hals (Einmachglas) in eine entsprechend hohe Schachtel aus Pappendeckel, gießt in den äußeren Raum zwischen Glas und Pappe Gipsbrei, hebt dann die Flasche ein wenig, damit der Gipsbrei sich auch unter ihrem Boden ausbreiten kann, und läßt ihn in dieser Lage erhärten. Dann entfernt man die Pappe und kann nun mit einem Schabeisen allerlei hübsche Ornamente in die Gipsform einschneiden und -schaben, wofür unsere farbige Beilage eine wirkungsvolle Vorlage darstellt. Ist diese Arbeit zur Zufriedenheit gediehen, tränkt man den Gips mehrmals mit dicklicher Schellacklösung und kann die Vase dann nach dem Trocknen mit Ölfarben bemalen. Das Glas im Innern einer solchen Vase verhindert, daß das eingegossene Wasser den

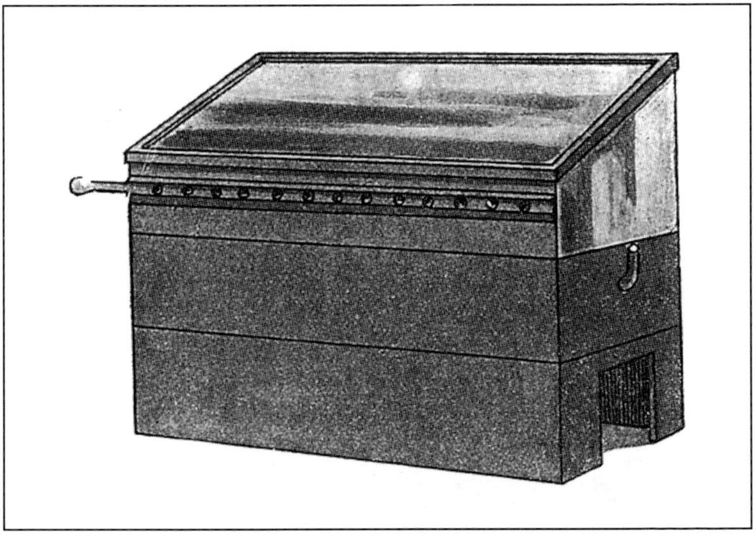

Abb. 93. Heizbares Zimmertreibhäuschen.

Gips aufweicht; fallen aber einmal ein paar Tropfen auf die Außenseite, dann schützen Schellack und Ölfarbe vor einer schädlichen Einwirkung auf unser Kunstwerk. Soll die Vase dagegen weiß bleiben, legt man sie erst einen Tag lang in eine Barytlösung und dann, nachdem sie einige Tage gut ausgetrocknet ist, eine halbe Stunde lang in heiße Seifenlösung (1:20). Hierauf wird sie gewaschen, in der Ofenröhre getrocknet und kann nunmehr nach Belieben mit Seifenwasser gereinigt werden. Um dem Gips eine größere Härte zu geben, ist es vorteilhaft, ihn mit Leimwasser oder einer Boraxlösung anzurühren.

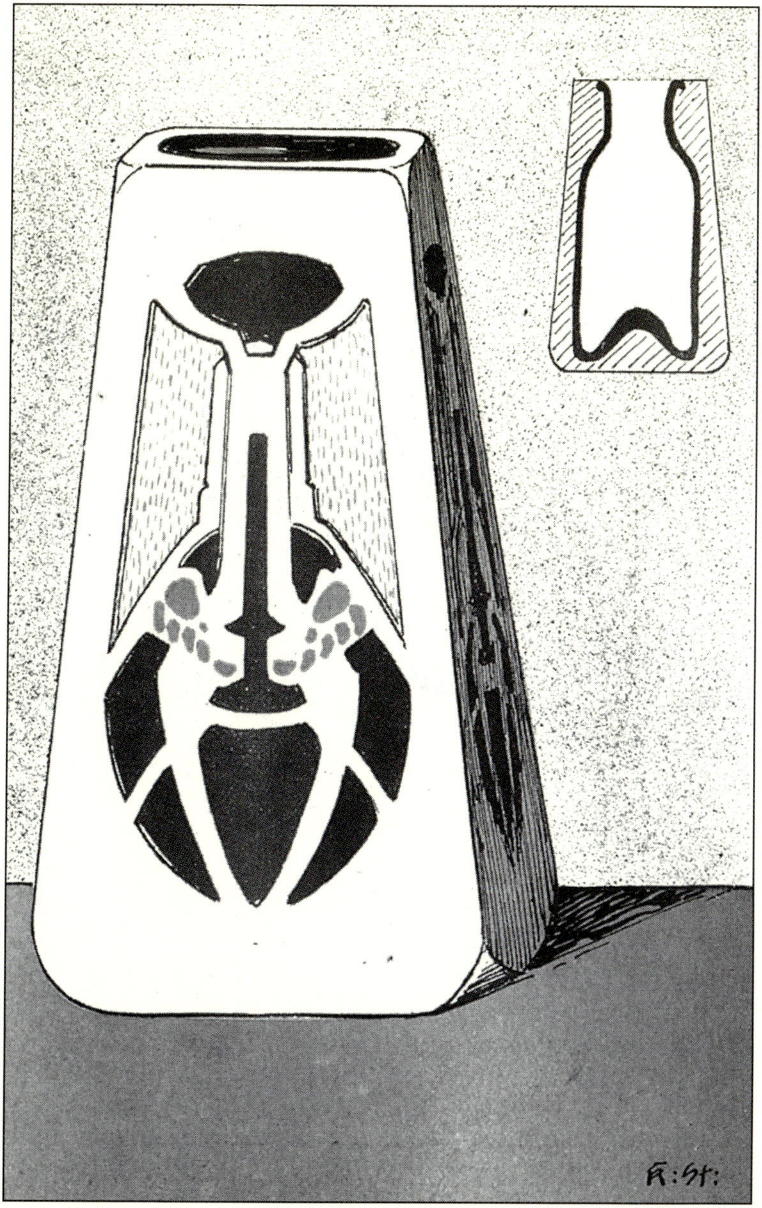

Blumenvase (siehe Seiten 69 und 70)

Allerlei hübsche Geschenke für Eltern und Geschwister

Da die lieben Eltern so gütig waren, uns ein eigenes Zimmer einzuräumen, ist es eine reine Pflicht der Dankbarkeit, daß wir nun unsere Handfertigkeit in den Dienst der Familie stellen und Eltern wie Geschwistern durch allerlei hübsche Geschenke eine Freude bereiten. Gelegenheit dazu bietet sich im Laufe des Jahres übergenug bei den verschiedenen allgemeinen und persönlichen Festen. Auch bedarf es selbst in Zeiten, wo wir z.B. durch Prüfungsarbeiten und dergl. stark in Anspruch genommen sind, oft nur geringer Mühe, um den Angehörigen durch eine kleine hübsche Überraschung wenigstens unseren guten Willen zu beweisen.

Sehen wir uns einmal die *Löschwiege* an (Abb. 94). Da sind auf ihrem Rücken eine Anzahl großköpfiger Ziernägel in einem einfa-

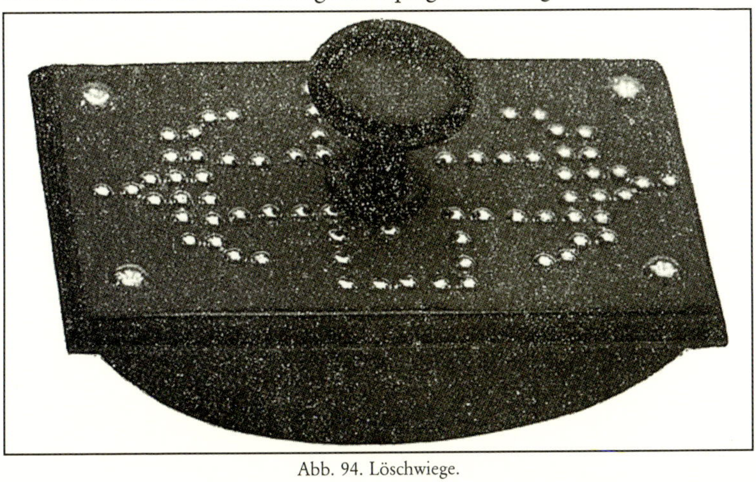

Abb. 94. Löschwiege.

chen Muster eingeschlagen, und wie hat der früher unscheinbare Gegenstand an Aussehen gewonnen! Dabei nimmt die ganze Arbeit im höchsten Fall eine Stunde in Anspruch. Man zeichnet das Muster auf ein Blatt Papier, merkt die Stellen vor, wo die Nägel eingeschlagen werden sollen, spannt dann das Papier an zweien dieser Punkte mit Reißnägeln auf der Löschwiege fest und bohrt die übrigen Löcher vor. Hierauf entfernt man das Papier wieder und treibt die Nägel ein. Geht das nicht rasch?

Auch den *Zündholzhalter* (Abb. 95) wird Papa gern als Angebinde entgegennehmen. Man erwärmt ein Kupferblech von 1 bis 2 mm Dicke und der erforderlichen Größe und verreibt darauf ein Stückchen Wachs, bis die Metallfläche überall bedeckt ist. Auf diese Wachsschicht überpaust man die nach Bedarf vergrößerte Zeichnung und ritzt sie mit einem spitzen Stift so tief ein, daß an diesen Linien die blanke Metallfläche wieder zum Vorschein kommt. Dann klebt man rings um die Zeichnung einen 1 bis 2 cm hohen Rand aus Wachs und gießt in den Innenraum eine Mischung von 1 Teil Salpetersäure (Vorsicht, weil stark ätzend!) und 10 bis 20 Teilen Wasser. Luftblasen, die sich dabei in den Rinnen bilden, sind mit einem weichen Pinsel zu entfernen. Die verdünnte Säure läßt man

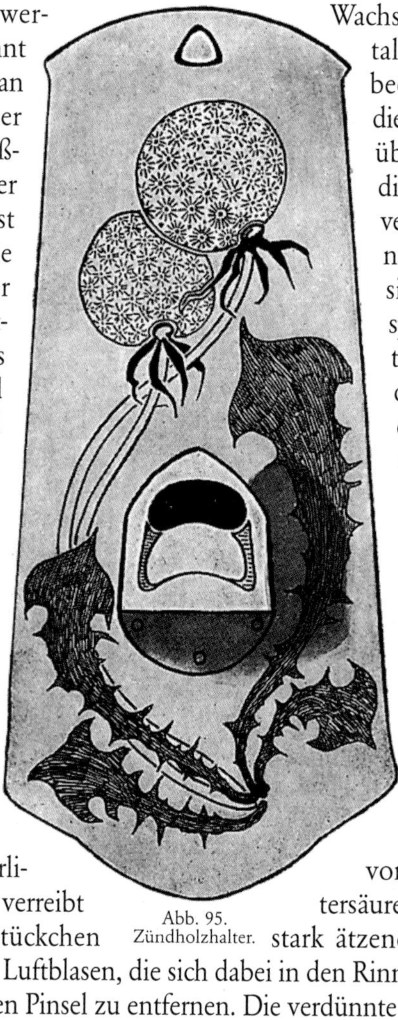

Abb. 95.
Zündholzhalter.

so lange auf dem Blech stehen, bis die Linien etwa 1/2 mm tief eingefressen sind. Dann wird sie abgegossen, die Platte gut mit Wasser gespült und schließlich das Wachs durch Abschmelzen entfernt. Hierauf wird das Blech ausgesägt, mit feinstem Sandpapier glänzend gerieben und schließlich mit Zaponlack überzogen. In gleicher Weise stellt man das federnde Blech her, das die Zündholzschachtel aufnehmen soll, biegt es zweimal im rechten Winkel und nietet es mit drei Nieten auf das große Blech. Wer die Linien des Ornaments noch mehr hervorheben will, kann sie vor dem Lackieren mit verschieden gefärbten Kitten ausfüllen. Man stellt diese her, indem man aus Schlemmkreide und Ölfirnis den bekannten Glaserkitt knetet und diesem die gewählte Farbe in Pulverform zusetzt. Für die beiden Fruchtstände des Löwenzahn oben würde also weißer Kitt passen, für die Stengel hellgrüner, für die Blätter und Kelchzipfel dunkelgrüner, für das Ornament des vorstehenden Bleches roter. Aller überflüssige Kitt muß entfernt werden, damit die Linien sich scharf abheben.

Abb. 96. Zeitungshalter.

Für den *Zeitungshalter* (Abb. 96) ist einige Übung in der Handhabung der Laubsäge erforderlich. Das rückwärtige Wandbrett mag 8 mm dick genommen werden, seine größte Länge 80 bis 100 cm betragen. Die Verzierungen oben und unten sind aus 1 mm dickem Messing-, Kupfer- oder Zinkblech zu sägen, desgleichen die vier schief abstehenden Teile; nur soll das Blech für letztere etwa doppelt so stark sein, weil sie ja die Last der Zeitungen zu tragen haben. Alle Metallteile werden dann ebenfalls mit feinstem Sandpapier geputzt, sowie mit Zaponlack gegen das Rosten und Verblinden geschützt. Die Zeitungsträger sind unten schmal umgebogen und mit Schrauben an dem Brett befestigt. Etwas schwieriger ist der *Leuchter* (Abb. 97) in Kleineisenarbeit (vergleiche über diese die Seite 20), denn hier verwenden wir wirklich Eisen, und zwar Bandeisen von 1 mm Dicke und 10 mm Breite, das wir durch Ausglühen weicher und geschmeidiger machen; vor dem Zusammensetzen ist es aber durch neuerliches Glühen und rasches

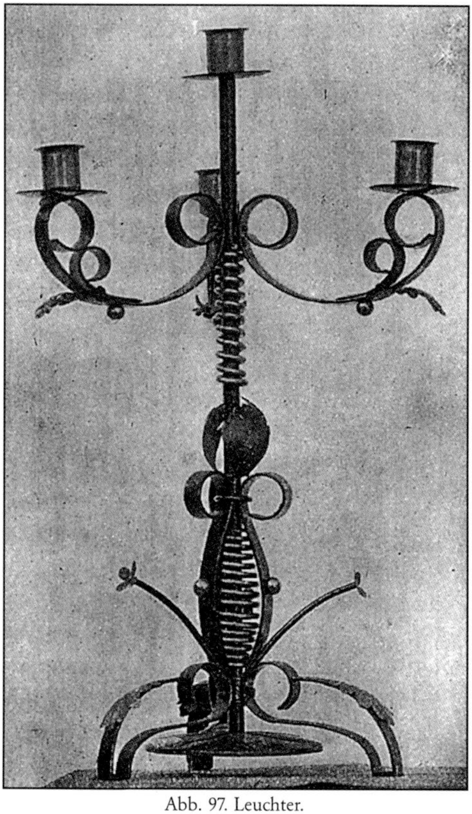

Abb. 97. Leuchter.

Eintauchen in kaltes Wasser wieder härter zu machen. Die Ornamente sind übrigens nicht allzu verzwickt. Der mittlere Stab ist ein Stück Rundeisen von 8 bis 10 mm Dicke und etwa 40 cm Länge. Die beiden Drahtspiralen wickelt man aus 3 bis 4 mm dickem weichem Draht über entsprechend geformte Holzkörper und steckt sie dann ins Ofenfeuer, bis die Holzkerne verbrannt

Abb. 98. Zigarren- und Zigarettenspender.

sind. Die Blätter biegt man aus dünnem Eisenblech, ebenso die Düsen für die Kerzen. Die Kugeln können aus Holz sein und mit Nägeln an dem Bandeisen befestigt werden. Schließlich wird das Ganze sauber mit schwarzem Eisenlack angestrichen.

Eine richtige, viel Geduld und Genauigkeit erfordernde, aber auch sehr lohnende Bastelei ist der in Abb. 98 dargestellte *Mechanismus,* der nach Belieben durch Druck auf einen Knopf eine *Zigarre oder eine Zigarette und dazu ein Zündholz spenden.* Man fertigt ihn aus Zigarrenkistenholz, nur die äußeren Wände sind doppelt so dick

(8 mm) zu nehmen; die Mehrzahl der Maße ist in den Abbildungen angegeben, so daß nicht viel nachzutragen bleibt. Es sei jedoch gleich darauf hingewiesen, daß alle Holzflächen, besonders jene, die sich später aufeinander reiben, mit feinstem Sandpapier sorgfältig geglättet werden müssen. Je peinlicher man hierbei wie überhaupt beim Zusammenpassen der einzelnen Teile vorgeht, desto mehr wird man nachher durch tadelloses Funktionieren des Apparates belohnt. Als erstes bauen wir den Schlitten (Abb. 99). Die Maße der Seitenbrettchen sind angegeben, die übrigen werden insgesamt 120 mm lang und messen in der Breite: c = 7 mm, d = 18 mm, e = 19 mm, f = 25 mm, g (der Boden) = 17 mm und h (die Vorderwand) = 15 mm. Der Rundstab R hat etwa 128 mm Länge und 5 mm Durchmesser. In das untere Kästchen (e f g) wird seitwärts ein größeres Loch gebohrt und ein wenig Leim eingegossen und herumgeschwenkt, daß sich alle Ritzen und Fugen gut schließen. Hierauf füllt man das Kästchen mit Sand, verschließt das Loch mit einem Kork und schneidet dessen vorstehenden Teil glatt ab. Wie dieser Schlitten wirkt, veranschaulicht Abb. 100. Von den Zigarren z liegt die vorderste auf dem unteren Teil S des Schlittens. Wird dieser gehoben, so nimmt er die Zigarre mit, bis sie auf die Höhe von e kommt und nach außen herabrollt. Den gleichen Zweck erfüllt das Brett-

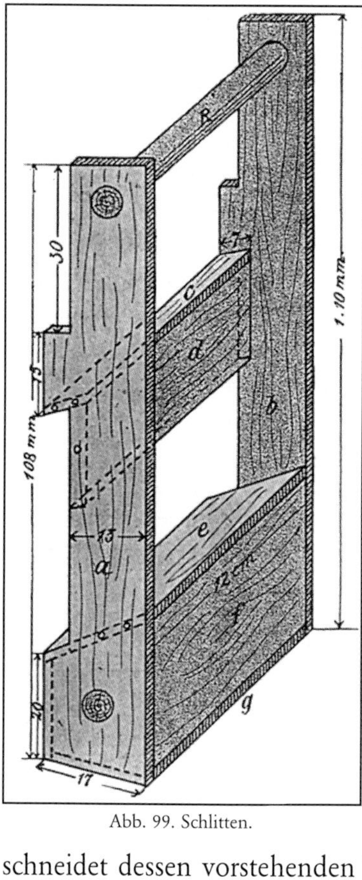

Abb. 99. Schlitten.

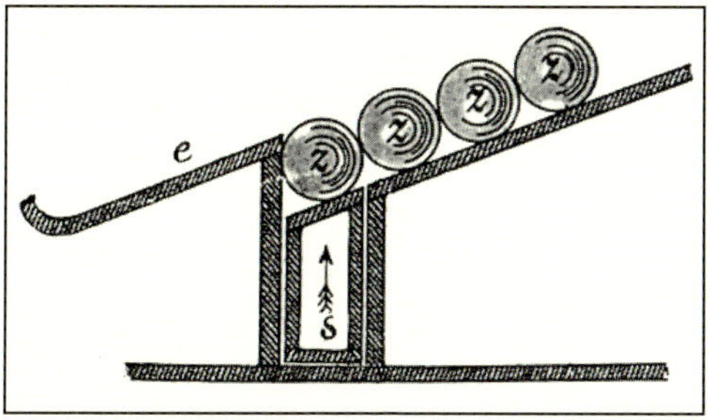

Abb. 100. Schema der Hebevorrichtung.

chen c des Schlittens für die Zigaretten. Um dem Apparat nun nach Belieben Zigarren oder Zigaretten entnehmen zu können, dazu dient die Stellvorrichtung, ein 2 mm dickes Brettchen (Kistenboden), das genau nach Abb. 101 ausgesägt wird. Über den mittleren Ausschnitt klebt man ein kleines Schild mit der Aufschrift „Zigarren"; auf der oberen Kante, die man zu diesem Zwecke durch ein hinten aufgeleimtes Leistchen verstärkt, schraubt man einen Knopf oder Ring ein, der zum Emporziehen des Schiebers dient. Nunmehr schneiden wir nach Angabe der Abb. 102 die beiden Seitenteile, zugleich in den einen noch nach der punktierten Linie ein Türchen, um später den Apparat auch füllen zu können (Abb. 98). Sodann werden die vier Gleithölzchen (Abb. 102) zurechtgeschnitten; 1 ist 140 mm lang, oben 6, unten 10 mm breit, 2 und 3 messen je 3 x 25 mm, 4 etwa 6 x 110 mm. Ebenda sieht man zugleich, wie sich der Schlitten S und die Stellvorrichtung T zwischen diesen Hölzern bewegen, also nicht senkrecht, sondern ein wenig nach vorn geneigt. Das Bodenbrett erhält eine Größe von 240 x 155 mm, und da die darauf ruhenden Seitenbretter infolgedessen im Innern etwa

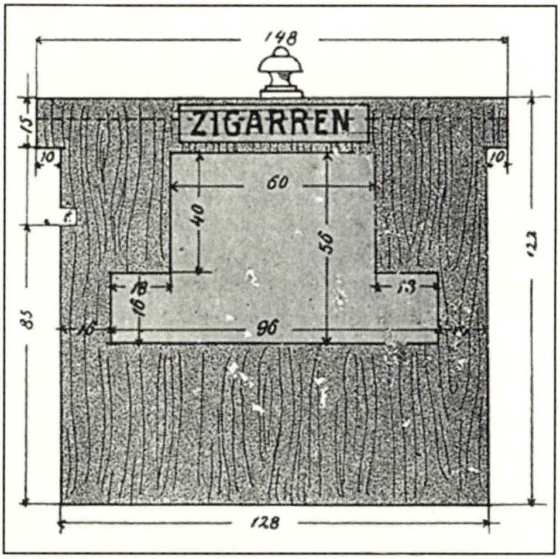

Abb. 101. Stellschieber.

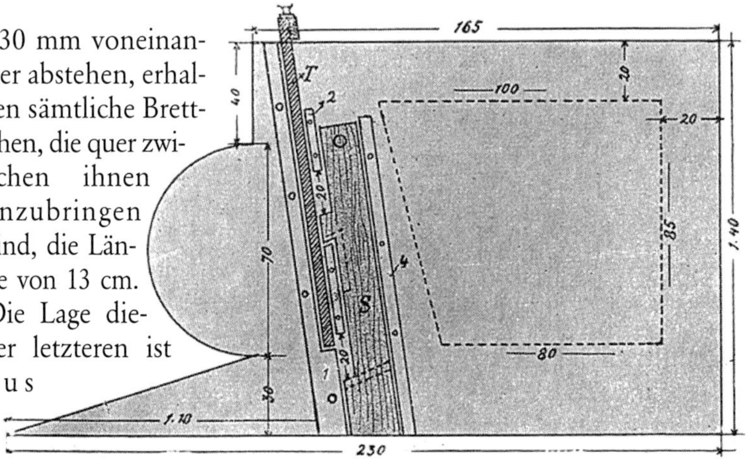

130 mm voneinander abstehen, erhalten sämtliche Brettchen, die quer zwischen ihnen anzubringen sind, die Länge von 13 cm. Die Lage dieser letzteren ist aus

Abb. 102. Seitenwand mit Tür und Gleithölzern.

Abb. 103 zu ersehen, die schraffierten Flächen bezeichnen darin die Querbrettchen im Durchschnitt. Auf c (130 x 130 mm) ruhen die Zigarren, die, wenn erst der Schieber T hochgezogen und dann der Schlitten bewegt wird, über a (110 x 130 mm) herabrollen. Auf d (70 x 130 mm) liegen die Zigaretten, die, wenn der Schieber tief steht, nach dem Heben des Schlittens über e (50 x 130 mm) nach außen rollen. Dieses Brettchen e ist in 8 cm Höhe angebracht. Der Hebel (Abb. 104) dreht sich um ein Stück Draht, das unter dem Ausschnittt des Querbrettes F befestigt ist; letzteres wird dann an der punktierten Stelle

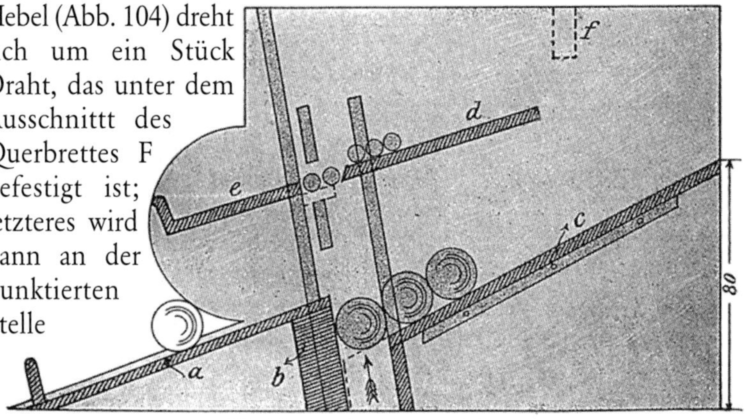

Abb. 103. Lage der Zwischenwände.

f (Abb. 103) zwischen den Seitenwänden festgeleimt. Mit seinem Vorderende greift der Hebel unter den Rundstab des Schlittens, ohne mit diesem fest verbunden zu sein; am andern Ende wird drehbar der Druckknopf angebracht, der durch ein Loch des Deckels nach außen ragt. Nunmehr setzen wir unser Kunstwerk einmal provisorisch zusammen und versuchen, ob der Schlitten sich leicht bewegt und von selber wieder herabfällt; wenn nicht, sind Hindernisse mit Sandpapier und einem scharfen Messer zu entfernen.

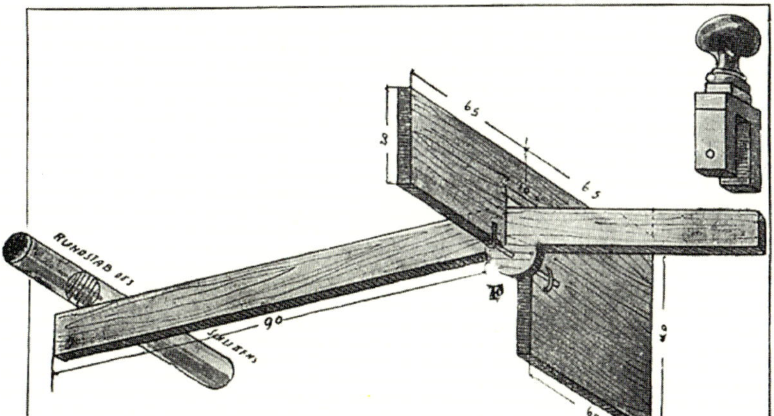

Abb. 104. Hebel und Druckknopf.

Abb. 104. Hebel und Druckknopf.

Dann wird der Zündholzspender gemacht. Er besteht aus einem Brettchen von 30 x 128 mm, das oben auf dem Schlitten befestigt wird (Abb. 105 A) und einem darauf senkrecht stehenden Brettchen von 2 mm Dicke und 17 x 45 mm Fläche. Letzteres muß sich durch den mittleren Schlitz des Deckelbrettes (Abb. 105 D) bewegen lassen. Der Aufbau, der über D (180 x 155 mm) zu stehen kommt, ist in Abb. 106 im Durchschnitt zu sehen; auch hier wird beim Niederdrücken des Hebels jedesmal ein Zündholz mitgenommen und über die schiefe Fläche B durch den vorderen Ausschnitt (50 x 20 mm) des Deckels nach vorn befördert. Das Brettchen B (50 x 70 mm) reicht also durch die Stellvorrichtung T

(Abb. 101 und 102) hindurch. Das Brettchen, auf dem die Zündhölzer liegen, mißt 50 x 35 mm und steht hinten etwa 20 mm über dem Deckelbrett. Vorn bei u ist ein Schildchen „Zigaretten"

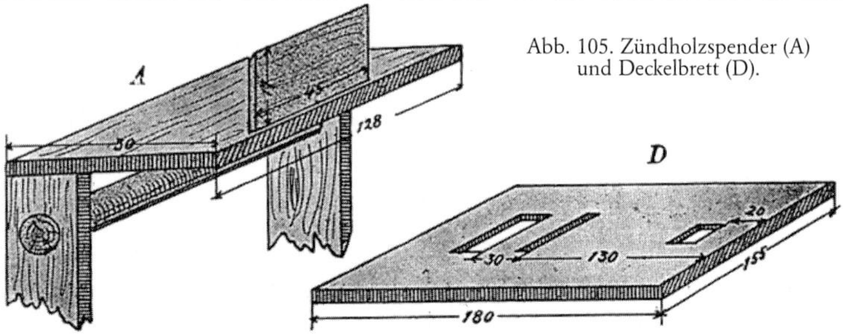

Abb. 105. Zündholzspender (A) und Deckelbrett (D).

anzubringen, das für gewöhnlich zu sehen ist, aber verdeckt wird, sobald man den Schieber T hochzieht. Will man diesen Schieber nicht jedesmal besonders heben, sondern in hochgezogener Lage nach Belieben festhalten, so kann dies durch einen Blechvorreiber geschehen, der in den Spalt ö (Abb. 101) eingreift; er dreht sich um einen Nagel, der im Deckbrett befestigt ist. Es versteht sich von selbst, daß man diesen Apparat durch Weglassen der entsprechen-

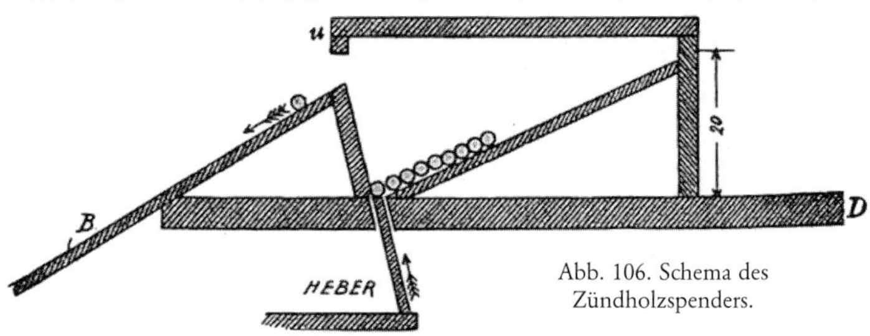

Abb. 106. Schema des Zündholzspenders.

den Teile auch für Zigarren oder Zigaretten allein einrichten kann. Andererseits braucht man sich aber nicht auf das bescheidene Aussehen der Abb. 98 zu beschränken. Man kann z.B. dem Automaten die Form eines Häuschens geben, mit zwei Galerien, auf welche die Zigarren und Zigaretten herausrollen, während der Druckknopf in einen Schornstein umgewandelt ist. Ferner kann man aus der Hinterwand ein entsprechendes Loch aussägen und unter dem Brett c (Abb. 103) ein Blechkästchen als Aschenbecher unterbringen.

Für Mütterchens Geburtstag möchten wir vor allem eine hübsche *Schreibmappe*, wie sie in Abb. 107 zu sehen ist, als Geschenk empfehlen. Wir schneiden die beiden Deckel, den einen aus Laubsägenholz, den andern aus Pappendeckel, in der Größe von 24 x 32 cm und leimen sie mit einem Zwischenraum von 8 bis 12 mm für den Rücken nebeneinander auf ein Stück Buchbinderleinwand von 36 x 54 cm, deren überstehende Ränder dann nach innen geklebt werden. Die Innenseiten dieser Deckel überzieht man hierauf mit einem hübschen Phantasiepapier. Inzwischen hat uns die Schwester ein Stück dunkelgrünen Samt (23 x 31 cm) mit Knopflochstich eingesäumt und in seiner Mitte das hellgrüne, in Spitzen endigende Seidenband aufgenäht. Dieser Samt wird nun auf den oberen Deckel geleimt, aber so, daß das Klebemittel keine häßlichen Flecken hinterläßt. Die weitere Ausstattung erfolgt mit länglichen und runden Ziernägeln – die sechs großen haben eine Glasperle in der Mitte – in der Weise, wie wir es bereits auf Seite 74 bei der Löschwiege angegeben haben. Wem die Klebarbeit zu schwierig erscheint, mag

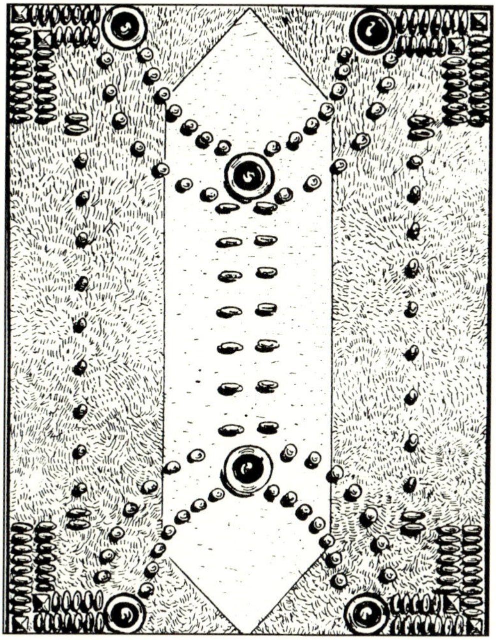

Abb. 107. Schreibmappe.

die Mappe nach obigen Angaben vom Buchbinder herstellen lassen und nur das Nageln selbst besorgen.

Überhaupt sind solche Nagelarbeiten in jeder Hinsicht dankbar. Sie zeigen ein gefälliges Aussehen, und schützen zugleich die damit verzierten Gegenstände besser als jeder Anstrich vor Beschädigungen durch Stoßen und Kratzen. Wir wollen darum noch einige folgen lassen, zumal sich die hier gegebenen Ornamente mit den erforderlichen Veränderungen für jeden beliebigen anderen Gegenstand verwerten lassen. *Das Kästchen zum Aufbewahren von Briefen und* B r i e f p a p i e r (Abb. 108) wird sich mit geringer Mühe aus weichem Holz herstellen lassen; die Maße bestimmt man nach dem Format des Briefpapiers, das Mama zu benützen pflegt. Die Außenflächen werden nun entweder mit dem Brennstift genarbt oder wie auf unserer Abbildung mit kleinen rundköpfigen Nägeln ausgeschlagen, zwischen denen die größeren Ziernägel wirkungsvoll hervortreten. Die schwarzen Linien, die das Ornament begleiten, werden gleichfalls mit dem Brennstift eingebrannt oder in Ermangelung eines solchen mit Tusche ausgezogen. Auch entsprechend gebogenen Eisendraht kann man mit feinen Klammern aufheften.

Abb. 108. Kästchen für Briefe und Briefpapier.

Mütterchen freut sich auch über Geschenke, die nicht nur zu ihrem persönlichen Gebrauch, sondern dem Haushalt überhaupt dienen, z.B. über einen hübschen *Handtuchhalter.* Die Abb. 109 zeigt die seitlichen Stützbretter eines solchen, Abb. 110 die Rückwand mit der darüber befindlichen Galerie. Er kann etwa 80 bis 100 cm lang werden, dürfte auch infolge seiner einfachen Linienführung bei einiger Übung an der Hobelbank keine große Mühe machen. Die Galerie besteht aus prismatischen Holzstücken von 2 cm Breite und 8 bis 10 cm Länge, über die oben eine Querleiste, durch großköpfige Messingnägel festgehalten, verläuft. Wer sich an diese Arbeit nicht getraut, sei es aus Mangel an Übung oder an Werkzeugen, wird sie um billiges Geld vom Tischler besorgen lassen können. Für die Nägel muß man die Löcher wieder vorbohren; die schwarzen Quadrate zwischen den viereckigen Nägeln sind mit Tusche auszufüllen, die man mit Schellacklösung fixiert. Zwischen den beiden seitlichen Brettchen ist noch eine Querstange anzubringen. Dazu eignen sich die mit dünnem Messingblech überzogenen Eisenstangen, die auch in Kleiderschränke statt der früher üblichen Haken eingepaßt werden; man erhält sie samt den zugehörigen Befestigungsringen in jeder Eisenhandlung. Der Raum oben innerhalb der Galerie wird zum Aufstellen der beliebten buntfarbigen Majoliken verwertet.

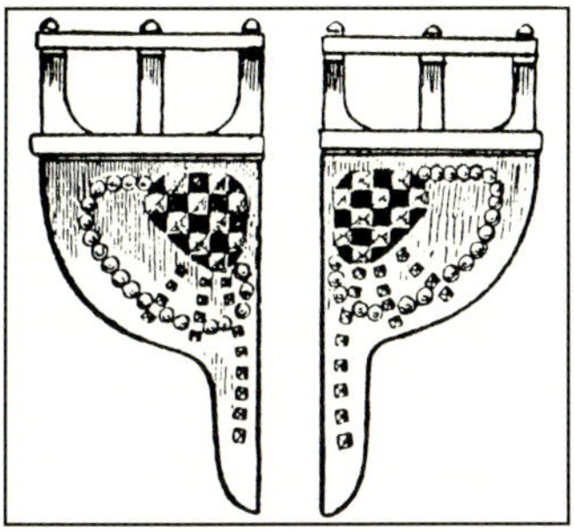

Abb. 109. Handtuchhalter, Seitenteile.

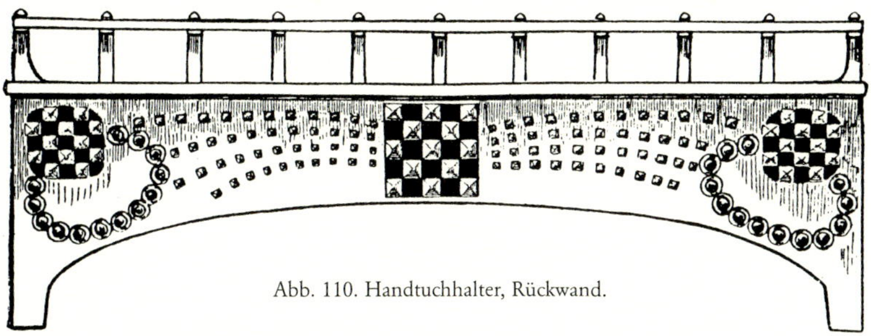

Abb. 110. Handtuchhalter, Rückwand.

Sehr gefällig nimmt sich auch das *Schlüsselbrett* (Abb. 111) aus. Man verwendet dazu ein weiches Brettchen von 8 mm Dicke und

9 x 24 cm Oberfläche, vertieft die Quadrate und Zierlinien mit einem Stemm- beziehungsweise Hohleisen oder auch mit dem Brandstift und überstreicht das Brett mit einem dunkelgrünen oder dunkelbraunen Lack. Für die Beschläge nimmt man recht dünnes Messing- oder Kupferblech, aus dem man mit einer alten Schere die Formen herausschneidet. Sie werden mit kleinen rundköpfigen Nägeln aus dem gleichen Metall befestigt; dann schlägt man die größeren Ziernägel ein, schraubt die Schlüsselhaken in den Quadraten ein, und das hübsche Kunstwerk ist fertig, bis auf die beiden rückwärtigen Ösen zum Aufhängen an der Wand, die man am besten mit kleinen flachköpfigen Schrauben befestigt.

Abb. 111. Schlüsselbrett.

Ein äußerst wirkungsvolles Geschenk ist das *Servierbrett* (Abb. 112). Die Auflegplatte ist in Ätzarbeit ausgeführt, die wir schon auf Seite 74 und 75 näher beschrieben haben. Das Muster stellt eine stilisierte Weberkarde vor, deren Umrißlinien man am besten mit einem schwarzen Kitt ausfüllt, während man den schwarzen Flächen der Vorlage eine leuchtende rote oder grüne Farbe gibt. Da diese Flächen ziemlich breit sind, würde eingetragener Kitt bald wieder herausfallen. Man malt sie deshalb mit Emailfarben aus, die unter anderem zur Bemalung von Tonvasen, Tellern und ähnlichen Gegenständen Verwendung finden. Ist das Blech soweit fertig und wieder mit Zaponlack überzogen, gibt man es einem in solchen Arbeiten erfahrenen Handwerker, damit er ein dazu passendes ovales Holztablett anfertige und das Blech darauf montiere; dies wird meist der Möbeltischler, der eine Ovaldrehbank hat, besorgen können. Sicherer geht man freilich,

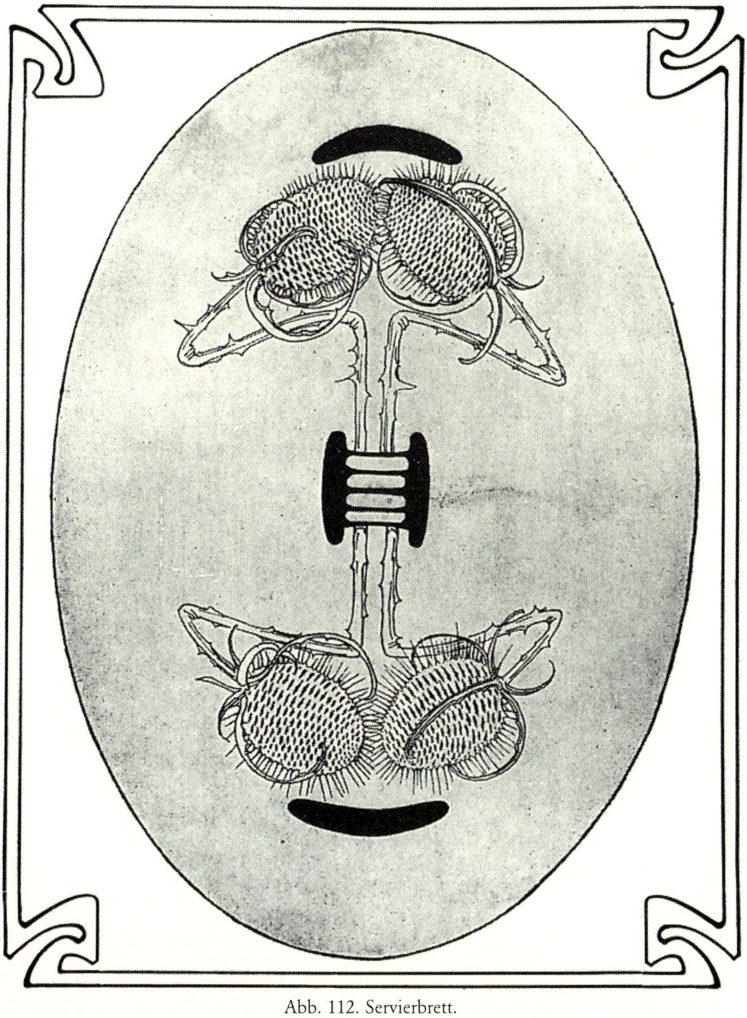

Abb. 112. Servierbrett.

wenn man ein fertiges Holztablett in einer Handlung für Küchengeräte kauft, das Blech danach abpaßt und aufnagelt.

Immergrüne Pflanzen, besonders Palmen, pflegt man in neuerer Zeit nicht mehr mit anderen Blütengewächsen zusammen auf einem Blumentisch anzuhäufen, sondern gibt jedem Exemplar einen eigenen Ständer, weil sie auf diese Art ihren Blätterschmuck viel besser und gleichmäßiger entfalten können. Ein solcher *Palmenständer* eignet sich vorzüglich zu einem Geschenk für Mütterchen und stellt auch nicht allzugroße Anforderungen an unsere Hobelbankkunst. Seine gesamte Höhe kann etwa 120 bis 150 cm betragen, die Entfernung der Füße voneinander unten 35 cm, oben 25 cm. Die Form der Beine und der seitlichen Füllbretter oben ist aus der Abb. 113 deutlich zu entnehmen; erstere messen unten 2 cm, oben 3 cm im Quadrat, letztere sind 10 bis 15 mm dick. Um das untere Querbrett dauerhaft zwischen den Beinen zu befestigen, stemmt man in letztere seitlich Löcher ein (a in Abb. 114) und leimt in diese die Stirnzapfen b von 3 cm dicken, außen gerieften Leisten c, auf die man dann das an den Ecken ausgeschnittene Brett d legt und von unten her festnagelt oder anschraubt. Für die obere Platte verbindet man zunächst die Köpfe (B und C in Abb. 115) von je zwei Beinen durch Verzapfung mit einer 3 cm dicken Leiste von der

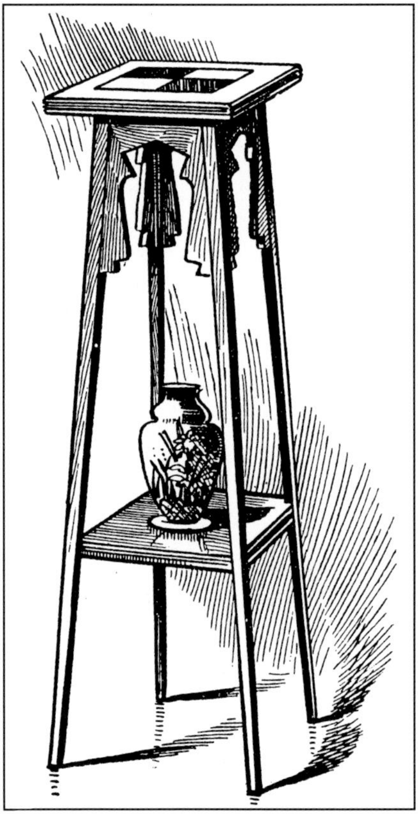

Abb. 113. Palmenständer.

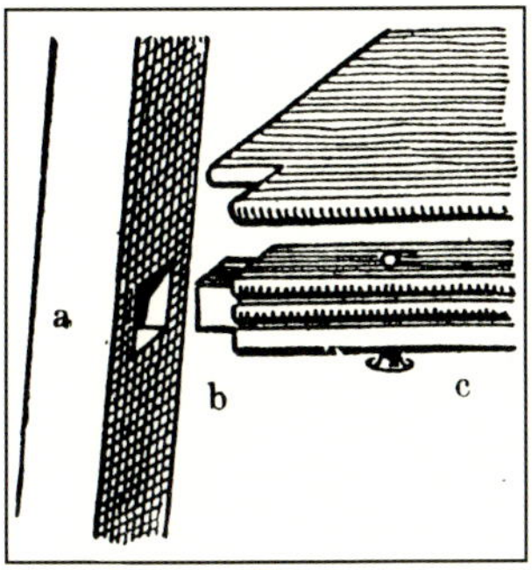

Abb. 114. Befestigung der Mittelplatte.

Form A und nagelt darauf, wieder von unten her, ein quadratisches Brett von 35 cm Seitenlänge fest. Auf dieses Brett kommt ein Rahmen aus 1 cm dicken Leisten, der außen herum gerieft ist und 35 cm längs jeder Außenkante mißt. Da er in seiner lichten Öffnung vier buntfarbige Porzellan- oder Steingutplatten aufnehmen soll, diese aber gewöhnlich 10 cm im Quadrat messen, wird die lichte Weite des Rahmens 20 cm betragen müssen. Derartige Platten wird man am ehesten in Geschäften für moderne Badeeinrichtungen erhalten; sie kosten nicht viel. Man kann zu diesem Palmenständer recht gut weiches Holz verwenden, das man scharlachrot oder neugrün beizt und dann auf Hochglanz poliert. Dauerhafter, freilich auch schwerer zu bearbeiten ist Nußbaum oder Eiche, dem man die natürliche Farbe beläßt und durch Wachsen oder mäßiges Schellackieren Mattglanz verleiht.

Da die Blumentöpfe mit Rücksicht auf das Gedeihen der Pflanzen porös, also ohne Glasur bleiben müssen, pflegt man sie des besseren Aussehens wegen in geräumige Töpfe aus bunter Majolika zu stellen. Diese *Ziertöpfe* kann man auch selber herstellen durch Verwertung der auf Seite 69 und 70 beschriebenen Gipsschneidetechnik. Man streicht einen entsprechend großen gewöhnlichen Blu-

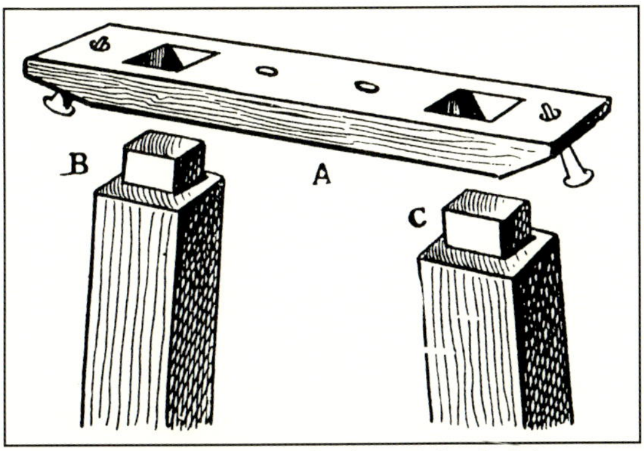

Abb. 115. Verbindung der oberen Enden der Beine.

mentopf innen mehrmals mit Asphaltlack an, überzieht ihn dann außen mit einer Gipsschicht und modelliert diese mit dem Schabeisen, worauf man sie schellackiert und mit Ölfarben bemalt. Verwendet man statt des Blumentopfes einen alten henkellosen Krug, so entsteht eine hohe Vase für geschnittene Blumen; zur weiteren Ausschmückung derselben kann die Vase auf Abb. 113 als Vorlage dienen. Nicht viel mehr Arbeit als das vorige Gerät macht der *Schirmständer,* den die Abb. 116 darstellt. Seine Höhe bis zum oberen Halbrund mag etwa 80 cm betragen. Hinsichtlich Material und Anstrich gilt dasselbe wie für den Palmständer. Die beiden halbrunden Teile werden aus einem Stück gesägt; die Dicke der dafür verwendeten Bretter sollte immerhin 2 bis 3 cm betragen. Der Rand der drei oberen Ausschnitte (Abb. 117) wird nach oben und unten abgeschrägt, was man mit dem Schnitzmesser und einer Feile recht sauber ausführt. Die beiden seitlichen Pfosten a, 5 cm breit und 3 cm dick, verbindet man durch eine Querleiste b von dem gleichen Querschnitt und zwar durch Verzapfung, wie es die Abb. 118 zeigt. An diese Querleiste stößt vorn das Halbrund, das mit ihr vermittels dreier unten aufgenagelter Leistchen m (Abb. 117) verbunden wird. Oben ruht auf der Querleiste das geschwungene Brett, das

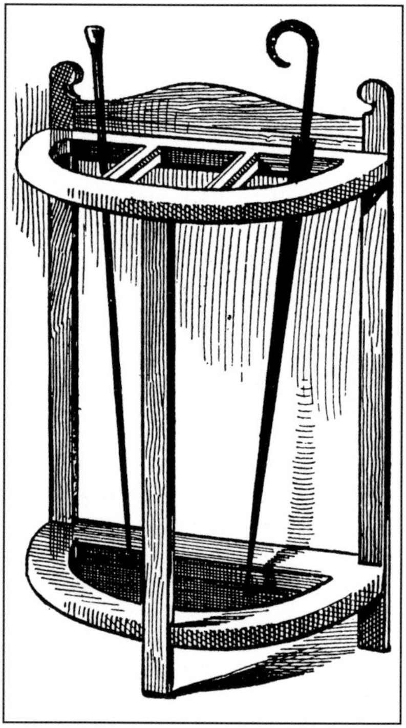

Abb. 116. Stock- und Schirmständer.

nur halb so stark genommen wird; die Verbindung stellt man gleichfalls durch rückwärts aufgenagelte Leistchen her oder durch runde Holzzapfen, für die man beiderseits korrespondierende Löcher vorbohrt. Das untere Halbrund c, das nach abwärts durch ein aufgeschraubtes Zinkblech abgeschlossen wird, verzapft man nach der Anleitung der Abb. 118 mit den Seitenpfosten a. Die vordere senkrechte Leiste ist in das obere Halbrund von unten her eingezapft (Abb. 117), in das untere von vorn her eingesenkt, wofür man in letzteres einen entsprechenden Ausschnitt macht (Abb. 116). Alle Schrauben, die man zur Verstärkung der geleimten Stellen anbringt, sind womöglich an solchen Stellen einzudrehen, daß ihre Köpfe dem Beschauer nicht sichtbar sind.

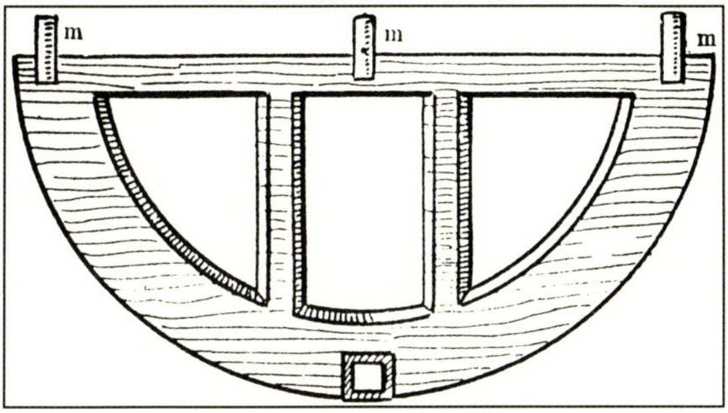

Abb. 117. Oberes Halbrund.

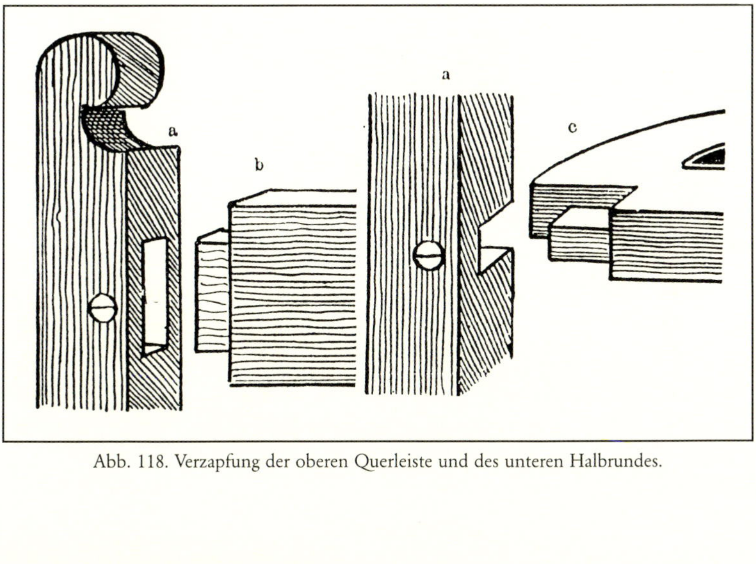

Abb. 118. Verzapfung der oberen Querleiste und des unteren Halbrundes.

Auch einfachere Hobelbankarbeiten sind dem Mütterchen stets willkommen, wenn sie nur einen nützlichen Zweck erfüllen. Ein solches Gerät ist z.B. ein *Kohlenkasten* (Abb. 119), aus halbzölligem Holz gezimmert und mit Ölfarbe angestrichen. Er ist etwa 85 cm lang, 35 cm breit, vorn 12 cm, rückwärts 35 cm hoch. Durch eine Querwand zerfällt er in zwei Abteilungen; die rückwärtige von quadratischem Querschnitt dient zur Aufnahme des Holzes, die vordere, mit einem Deckel versehen, der an eisernen Scharnieren hängt, zur Aufnahme der Kohlen. Unten werden vier quadratische oder runde Holzplättchen als Füße aufgenagelt; der Deckel erhält vorn einen Metallhenkel oder einen Holzknopf als Handhabe beim Öffnen. Statt den Kasten mit Ölfarbe zu streichen, kann man ihn auch dunkelbraun beizen und wachsen oder schellackieren, was vielleicht sogar vorzuziehen ist, weil sich ein solcher Anstrich weniger rasch abnützt und dem Kasten ein gefälliges Aussehen gibt. Der *Küchenschemel* (Abb. 120) bedarf eigentlich gar keiner weiteren Erklärung. Auch hier ist halbzölliges weiches Holz zu verwenden, das man mehrmals mit Leinöl einläßt, denn ein Ölfarb-

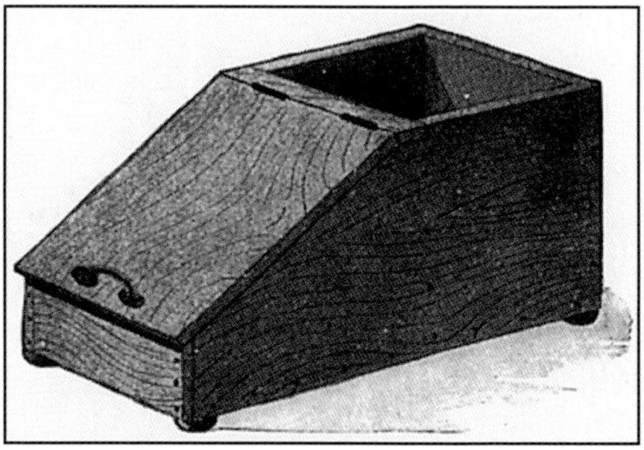

Abb. 119. Kohlenkasten.

Abb. 120. Küchenschemel.

anstrich würde beim Gebrauch allzuschnell zerkratzt und häßlich werden. Dem Schemel kann man etwa 25 bis 35 cm Höhe, dem oberen Brett 40 x 30 cm Fläche geben. Die seitlichen Längsleisten dienen nur zur Verstärkung und sind daher nicht unbedingt nötig.

Zierlicher ist die kleine *Fußbank* (Abb. 121), die man recht gut auch im Wohnzimmer sehen lassen kann. Sie wird etwa 30 cm hoch und mit 20 x 30 cm Oberfläche, aus hartem Holz gearbeitet und nach dem Beizen gewachst. Das untere Querbrettchen geht durch die seitlichen Fußbretter mit dem herzförmigen Ausschnitt hindurch und wird außen durch Keile festgehalten, die sowohl zur Sicherung als zur Zierde dienen. Für die obere Fläche fertigt uns vielleicht die ältere Schwester eine Decke in Häkel- oder Knüpfarbeit, die wir dann rings herum an den Rändern mit großköpfigen Ziernägeln befestigen.

Abb. 121. Fußbank.

Für den *Küchenstuhl* (Abb. 122) ist wieder weiches Holz zu verwenden und zwar für Lehne, Sitzbrett und Verbindungsleisten halbzöllige Bretter, für die Beine einundeinhalb- bis zweizöllige Pfosten von quadratischem Querschnitt. Wie die Beinpfosten auszustemmen sind, um die Lehne und die Verbindungsleisten aufzunehmen, ist aus Abb. 123 ganz deutlich zu ersehen; die geleimten Stellen sind mittels

Abb. 122. Küchenstuhl.

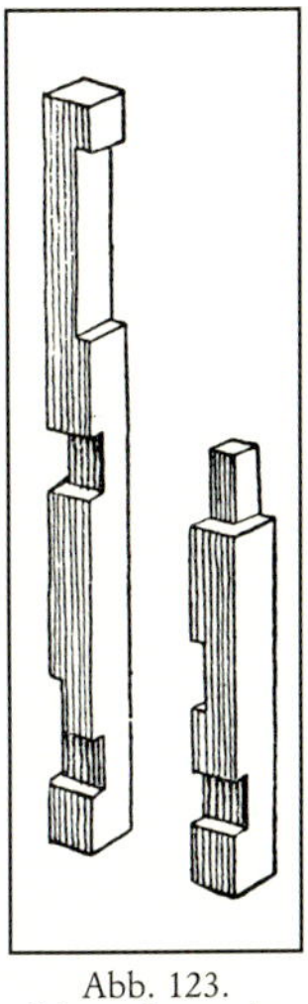

Abb. 123. Seitenpfosten des Küchenstuhles.

Holzschrauben zu verstärken. Die Höhe eines rückwärtigen Beines mag 85 cm, die eines vorderen 40 cm betragen; jede Seite des quadratischen Sitzbrettes mißt 36 cm, die Breite der Lehne 20 cm. Bei diesem Möbelstück ist sowohl ein Ölfarbanstrich als Beizen und nachfolgendes Wachsen angebracht.

Schließlich sei noch ein sehr nützlicher Gegenstand für die Küche erwähnt, nämlich ein *Aufbewahrungskasten* für Staubtücher, Putz- und Wischzeug (Abb. 124). Die Rückwand dürfte mit 45 x 30 cm groß genug sein, so daß für den Kasten im Innern 27 x 20 cm Querschnitt auf 30 cm Tiefe zu rechnen wären. Es empfiehlt sich nicht, ihn durch eine Querwand in zwei Abteilungen zu teilen; eher würden wir zu einem herausnehmbaren Einsatzkasten von 15 cm Tiefe raten, der auf dreikantigen, in die seitlichen Ecken geleimten Leistchen von 14 cm Höhe ruht. Man verwendet zum Kasten selbst halbzöllige, für den Einsatz viertelzöllige weiche Bretter. Die fertige Arbeit wird entweder nur mit Leinöl eingelassen oder hell gebeizt und schellackiert, hierauf mit der öfters erwähnten Knopfnagelarbeit verziert. Die dunklen Stellen des Ornamentes malt man entweder mit Ölfarbe aus oder leimt entsprechend zugeschnittene Stücke dunkles Tuch (Samt) auf, die an den Rändern ringsherum durch Ziernägel einen sicheren Halt bekommen. Nicht nur Mama, sondern auch die Küchenfee wird sich über diese Bereicherung des Küchenmobiliars herzlich freuen.

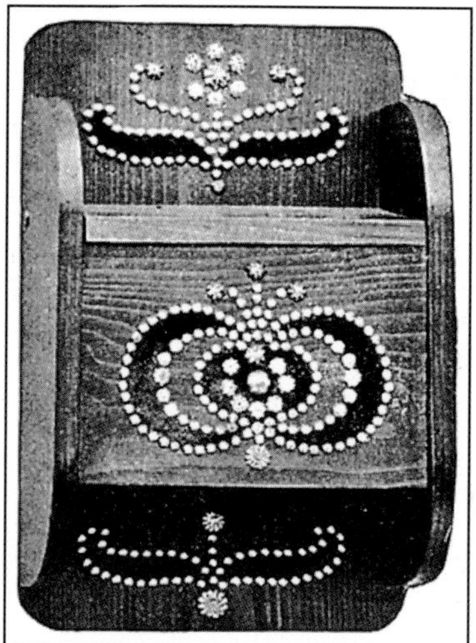

Abb. 124. Putzzeugkasten.

Zwischen Geschwistern gibt es zwar im Laufe des Jahres nicht selten Krieg, aber es ist stets ein lustiger Krieg, der bald wieder mit einem fröhlichen Frieden endigt. Deshalb ist er auch kein Hindernis, sondern eher ein Ansporn, sich bei den häuslichen Festen gegenseitig mit allerlei Geschenken zu überraschen, die den anderen Teil für den überstandenen Ärger entschädigen sollen. Wir wollen nun auch in dieser Hinsicht unseren lieben Lesern mit mancherlei Ratschlägen zur Hand gehen.

Schwestern im Backfischalter und darüber haben meist verschiedenerlei Sachen wie Tagebücher, Briefe von Freundinnen,

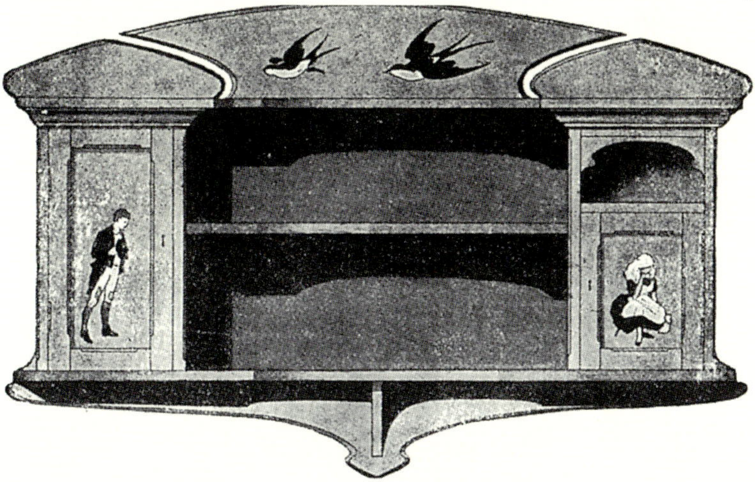

Abb. 125. Wandschränkchen.

Tanzstundensträußchen u. dergl. m., die sie sorgfältig verschließen zu müssen glauben. Es wird ihnen daher ein *Wandschränkchen,* wie es Seite 14 besprochen wurde, recht willkommen sein, wenn wir die oberen Fächer mit Türchen und Schlössern versehen, was keine übermäßigen Schwierigkeiten bereitet. Noch hübscher nimmt sich das in Abb. 125 dargestellte Schränkchen aus. Es ist freilich ein gar nicht leichtes Kunstwerk, zu dem eine ziemliche Übung an der Hobelbank gehört. Aber wer sich dem nicht gewachsen fühlt, kann ja den Rohbau einem Tischler überlassen und nur die vollendende Ausschmückung (Polieren, Bemalen usw.) auf sich nehmen. Oder vielleicht besitzt die Schwester schon ein ähnliches Schränkchen, dem man, als Überraschung zum Geburtstag, den nachher beschriebenen Figurenschmuck verleiht. In diesem Fall muß man freilich seiner Sache sicher sein, damit man nicht etwa am Ende verdorben hat statt zu verschönern. Für die Selbstherstellung seien als Maße der Rückwand ungefähr 100 cm in der Breite und 50 cm in der Höhe angegeben; in letztere ist natürlich der obere Aufsatz nicht mit einbezogen. Die übrigen Maße lassen sich durch Abstechen mit dem Zirkel und Multiplizieren mit 10 leicht ermitteln. Es ist hartes Holz zu verwenden, wenigstens für die beiden Seitenbretter und das Rahmenwerk der Türen, in welchem letzteren Fall alle übrigen sichtbaren Flächen noch zu furnieren wären. Da dies aber ohne besondere eiserne Pressen immerhin eine mißliche Sache ist – sie lassen sich auch mit einem heißen Bügeleisen nur unvollkommen ersetzen – so arbeitet man das Schränkchen, wie gesagt, lieber ganz aus hartem Holz. Was sodann die figürliche Ausschmückung anbelangt, so ist das Schönste und Dauerhafteste unzweifelhaft die echte Intarsia, die wir schon auf S. 11 bei dem türkischen Taburet beschrieben haben; nur unterläßt man hier das Ausfüllen der Sägeschnitte mit Metallstreifen. Die

Abb. 126. Gänsejunge.

Türfüllungen macht man jedenfalls aus weichem Holz, weil sie ja doch Furniere erhalten. Dieses nimmt man für den Grund aus dem gleichen Holz (Eiche oder Nußbaum), aus dem das ganze Schränkchen besteht. Für die Figuren (Abb. 126 und 127) dürften sich folgende Abstufungen empfehlen; Hemd, Hose, Haube und Schürze in Ahorn, Gesichter, Hände und Eimer in Zitronenholz, Hut, Flicken, Strümpfe beim Knaben, sowie Bluse und Rückenteil des Rockes beim Mädchen in Hellmahagoni, Jacke des Knaben und Vorderteil des Rockes beim Mädchen in Palisander und schließlich die Schuhe in Ebenholz. Die Linien innerhalb gleichmäßiggefärbter Flächen sind mit dem Brennstift zu markieren. Alle diese Furnierteile müssen peinlich genau nach den Pauslinien gesägt werden, damit man weder zu große Einsatzstücke noch zu breite Fugen erhält. Letztere füllen sich beim Schleifen mit Bimssteinpulver und viel Wasser von selbst aus. Die Schwalben bestehen aus Ahorn und Ebenholz, oder man sucht an Stelle des letzteren dunkelblau durchgebeiztes

Abb. 127. Milchmädchen.

Furnier zu erhalten. Der Gänsejunge und das Milchmädchen sind auf den Abb. 126 und 127 in größeren Maßstabe (Also für die oben verzeichneten Maße in halber natürlicher Größe) zu sehen; das Vergrößern der Schwalben ist auch nicht schwierig. Wer die Arbeit der echten Intarsia scheut, kann sie natürlich wieder durch Tarso (siehe S. 10) mit oder ohne Vertiefung der Linien mittels des Brandstiftes ersetzen, ferner durch einfaches Bemalen in Gouachemanier und nachträgliches Fixieren mit dem Zerstäuber.

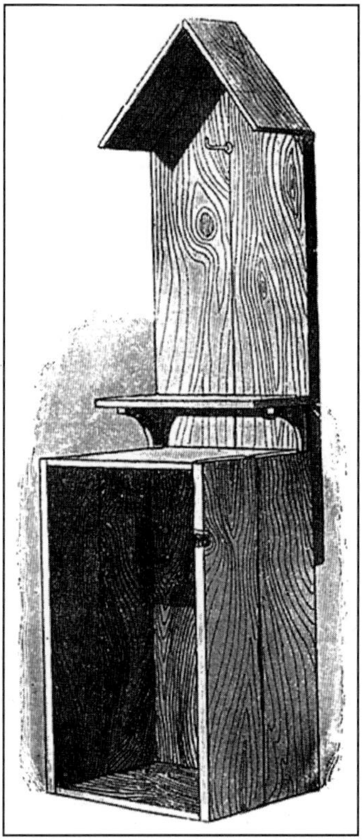
Abb. 128. Rohbau des Toilettentisches.

Tritt die Schwester eben ins Backfischalter, so pflegt ihr gleichfalls ein eigenes Zimmerchen eingeräumt zu werden. Sie wird es da mit Freuden begrüßen, wenn wir dessen Einrichtung durch ein Gestell für einen Toilettentisch bereichern, das Sorgenmöbel aller Backfischstübchen. Wir brauchen dabei gar nicht einmal besonders saubere Tischlerarbeit zu leisten; nur festgefügt muß das Ganze sein, damit es nicht eines schönen Tages samt Waschschüssel und allem übrigen Geschirr in Brüche geht. Abb. 128 zeigt den Rohbau. Der untere Teil ist eine feste Kiste, etwa 80 cm hoch, 40 bis 50 cm tief und 60 cm breit. Die Vorderwand bleibt weg, weil man hier, besonders wenn noch eine waagrechte Zwischenwand eingefügt wird, mancherlei Ding unterbringen kann, wie Schuhe, Stiefelknecht, Hutschachteln und anderes mehr. Die Rückwand, mit der Kiste gut verschraubt, besteht aus zwei halbzölligen

Brettern, die oben ein spitz zulaufendes Dach und unten, etwa handhoch über der Tischplatte, eine 10 cm breite Etagere für Zahnbürsten, Seifenschale und Mundwasserflasche tragen. Alle Holzteile, die sichtbar bleiben, sind glatt zu hobeln und mit Ölfarbe anzustreichen, oder man überspannt sie mit einem billigen einfarbigen Stoff, die Tischplatte unter allen Umständen mit Wachstuch. Die übrigen Ausstattung, wie sie in Abb. 129 zu sehen ist, besorgt die Schwester bis auf das Einschrauben des Spiegelhakens selber, denn im Raffen und Falten von Stoffen, wie im Schlingen von Maschen, sind Mädchenhände fast ausnahmslos geschickter.

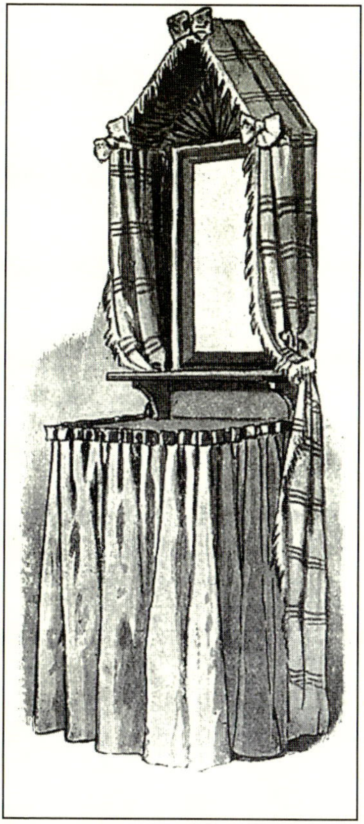

Abb. 129. Toilettentisch.

Übrigens kann man sich den ganzen oberen Aufbau auch ersparen und den Spiegel direkt an die Wand hängen, was auch seine Vorteile hat, denn je weniger Falten, desto weniger Staubwinkel gibt es. Für die übrige Ausstattung von Schwesters Stübchen wird sich mancherlei von dem zur Anwendung bringen lassen, was wir früher bei der Einrichtung unseres eigenen Zimmers besprochen haben. Es käme da vor allem die Herstellung hübscher Bilderrahmen in Betracht, denn in ein Mädchenzimmer gehört viel Bilderschmuck. Daneben würden Wandgestelle, Schränkchen, ein Hocker oder gar die Sitzbank, wenn auch ohne Truhe, sicherlich mit Freuden in Empfang genommen. Nur sehe man wiederum von Laubsägearbeit ab, weil diese selbst unter der vorsichtigen Behandlung durch Mädchenhände leicht Schaden nehmen.

Den jüngeren Bruder werden wir in freudige Überraschung versetzen, wenn wir ihn mit einer selbstfahrenden Lokomotive (Abb. 130) bedenken, zumal sie aus dem allereinfachsten Material hergestellt ist. Der Kessel besteht aus leeren Konservenbüchsen, die Räder aus deren Deckeln; Mannloch und Sicherheitsventil sind durch leere Zwirnrollen ersetzt. Der Unterbau wird mit Hilfe von

Abb. 130. Lokomotive aus Konservenbüchsen.

Nägeln und Leim aus Holzleisten angefertigt, der Führerstand aus Karton oder dünnem Blech geschnitten und zusammengebogen. Die Lokomotive wird in Bewegung versetzt durch eine mehrfach zusammengelegte Gummischnur, die mit dem einen Ende vorn unter dem Rauchfang an dem hölzernen Unterbau befestigt ist; ihre Verlängerung bildet ein Bindfaden, dessen zweites Ende an einem kleinem Stift hängt, der wiederum in die Achse des Rades unter dem Führerstand eingeschlagen ist. Dreht man also dieses Rad und damit dessen Achse, so wickelt sich auf diese der Bindfaden und spannt die Gummischnur. Dann setzt man die Lokomotive auf den Boden; sobald man nun das Hinterrad freigibt, kann sich die Gummischnur wieder zusammenziehen, wickelt dabei den Faden ab und versetzt die Achse, also auch das Rad in Umdrehung. Ist das nicht ebenso einfach als überraschend?

Wenn anderseits einiges rollende Material – Lokomotive mit Uhrfeder oder mit Dampfantrieb und einige Wagen – bereits vorhanden ist, kann man mit ein wenig Geduld dem Bruder aus Zigarrenkistenholz und Pappe die schönsten Eisenbahnanlagen herstellen; sie erfüllen jedenfalls den gleichen Zweck wie die teuren gekauften, können mit ihnen an Brauchbarkeit und Ansehen ruhig wetteifern,

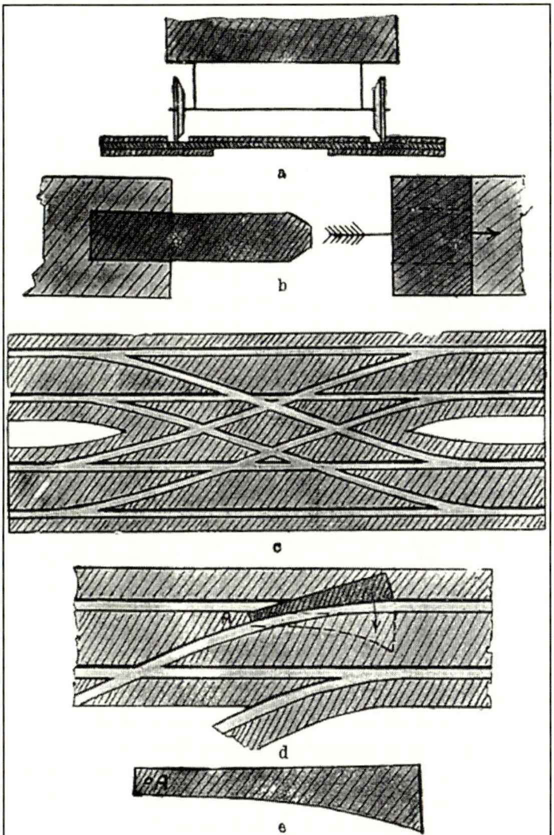

Abb. 131. Eisenbahnschienen.

wenn wir nur einigermaßen sorgfältig zu Werke gehen, und kosten schließlich kaum den zehnten Teil wie jene. Die Abb. 131 zeigt die Art, wie man die Geleise herstellt. Auf einen Kartonstreifen, der etwa 2 cm breiter ist als die Spurweite, klebt man drei schmälere Streifen auf – Abb. 131a zeigt sie im Durchschnitt – und unten zwei weitere als verstärkende Unterlagen. Die Eisenbahnwagen laufen also hier nicht auf Schienen, sondern in Vertiefungen. Diese Vertiefungen muß man aber etwas breiter halten als die Breite des Radkranzes beträgt, auf daß die Wagen nicht zu leicht entgleisen. Damit nun ferner die Geleise durch die Bewegung der Züge nicht aus der Richtung geraten, verbindet man sie, wie es Abb. 131b zeigt. Das eine Ende jedes Geleisstückes erhält nämlich ein Schläppchen, das in eine Lasche des folgenden hineinpaßt; Schläppchen und Lasche sind natürlich auf der Unterseite der Geleisstücke befestigt. Wem die Abbildung noch nicht verständlich genug ist, findet die gleiche Einrichtung an dem Banknotenfach von Papas Brieftasche. Die Abb. 131c gibt ein anschauliches Bild, wie man die Geleisübergänge anlegt. Freilich, würde man sie so belassen, könnte es leicht geschehen, daß die Lokomotive geradeaus läuft, während der nächste Wagen in das Nebengeleise einbiegt. Man muß deshalb Weichen einfügen, die aber auch weiter keine große Mühe verursachen. An jeder Abzweigung bringt man ein Stück Pappe, das nach Abb. 131e geschnitten ist, so an, daß es sich um einen durchgesteckten Stift (A) drehen kann. In der Lage, die in

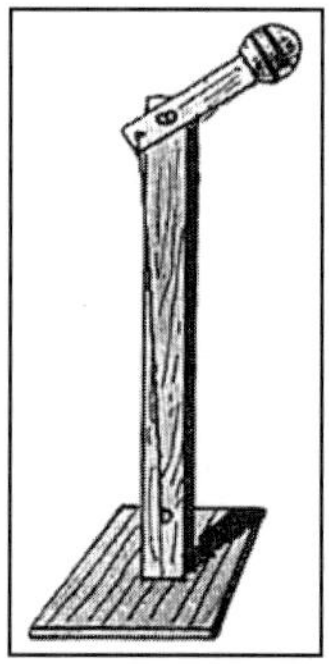

Abb. 132. Semaphor.

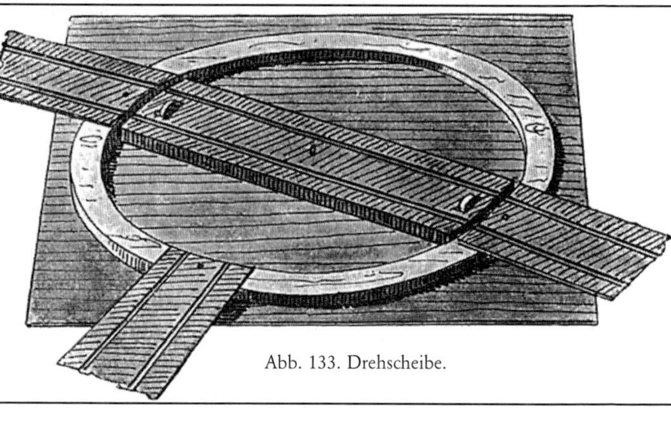

Abb. 133. Drehscheibe.

Abb. 131d angedeutet ist, wird dann der Zug auf das Nebengeleise einbiegen müssen; bringt man es dagegen in die punktiert bezeichnete Lage, dann wird er geradeaus fahren. Auch die übrigen Bahnhofanlagen stellen keine übermäßigen Anforderungen an unsere

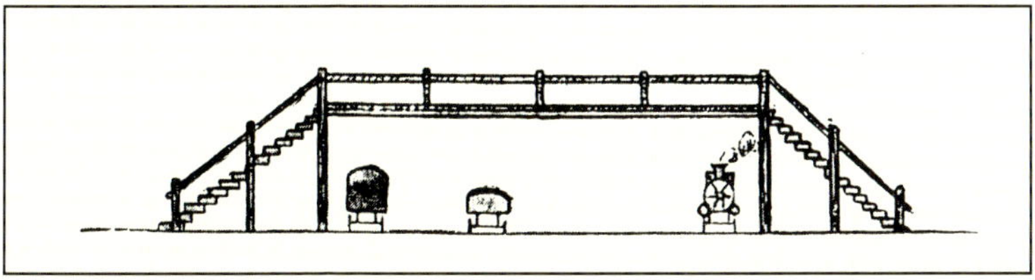

Abb. 134. Eisenbahnsteg.

Geschicklichkeit. Der Semaphor (Abb. 132) bedarf keiner weiteren Erklärung. Die Drehscheibe (Abb. 133) besteht aus einem Brettchen von der Breite der Geleise, auf die wieder drei Kartonstreifen aufgeklebt sind, um die Geleisvertiefungen zu erhalten. Dieses Brettchen dreht sich um einen mittleren Stift, und damit die gleitende Bewegung in eine rollende umgewandelt werde, sind an den beiden Enden zwei Laufrollen senkrecht zur Fläche des Brettchens eingelassen. Die Enden der Zufahrtgeleise liegen erhöht auf einem Holzring, auf dem sie festgenagelt sind. Für die Herstellung eines

Abb. 135. Lagerhaus.

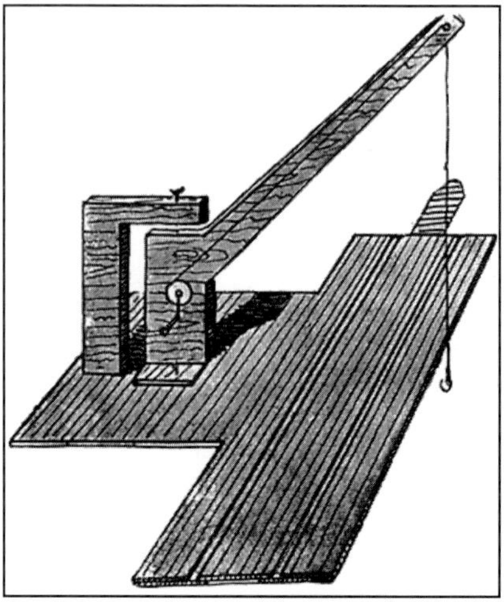

Abb. 136. Drehkran.

einfachen Bahnsteges gibt Abb. 134 einen solchen im Durchschnitt wieder, der alle Einzelheiten deutlich erkennen läßt; die Stiegen bestehen aus treppenartig übereinandergeleimten Holzstückchen. Für schwierigere Brücken sucht man sich die Vorlagen am besten draußen in der Wirklichkeit. Gebäude wie Lagerhäuser (Abb. 135) und Lokomotivschuppen (Abb. 140) stellt man aus Zigarrenkisten her, indem man in deren Wände die erforderlichen Öffnungen zum Aus- und Einfahren sägt. Auf Abb. 135 sieht man zugleich einen Ausladekran, dessen Lager an der Wand des Schuppens befestigt sind. Einen freistehenden Kran, dessen Einrichtung wir wohl auch nicht weiter zu erklären brauchen, zeigt die Abb. 136, einen Laufkran die Abb. 137. Will man Straßenübergänge herstellen, so tut man am besten, sowohl die Zufahrten als das Bahngeleise an solchen Stellen etwas höher zu legen, um den Mechanismus der Bahnschranken darunter anbringen zu können. Die Abb. 138 zeigt einen solchen Bahn-

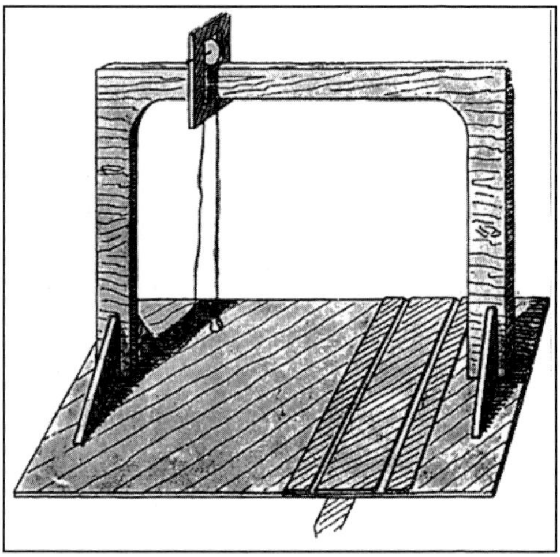

Abb. 137. Laufkran.

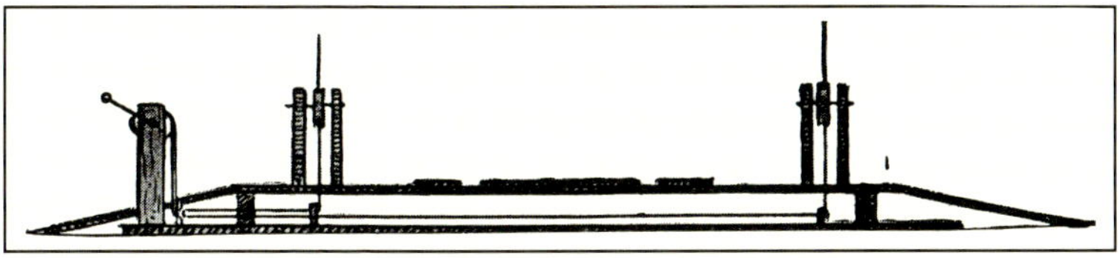

Abb. 138. Straßenkreuzung mit Bahnschranken, Durchschnitt.

übergang im Durchschnitt, Abb. 138 in der Draufsicht. Der Draht, der die Schranken vorstellt, wird also an den kurzen Enden durch Bindfaden herabgezogen, die unten durch Ösen bis zum Leierwerk laufen, das seitlich steht und mit einer Rolle zum Aufwickeln des Fadens ausgerüstet ist. Das Wasseraufnahmerohr beim Lokomotivschuppen (Abb. 140) wird natürlich nur durch runde Holzstäbchen angedeutet, es sei denn, daß eine Lokomotive mit Dampfantrieb zur Verfügung steht und das Spiel die Wirklichkeit bis in die kleinsten Einzelheiten nachahmen soll. Dann muß man dieses Wasserrohr natürlich aus Messingröhrchen zusammenlöten und unter dem Schuppen weg einen Gummischlauch zu einem Bassin hinaufleiten, das als Reservoir dient und durch einen Hahn abge-

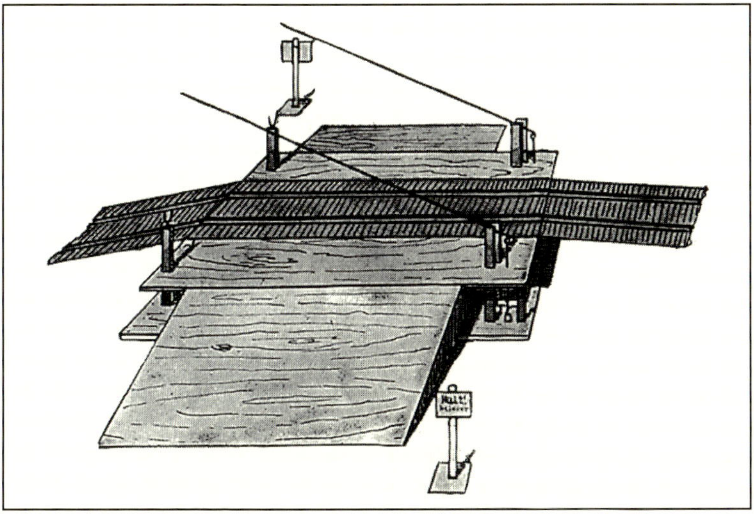

Abb. 139. Straßenkreuzung mit Bahnschranken, Draufsicht.

Abb. 140. Lokomotivschuppen.

sperrt werden kann. So lassen sich in der hier angegebenen Weise alle erdenklichen Bahnhofbaulichkeiten und Betriebseinrichtungen durch einfache, aber nichtsdestoweniger ihren Zweck deutlich kennzeichnende Modelle zur Darstellung bringen. Unter vielen anderen wollen wir hier noch eine Ausladerampe für Vieh und schwere Stückgüter (Abb. 141) wiedergeben. Anderseits möchten wir aber doch folgenden Rat zu beachten bitten. So richtig wir es finden, diese Bahnhofanlagen nach Möglichkeit auszubauen, ebenso zwecklos scheint es uns, sich dabei in kleinliche Basteleien zu verlieren, also etwa sämtliche Weichen durch Draht- und Fadenverbindungen von einem einzigen Blockhaus aus bewegen zu wollen. Das wäre eine schier endlose Geduldprobe, die überhaupt nur dann Erfolg haben könnte, wenn es möglich wäre, die ganze Anlage ein für allemal auf einem großen, mehrere Quadratmeter messenden Tische aufzustellen, und zwar unverrückbar mit Nägeln und Schrauben. Ähnliches gilt von der äußeren Form der Gebäude. Wollte man etwa eine große Einfahrtshalle mit allerlei Schnörkelwerk aus Blech herstellen, so würde man sich beim Spiel an den Spitzen und Ecken übel die Hände zerstechen; in Laubsägearbeit aber ginge sie wohl schon am ersten Betriebstag in die Brüche. Folglich werden wir uns mit der annähernden

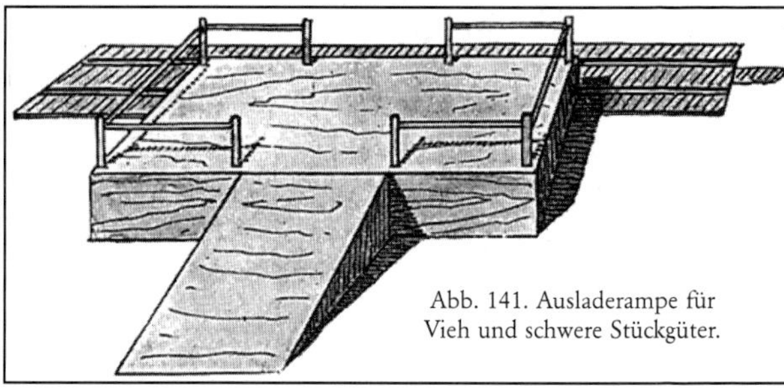

Abb. 141. Ausladerampe für Vieh und schwere Stückgüter.

Wiedergabe der äußeren Gestalt begnügen, Türen, Fenster u. dergl. durch Bemalung mit Ölfarbe andeuten, so gut es gehen will, alles übrige aber als überflüssig uns ersparen. Das Interesse am Spiel wird dadurch nicht die geringste Verminderung erfahren. Natürlich kann man diese Geleisanlagen auch für eine Straßenbahn mit elektrischem Betrieb einrichten. Die Zuleitung geschieht dann durch eine Oberleitung, die isoliert an Masten von der Form der Semaphore hängt, die Rückleitung durch Streifchen aus dünnem Messingblech, die man auf dem Boden der Geleisvertiefungen einbettet. Das rollende Material selbst herzustellen dürfte dagegen nur dem gelingen, der in mechanischen Arbeiten schon sehr geübt ist und auch diesem nur für elektrischen Betrieb. Man tut daher auf alle

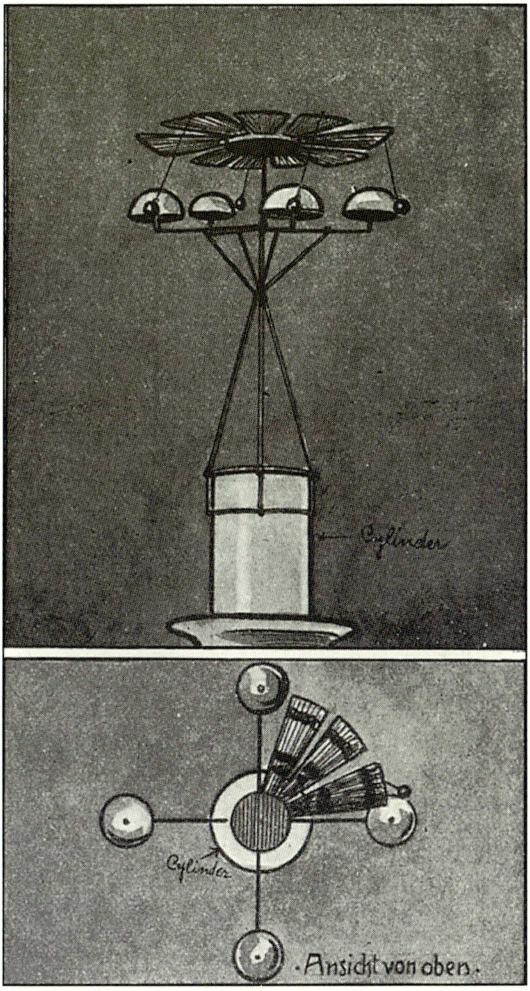

Abb. 142. Glockenspiel auf einer Lampe.

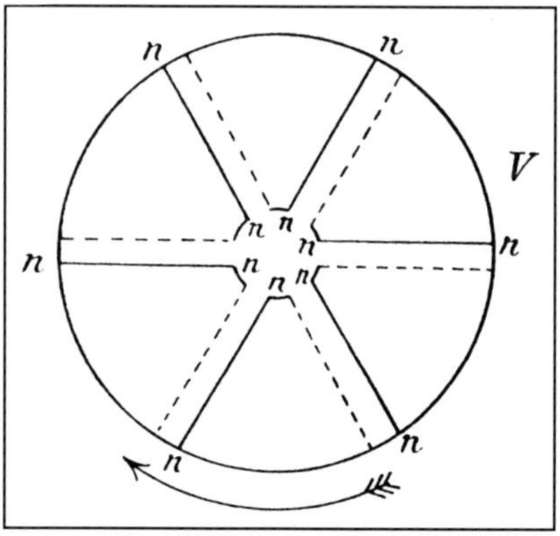

Abb. 143. Herstellung des Treibrades.

Fälle besser, es fertig zu kaufen, zumal es heutzutage infolge der fabrikmäßigen Herstellung ziemlich billig zu haben ist.

Sehr beliebt bei jüngeren Geschwistern sind Figuren und Mechanismen, die durch den Auftrieb erwärmter Luft in Bewegung gesetzt werden. Das bekannteste Spielzeug dieser Art ist ein *Glockenspiel auf der Lampe* (Abb. 142). Wir biegen zuerst das Drahtgestell, das auf dem oberen Teil des Zylinders aufsitzt. Auf die Spitze des mittleren Drahtes kommt das Rädchen, das wir folgendermaßen herstellen. Ein kreisrundes Blech von 4 bis 6 cm Durchmesser schneiden wir mit der Blechschere den Rand entlang zehn- bis zwölfmal bis auf dreiviertel des Halbmessers ein, biegen die so erhaltenen Sektoren nach der einen Seite etwas auf und stanzen in die Mitte des Bleches noch eine kleine Vertiefung, in welche die Spitze des Drahtes zu lagern kommt. Am äußeren Rand einiger dieser Radschaufeln hängen wir mit dünnem Blumendraht kleine Messingkugeln auf. Wenn dann die Lampe brennt, wird das Rädchen durch die Luftströ-

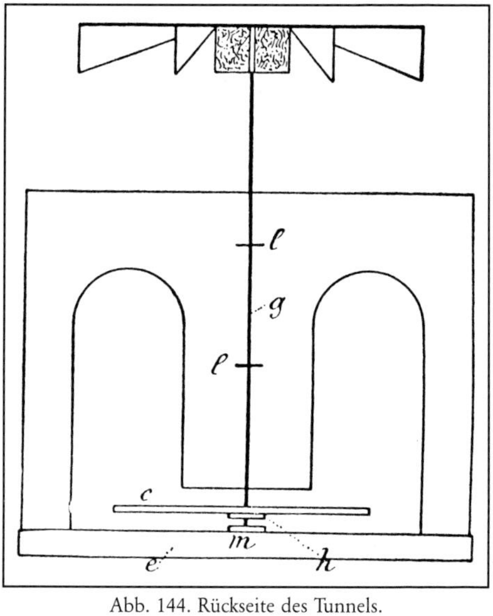

Abb. 144. Rückseite des Tunnels.

mungen in Umdrehung versetzt und die Kugeln schlagen in rascher Aufeinanderfolge an die vier Glocken, die darunter auf besonderen Drähten befestigt werden. Sind diese nach einem Akkord abgestimmt, so ergibt sich ein liebliches Glockenspiel, das jedenfalls die helle Bewunderung der jüngeren Familienmitglieder erregen dürfte.

In ähnlicher Weise kann man die Luftströmungen über einem heißen Ofen zur Bewegung von allerlei Figuren benutzen. Weil diese Strömungen nicht so heiß sind wie über einer offenen Flamme, kann man zur Herstellung außer Draht und Blech auch Pappendeckel verwenden. Als Beispiel sei der *Eisenbahnzug* mit Tunnel näher beschrieben. Wir schneiden ein kreisrundes Blech (Abb. 143) von 15 bis 20 cm Durchmesser längs der ausgezogenen Linien (n) ein und biegen die so entstandenen Lappen längs der punktierten Linien ein wenig auf. An der Unterseite dieses Rädchens nageln wir in der Mitte einen Kork oder ein rundes Stück Holz auf, in dessen Mitte wieder eine Stricknadel mit Siegellack oder sonstwie befestigt ist. Sodann schneiden wir ein quadratisches Brett von 25 cm Seitenlänge (e in Abb. 144) und nageln auf seiner Mitte ein Stück Eisenblech m fest, das in der Mitte eine kleine Vertiefung zeigt, in die später das untere Ende der Stricknadel zu ruhen kommt. Senkrecht auf dem Brett und zwar ein wenig vor dem

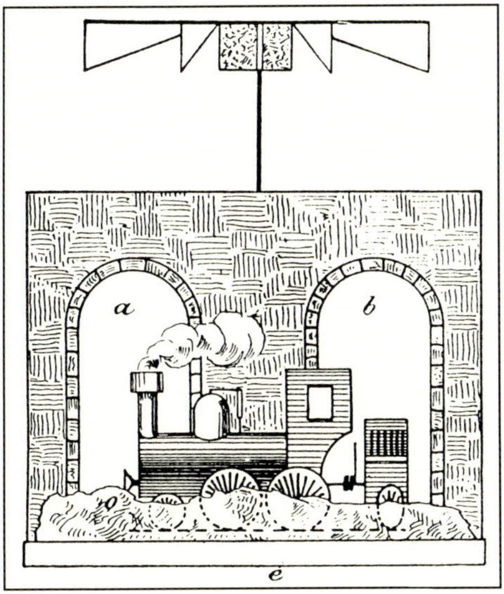

Abb. 145. Bahnzug und Tunnel als Ofenbild.

Blechstück bringt man einen Karton mit zwei torförmigen Ausschnitten an, dem man auf der Vorderseite durch Bemalen das Aussehen von Mauerwerk gibt (Abb. 145). An der Rückseite des Mittelpfeilers dieses Kartons, der nicht bis auf den Boden reichen darf, werden zwei Blechstückchen l befestigt, die als Führungen die Stricknadel g in senkrechter Lage festhalten und zugleich deren Drehung erlauben. 3 bis 4 mm vom unteren Ende der Stricknadel

Abb. 146. Sägefrau als Ofenbild.

löten wir wieder ein Stück Blech h an, das einer Kartonscheibe von 15 bis 18 cm Durchmesser als Unterlage dient. Auf dieser Scheibe befestigen wir einen kleinen Eisenbahnzug (Abb. 145) aus Blech oder Papier. Er wird, sobald sich, durch die aufsteigende warme Luft angetrieben, das Rad und damit die Scheibe zu drehen beginnt, sich gleichfalls in Bewegung setzen und mit ziemlicher Eile aus dem Torbogen b auftauchen, um durch die Öffnung a wieder zu verschwinden. Die Scheibe c wird nach vorn zu durch einen vorgelegten Damm aus Moos oder bemaltem Papier verdeckt. Man braucht sich natürlich keineswegs sklavisch an unsere Vorlage zu halten, sondern kann etwa statt des Tunnels ein Doppelstadttor mit Wagen, Automobilen und Spaziergängern anfertigen und ähnliches mehr.

Auf dem gleichen Drehprinzip beruht die *Sägefrau* (Abb. 146). Das Flügelrad ist fest mit der Achse A verbunden, die wiederum unten in der Vertiefung einer kleinen Eisenplatte ruht. Oberhalb dieser Platte ist sie kurbelförmig ausgebogen und hier, durch eine vorher übergeschobene Glasperle unterstützt, eine Pleuelstange angehängt, die den Arm der Sägefrau hin und her bewegt. Der links aufragende, oben nach rechts umgebogene Draht dient mit seiner Öse als obere Führung für die Achse A. Damit sich die Säge stets gleichförmig bewege, erhält sie noch eine Führung in dem zu einer Öse umgebogenen Draht rechts von der Kurbelachse. Das Ofenbild selbst wird sauber aus Papier ausgeschnitten und ausgemalt, sodann auf einen stärkeren Karton geklebt. Rückwärts erhält dieser eine Stütze durch ein prismatisches Holzstück, dem man das Aussehen von Mauerwerk gibt; es dient zugleich als Unterbau für den Bewegungsmechanismus.

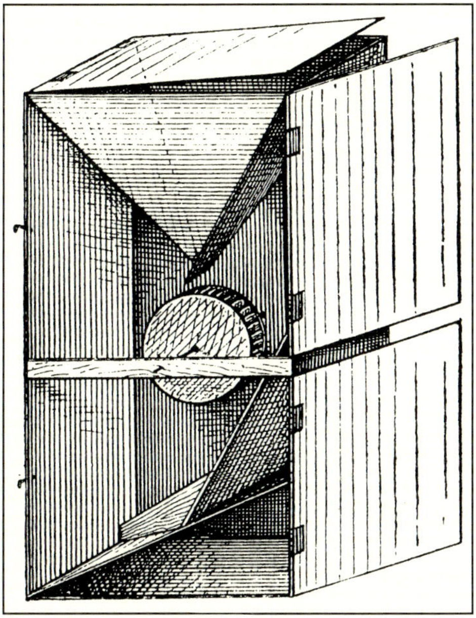

Abb. 147. Sandmühle.

Ein anderes Antriebsmittel ist herabfallender Sand, der ein kleines Mühlrad in Umdrehung versetzt. Eine solche *Sandmühle* (Abb. 147) stellt man aus Zigarrenkistenholz oder Pappe her; das

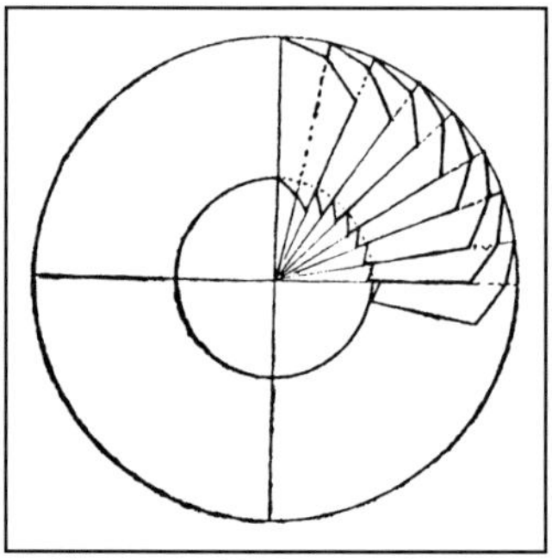

Abb. 148. Mühlrad im Durchschnitt.

beste Ausmaß dürfte eine Höhe von 30 cm bei einem quadratischen Querschnitt von 15 cm Seite sein. Man verfertigt zuerst den prismatischen Kasten, der oben einen trichterförmigen Einbau erhält. Unten hat der letztere einen schmalen Spalt, aus dem der eingeschüttete Sand auf die Schaufeln des darunter befindlichen Rades fällt und dieses zum Drehen bringt. Das Rad besteht aus zwei gleichgroßen kreisrunden Scheiben von 6 bis 10 cm Durchmesser, zwischen die etwa 5 cm breite Schaufeln eingebaut sind. Man kann diese Schaufeln wohl auch gerade machen und in der Richtung der Radien einfügen; gibt man ihnen aber die doppelte Knickung, die in Abb. 148 angedeutet ist, so steigert sich die Arbeitsleistung beträchtlich, und wir können mit unserer Sandmühle allerlei bewegliche Figuren antreiben. Die schiefen Brettchen unterhalb des Rades dienen nur dazu, den herabgefallenen Sand leichter ausgießen zu können; man darf sie daher auch weglassen. Die eine Seite des Kastens richtet man entweder nach Abb. 147 als Doppeltür ein oder man läßt sie ganz, muß dann aber das Querleistchen mit dem Achsenlager des Rades ein wenig tiefer im Innern anbringen. Wir haben auch hier wieder nur den Rohbau mit der Antriebsvorrichtung angegeben. Äußer-

Abb. 149. Holzsäger als Betriebsmodell.

lich kann er natürlich die mannigfachsten Formen erhalten, etwa die einer Windmühle, indem man auf das vorragende Ende der Achse ein Flügelrad schiebt, oder die eines Pumpwerkes, indem man das Ende der Achse zu einer Kurbel biegt und an diese das Gestänge der Pumpe hängt. Man kann die Sandmühle aber auch, wie schon erwähnt, zum Antrieb von allerlei mechanischen Figuren verwenden. Da hier die Achse horizontal verläuft, wird man den Figuren in den meisten Fällen eine geneigte Haltung geben, wie z.B. bei dem *Sägemann* (Abb. 149), und nicht den Arm, sondern die Säge selbst mit der Kurbelachse (rechts unten) verbinden müssen, so daß also nicht der Arm die Säge, vielmehr diese den Arm bewegt. Setzt man auf die Achse der Sandmühle eine kleine Riemenscheibe, kann man damit kleine Maschinenmodelle (Pochwerk, Kreissäge, Bohrmaschine usw.) antreiben.

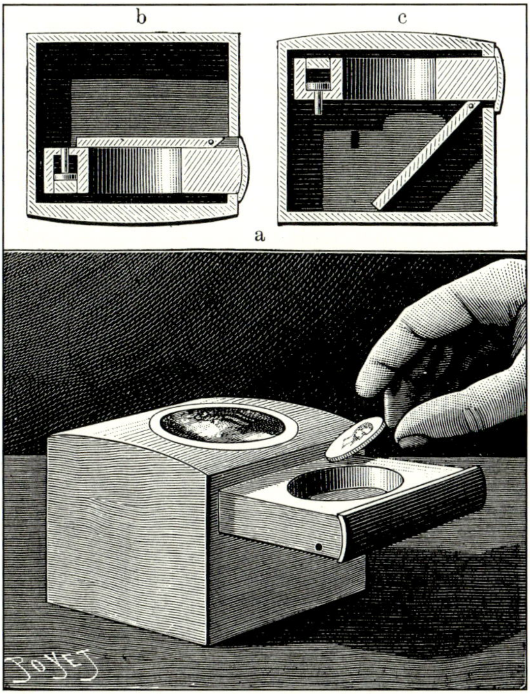

Abb. 150. Schottische Sparbüchse.

Noch zweier anderer leicht herstellbarer Geschenke sei gedacht, die jüngeren Brüdern gleichfalls viel Spaß bereiten. Das eine ist eine sogenannte *schottische Sparbüchse,* deren innere Einrichtung der Abb. 150 zu entnehmen ist. Sie besteht aus einem Kästchen mit herausziehbarem Schieber, in dessen mittlere runde Vertiefung das Geldstück gelegt wird (a). Den Boden dieser Vertiefung bildet ein bewegliches Brettchen, das sich zum Zuschieben nach unten senkt und die Münze ins Innere gleiten läßt. Will man nun den Schieber ganz herausziehen, so wird dies in der Lage c durch den in einer besonderen Kapsel ruhenden Nagel verhindert. Dreht man dagegen die Sparbüchse auf den Kopf (b), dann fällt der

Abb. 151. Kartenpistole.

Nagel in die Kapsel zurück, der Schieber läßt sich entfernen und das Geld herausschütteln. Auch hier können wir den Deckel, der keineswegs gewölbt zu sein braucht, und die übrigen Außenflächen durch Brandmalerei, Tarso oder ähnliches verzieren.

Die *Kartenpistole* (Abb. 151) besteht aus einem runden Stück Holz mit einer oberen Rinne, das nach rückwärts in einen Handgriff endigt. An der Stelle, die dem Schloß einer wirklichen Pistole entsprechen würde, stemmen wir von unten her eine Vertiefung ein, in die der Drücker zu liegen kommt. Er hat die Form eines

Winkelhebels mit einem waagrechten und einem schief nach unten zeigenden Arm und wird aus 2 bis 3 mm dickem Blech gesägt. Mit dem waagrechten Arm steht der Stift A in Verbindung, der durch ein rundes Loch nach oben zu vorsteht. Eine kleine, an den unteren Hebelarm genietete Feder sorgt dafür, daß er in dieser Lage erhalten bleibt. Es wird nun eine Gummischnur fest an den kurzen Stift vorn an der Pistole geknüpft, nach hinten über A gespannt und davor in die Rinne ein viereckiges Kartonblättchen gesteckt. Ziehen wir hierauf den Drücker nach rückwärts an, so

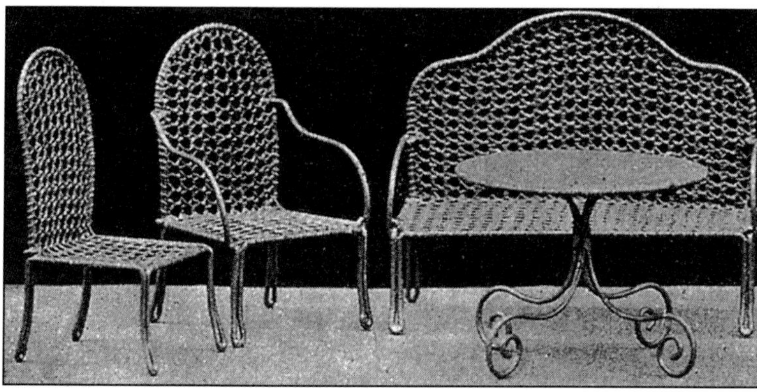

Abb. 152. Puppenmöbel aus Draht und Häkelgarn.

nimmt er den Stift A mit, die Gummischnur gleitet über dessen vorstehendes Ende weg und schnellt das Kartonblatt fort, das nun in lustiger Drehung durch die Luft wirbelt. Die Herstellung dieser jedenfalls völlig gefahrlosen Waffe kann bei einigem Nachdenken keine Schwierigkeiten verursachen.

Wer jüngere Schwestern hat, der möge unserer Versicherung Glauben schenken, daß es die zukünftige Manneswürde durchaus nicht bloßstellt, wenn man die brüderliche Gesinnung durch Anfertigung von allerlei *Puppenmöbeln* betätigt. Außerdem kann man auf diesem Gebiet mit den einfachsten Mitteln sehr hübsche Wirkungen erzielen. Man sehe sich z.B. die Abb. 152 an. Aus Draht von 1 bis 2 mm Dicke biegt man mit geringer Mühe die Gestelle,

Abb. 153. Bettstelle aus Tannenzweigen.

die ältere Schwester häkelt die Polsterungen darüber, auf den Tisch lötet man eine runde Blechscheibe und fertig ist die neue Puppenstubeneinrichtung, die das Schwesterchen vor Erstaunen und Bewunderung verstummen läßt. Man kann sie in diesem Rohzustand belassen, oder ihr noch einen Anstrich geben, entweder mit weißer Ölfarbe oder durch Bestreichen mit Dammarlack und nachfolgendes Betupfen mit Goldbronze.

Erscheint einem der Draht als zu sprödes Material, so sucht man sich eben anderes. Man sammelt z.B. im Wald eine Anzahl hübsch gerader Tannenreiser und fertigt aus ihnen die Puppenstube nach Angabe der Abbildungen 153 (Bett) und 154 (Saloneinrichtung). Die Zweige werden, nachdem sie in der erforderlichen Länge zurechtgeschnitten sind, mit den bekannten kleinen, dünnen, kaum 1 cm langen Stecknadeln miteinander verbunden. Man muß aber die Löcher dazu vorbohren, um das Spleißen zu vermeiden. Auch bohrt man nicht etwa mit einem Drillbohrer, sondern aus freier Hand und mit einer nicht zu dünnen Nähnadel,

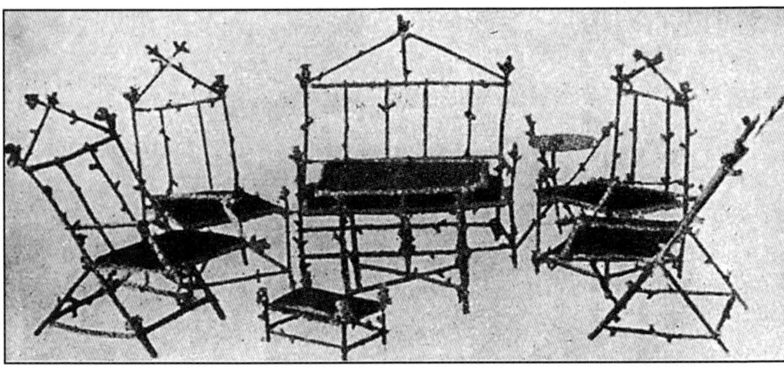

Abb. 154. Salonmöbel aus Tannenzweigen.

die man dreikantig zugeschliffen hat. Noch besser eignen sich dazu die mit einem gläsernen Handgriff ausgestatteten Kodak-Push-Pins, die man, das Stück zu fünf Pfennig, in jedem fotografischen Geschäft erhält, das Kodakartikel führt. Nach dem Zusammensetzen werden die Möbel mit hellem Spirituslack überstrichen, dann erst bringt man die Sitzflächen darauf an. Letztere bestehen

Abb. 155. Puppenbüfett.

aus Kartonstücken, die man mit Samt- oder Seidenresten überklebt und mit gleichfarbigem Faden oder mit dünnstem Blumendraht auf den Gestellen befestigt.

Abb. 156. Salon im Empirestil.

Dauerhafter sind freilich vollständig aus Zigarrenkisten- oder Laubsägeholz hergestellte Puppenmöbel, zu denen man sich ohne weiteres die großen Möbel des eigenen Hauses als Vorbilder nimmt. Um dabei stets das richtige Maß zu finden, gehen wir von folgender Überlegung aus. Unsere Schränke sind gewöhnlich 2 m hoch, die Zimmer dagegen rund 3 m. Mißt also das Puppenzimmer in der Höhe etwa 30 cm, dann braucht man die Maße der großen Möbel nur durch 10 zu dividieren, um die der Puppenmöbel zu erhalten, also für den Schrank 20 cm usw. Mißt die Puppenstube nur 18 cm in der Höhe, so multiplizieren wir die Maße der großen Möbel mit $\frac{18}{30}$; der Schrank würde also in diesem Falle nur 12 cm Höhe erhalten. Die Abb. 155 zeigt ein Büfett in diesem Maßstab in natürlicher Größe. Es ist durchweg aus Zigarrenkistenholz gefertigt, mit Sandpapier hübsch sauber geputzt und dann poliert. Andere Puppenzimmereinrichtungen sehen wir auf den Abb. 156 und 157, dort einen Salon im Empirestil, hier ein modernes Schlafzimmer. Der Salon dürfte vielleicht einige Schwierigkeiten verursachen. Die gedrehten Teile läßt man nach einer genauen Zeichnung vom Drechsler machen oder dreht sie selber, wozu schon eine kleine Modelldrehbank genügt. Die Polsterungen fertigt die ältere Schwester über Kartonstücken, so daß wir sie nur aufzuleimen brau-

Abb. 157. Modernes Schlafzimmer.

Abb. 158. Puppenmöbel aus Haselruten.

chen; ebenso näht sie die Fransen an. Die Verzierungen der Schlafzimmermöbel sägen wir mit der Laubsäge aus und leimen sie auf die zugehörigen Flächen, worauf man die fertigen Möbel mit Spirituslack oder Schellacklösung anstreicht.

Doch auch wenn wir nur die Gestelle zu den Puppenmöbeln liefern, wird sich des Schwesterchens Dankbarkeit nicht um einen einzigen Grad vermindern; denn kleine Mädchen lieben das Putzen und Ausstaffieren über alles und besorgen daher die Näh- und Tapezierarbeiten für ihre Puppenstube am liebsten selbst. Eine solche Puppenstubeneinrichtung für gemeinsame Herstellung zeigt Abb. 158. Die Gestelle bestehen aus dünnen Haselnuß- oder Weidenruten, die man schält und nach dem Zusammenfügen mittels Stecknadeln mit weißer Ölfarbe anstreicht.

Für Kleinchen endlich, das in kindlicher Zufriedenheit schon über jeden bunten Lappen kräht, können wir in wenigen Minuten

Abb. 159. Bauernhof aus Kartonpapier.

die schönsten Dörfer aus Kartonpapier erstehen lassen. Eine Anleitung dazu gibt die Abb. 159, die ein Bauernhaus mit eingezäuntem Hof, Hühner- und Hundestall darstellt. Schon in rohem Zustand wird es bei Baby großes Entzücken erregen, das sich aber ins Zehnfache steigert, wenn wir noch einige Wasserfarben zur Bemalung opfern. Daß ein solches Spielzeug recht gebrechlich ist und rasch den Weg in den Ofen findet, darf für uns keine Abhaltung sein, denn andern eine Freude bereiten, auch wenn sie nur fünf Minuten dauert, sollte uns selbst die allergrößte Freude gewähren. – Und nun wollen wir die

Abb. 160. Schokoladenautomat.

Hände einmal zu einem leckeren Kunstwerk regen; d.h. nicht unser Kunstwerk an und für sich ist lecker, sondern der Inhalt, den es gegen Einwurf eines Geldstückes spendet. Wir meinen einen *Schokoladeautomaten,* den die jüngeren Geschwister ohne Zweifel eifrig in Betrieb setzen werden. Nimmt Mama dann den Schlüssel zur Geldlade an sich, so haben wir zugleich eine Sparbüchse geschaffen, die sich über mangelhaften Eingang wohl nicht wird beklagen müssen. Die Abb. 160, gleich den folgenden 161 bis 168 in zweidrittel Größe gezeichnet, stellt die Vorderseite dar. Sie zeigt oben einen kleinen Spiegel, darunter hinter einer Glasscheibe den süßen Inhalt und als Verzierung einige stilisierte Blumen, die mit dem Pinsel oder Brandstift hergestellt werden. Wenn man das

Kästchen unter dem Glasfenster aufzieht, liegt darin eine Schokoladetafel, vorausgesetzt, daß oben ein Nickel eingeworfen wurde. Wie diese Zauberwirkung zustande kommt, wollen wir nachstehend erläutern.

Die Abb. 161 zeigt den Automaten im Durchschnitt. An der Vorderseite I befindet sich, wie schon erwähnt, ein Ausschnitt des Schiebers III, und zwar soll dessen Vorderbrettchen a genau in jenen Ausschnitt passen. In der Mitte von a ist ein kleiner Knopf aus Messing oder Holz eingeschraubt. Der Boden b des Schiebers nimmt nach hinten an Dicke zu; diese Verstärkung stellt man am leichtesten durch ein aufgeleimtes, nach vorn abgeschrägtes Stück Holz her. Abb. 162 zeigt diesen Teil b im Querschnitt Man ersieht daraus auch, daß die eine Seite bei y vorspringt, damit das Kästchen nicht ganz herausgezogen werden kann, und daß sich am hinteren verdickten Ende ein senkrechter Schlitz c befindet, der ganz durchgeht und das von oben eingeworfene Geldstück aufnimmt. Die Abb. 163 zeigt das Kästchen zur Aufnahme der Schokoladetafeln (IV), wiederum im Durchschnitt von oben nach unten. Es besteht aus den Vorderteilen d, der Seitenwand f, der Seitenleiste g, der Rückwand

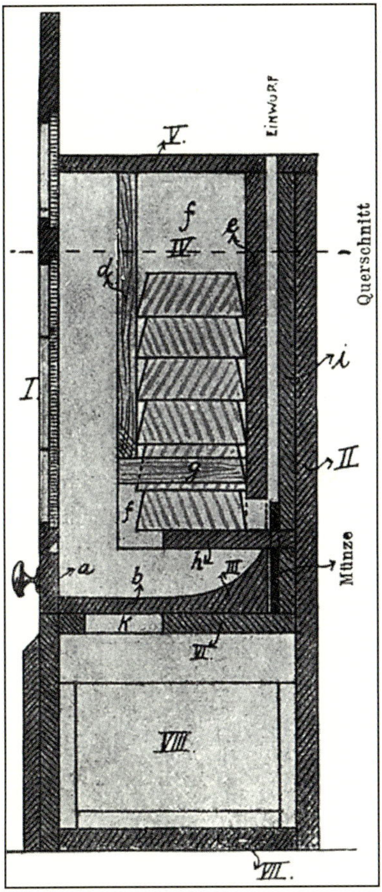

Abb. 161. Durchschnitt des Automaten.

e und den beiden Bodenleisten h. Es sind davon d, e und f an dem Deckel V des Automaten, h an der Rückwand II zu befestigen. Die Wand e ist unten bogenförmig ausgeschnitten, damit hier das Geldstück durchgehen und die unterste Schokoladentafel mitnehmen kann. Die Leiste g dient nur dazu, der Leiste d einen besseren Halt

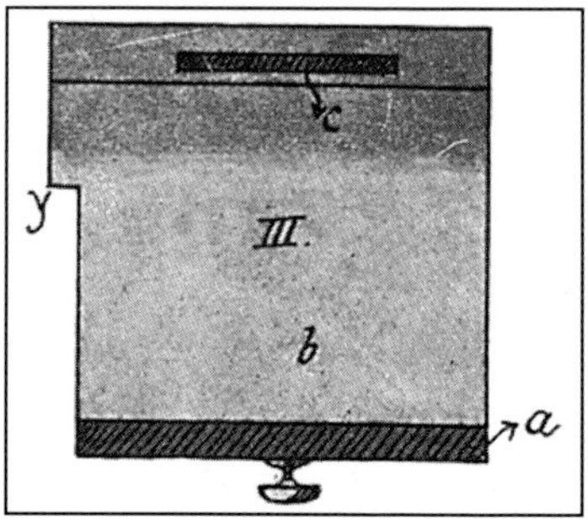

Abb. 162. Schieber.

zu geben, und darf nicht zu breit sein, damit man den Kasten von dieser Seite her mit Schokolade füllen kann. i ist eine Verdopplung der Rückwand II und bildet mit e eine Rinne, durch welche die Münze hinabgleitet. Wie man aus Abb. 164 ersehen kann, sind zu beiden Seiten dieser Rinne zwischen e und i zwei dünne Brettchen x eingefügt. Im Boden VI, auf dem sich der Schieber III bewegt, ist ein Ausschnitt k anzubringen; er hat die Breite der Rinne, seine Länge ist aus der Abb. 161 zu entnehmen. In der Abb. 165 ist ein Querschnitt der Schublade VIII zur Aufnahme des Geldes zu sehen. Der eine Seitenteil IX ist zum Öffnen eingerichtet, um das eingeworfene Geld herausnehmen und neue Schokolade einfüllen zu können. Gleich dem anderen festen Seitenteil X (Abb. 164) besteht er aus zwei Teilen (Abb. 167 und 168), von denen der untere m den vorspringenden Sockel bildet. Das Stück n, an l angeleimt, verschließt, sobald man den Automaten schließt, zugleich die offene Einfüllseite des Kästchens IV. Diese Seitenwand

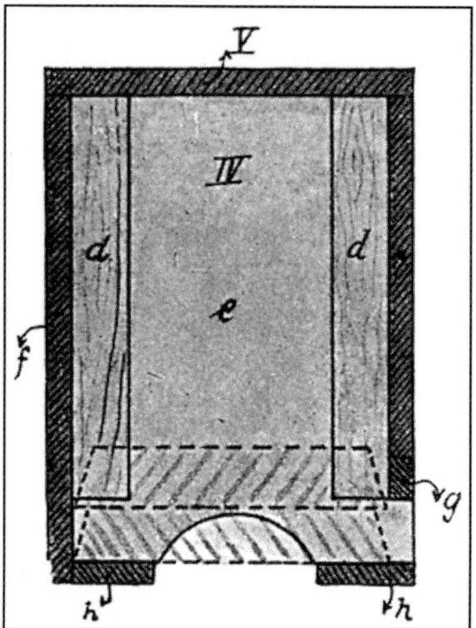

Abb. 163. Kasten für Aufnahme der Schokoladetafeln.

IX wird entweder durch kleine Häkchen, die in entsprechende Ösen eingreifen, zugehalten (Abb. 166) oder man bringt ein kleines Schloß (o in Abb. 167 und 168) so an, daß ein Riegel beim Zusperren in einen Einschnitt des Bodenbrettchens eingreift; am oberen Ende von l sind dann zwei abgefeilte

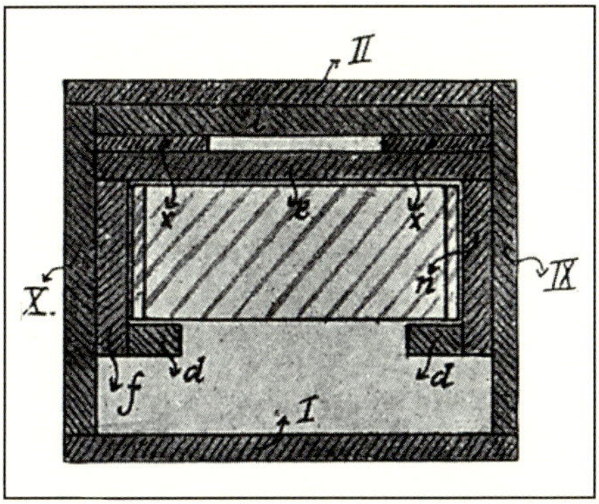

Abb. 164. Querschnitt des Automaten.

Drahtstifte einzuschlagen, die in korrespondierende Löcher des Deckels V greifen und die Seitenwand oben festhalten. Der Automat funktioniert in der Weise, daß man das Geldstück durch den Schlitz oben in V einwirft; es fällt dann durch die Rinne zwischen i, e und x in den Spalt c des Schiebers III. Zieht man diesen heraus, so nimmt der obere Rand der Münze eine Schokoladetafel mit, die auf b fällt, während die Münze, über k angelangt, durch diesen Ausschnitt nach unten in die Schublade VIII fällt. Ohne Einwurf einer Münze wird unser Automat also keine Schokolade hergeben. Wir haben ihn für die kleinen überall käuflichen 1-Pfennig-Tafeln eingerichtet; macht man nun den rückwärtigen Teil von III so hoch, daß ein Pfennigstück in dem Spalt c vollständig verschwindet, dann wird auch dieses noch keine Schokolade bringen. Erst ein Zweipfennigstück wird dies vermögen.

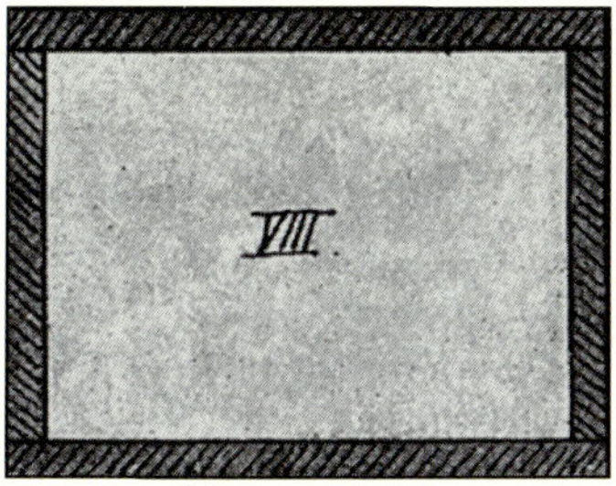

Abb. 165. Geldlade.

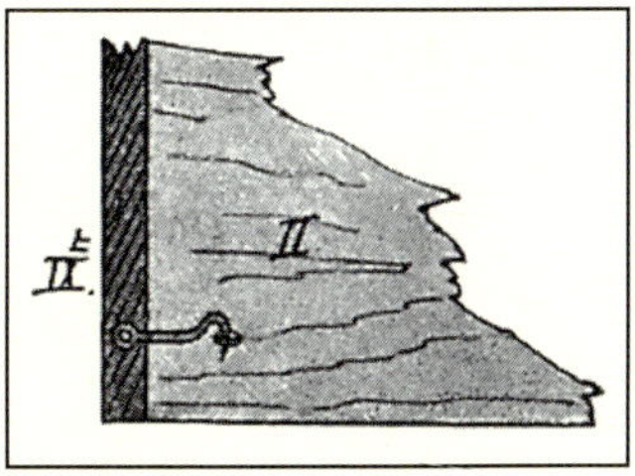

Abb. 166. Verbindung der Wände.

An langen Winterabenden, wenn die Schulaufgaben besorgt sind, läßt sich kaum eine bessere gemeinsame Unterhaltung denken als die Vorführung von Laterna Magica- und Schattenbildern.

Um den Bühnenaufbau herzustellen, tut man sich am leichtesten, wenn man eine alte dreiteilige spanische Wand auftreiben kann. Man macht aus ihr durch oben und unten angenagelte Querleisten einen viereckigen Kasten mit offener Rückwand, schneidet oben in die Vorderwand eine rechteckige Öffnung als Bühnenöffnung und gibt dem Ganzen mit Ölfarbe einen verjüngenden Anstrich. Vermag man sich eine solche spanische Wand nicht zu verschaffen, so nagelt man das prismatische Gerüst mit einem quadratischen Querschnitt von 80 bis 100 cm Seite und etwa 180 cm Höhe aus 3 bis 5 cm breiten und 2 cm dicken Leisten zusammen, überspannt es mit Hilfe großköpfiger Nägel mit billigem einfarbigem Baumwollzeug und malt auf dieses mit Ölfarbe die Ornamente. Eine sehr hübsche und lustige Vorlage für die letzterwähnte Arbeit sehen wir in Abb. 169, die zugleich erkennen läßt, daß ein solcher Bühnenkasten sich ohne weiteres auch als Kasperltheater verwenden läßt. Allerdings setzt die Handhabung dieser beweglichen Puppen eine ziemliche Fingerfertigkeit

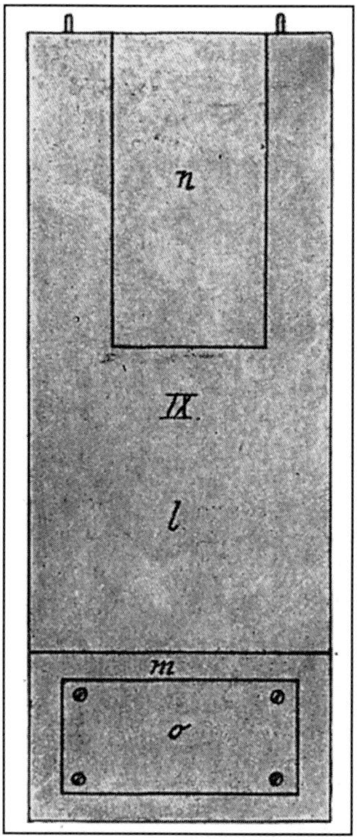

Abb. 167. Verschlußbrett.

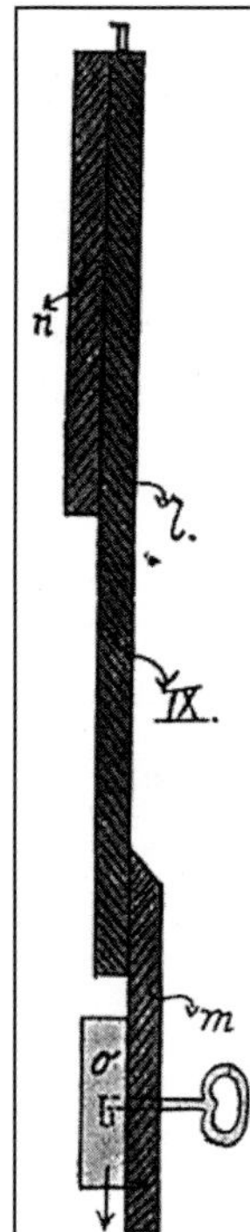

Abb. 168. Verschlußbrett im Durchschnitt.

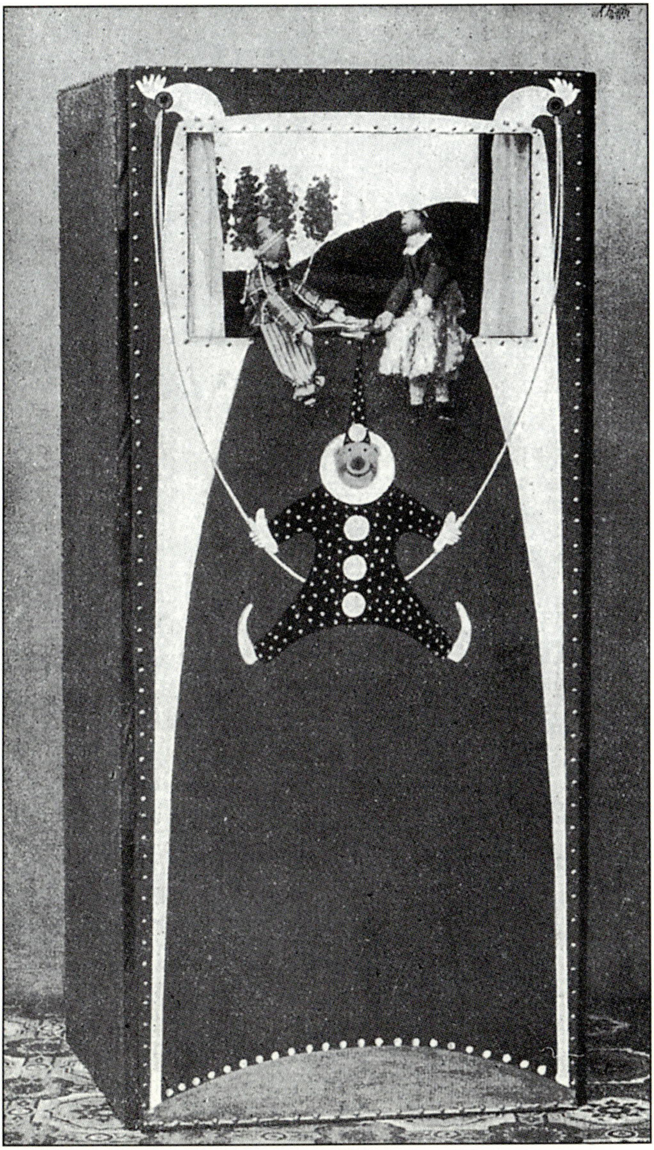

Abb. 169. Bühnenkasten für ein Schatten- und Kasperltheater.

Abb. 170. Bühnenraum, von innen gesehen.

voraus, wenn man mit ihnen den Schein der Wirklichkeit entdecken will; viel leichter ist die Vorführung von Schattenbildern.

Die Abb. 170 zeigt die spanische Wand in aufgeklapptem Zustand von rückwärts. Man ersieht daraus, daß die Seitenwände durch quergespannte Bänder zur Aufbewahrung der Schattenfiguren eingerichtet sind, und daß die Bühnenöffnung A auf dieser Seite ringsum durch einen Holzrahmen verstärkt ist, der in Abb. 171 in größerem Maßstab wiedergegeben ist. Seine Seitenteile A und B weisen eine vertiefte Nut auf, zur Aufnahme der Gebäudekulissen, von denen einige in Abb. 172 einzeln dargestellt sind. Sie werden aus mittelstarkem Karton geschnitten; einer besonderen Bemalung bedarf es natürlich nicht, denn dieser Rahmen wird für Schattentheater- und Laterna Ma-

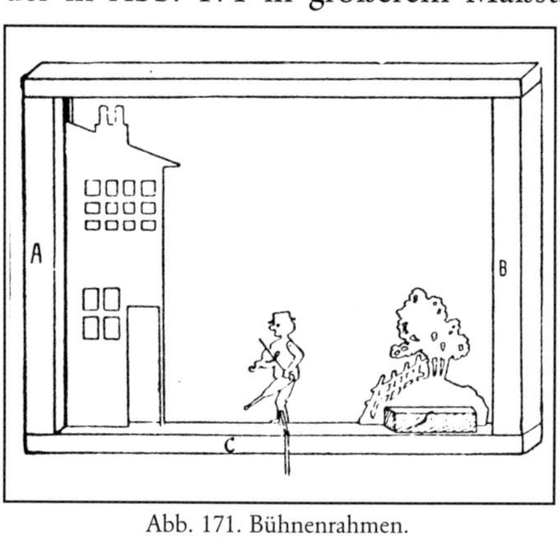

Abb. 171. Bühnenrahmen.

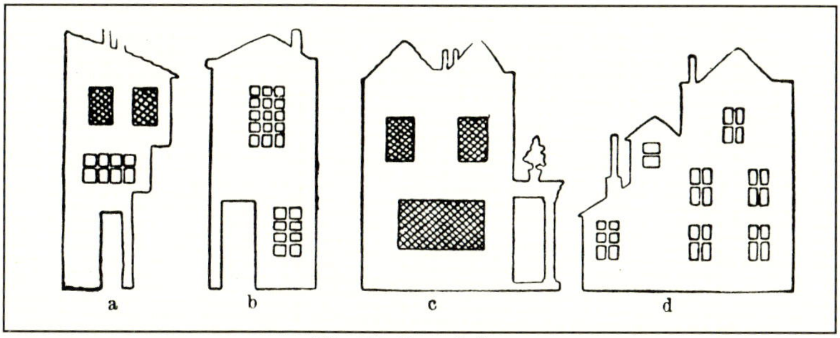

Abb. 172. Häuserkulissen.

gica-Vorführungen nach vorn zu mit einem Stück dünner weißer Leinwand überzogen, die keine Falten werfen darf. Die Lampe (Abb. 170), eine gewöhnliche Küchenlampe mit Reflektorspiegel, kommt in einen kleinen Kasten, der nur nach vorn zu offen ist und im Deckel ein Loch für den Zylinder aufweist; dadurch erzielt man, daß das Licht so gut als möglich nach vorn auf die Bühnenöffnung konzentriert wird. Die Abb. 173 zeigt den Lampenkasten im Aufriß. b und c sind die Seitenwände, a die Rückwand, d die offene Vorderseite und e die Lampe mit dem dahinter angebrachten Hohlspiegel. Man braucht natürlich außer Häusern noch andere Versatzstücke als Bäume, Bänke, kleine Hügel usw. Diese erhalten rückwärts aufgeleimte Holzklötzchen (A und B in Abb. 174), damit man sie nach Bedürfnis auf der unteren Leiste C des Rahmens aufstellen kann. Für die Herstellung der handelnden Personen und Tiere findet man auf den beiden folgenden Seiten (Abb. 175) eine Reihe urdrolliger Vorwürfe, die man natürlich aus eigener Erfindung nach Belieben vermehren

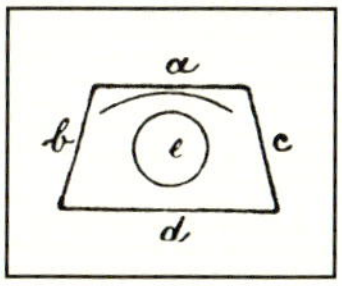

Abb. 173. Lampenkasten im Aufriß.

Abb. 174. Versatzstück.

Abb. 175. Figuren fürs Schattentheater.
1. Kasperl als Rekrut. 2. Der Wilddieb. 3. Straußenritt. 4 Die neueste Neuigkeit. 5. Der Wolfschluchtuhu. 6. Der Michel vom „roten Ochsen". 7. Ein Sonntagsausflug. 8. Beim Angeln. 9. Der reisende Engländer. 10. Musketier Tübbeke und der kecke Herero.

Abb. 175a. Figuren fürs Schattentheater.
11. Herr Bierdimpfel. 12. Die erste Tanzstunde. 13. Der Jägertoni und das „Gamsei". 14. „Im Schaukelkahn auf kühler Flut ..." 15. Die Kräuterliese. 16. Gretl und der kluge Kakadu. 17. „Geierschnabel" und „Büffelzahn". 18. Lustige Schlittenfahrt.

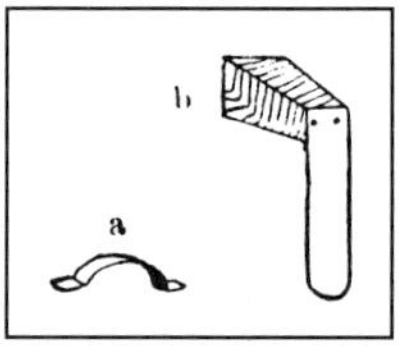

Abb. 176. Klötzchen und Öse.

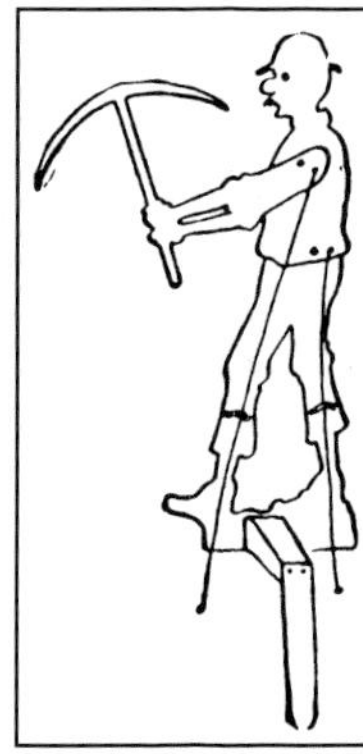

Abb. 177. Arbeiter.

kann. Man ersieht daraus zugleich, daß an allen diesen Figuren ein oder mehrere Teile beweglich eingerichtet sind. Die Abb. 177 läßt diesen Bewegungsmechanismus – er ist höchst einfach – deutlich erkennen. Zieht man am linken Draht, so bewegt sich der Arm des Mannes auf und nieder; zieht man dagegen am rechten, bewegt sich der ganze Oberkörper. Die Drähte laufen, der besseren Führung wegen und damit sie nach vorn zu nicht sichtbar sind, hinter den Beinen durch kleine Blechösen, wie eine solche in Abb. 176a größer zu sehen ist; sie werden mittels kleiner Stifte befestigt, die man durch Blech und Karton treibt und auf der Vorderseite umklopft. Jede dieser Figuren erhält ferner unten noch ein Klötzchen b (Abb. 176), an dessen anderem Ende ein Blechstreifen als Handhabe festgenagelt ist. Die Abb. 178 endlich ist ein hübsches Beispiel, wie man allein mit den Fingern und einigen entsprechend zugeschnittenen Kartonstückchen sowie einem kleinen Krug aus Schwesterchens Puppenküche recht humorvolle Szenen zur Darstellung bringen kann.

Abb. 178. Der bestrafte Ruhestörer.

Bei der *Vorführung von Laterna Magica- und Kinematographenbildern* bringt man diese Apparate mittels eines Ti-

Abb. 179. Schaukelbild.

sches und darauf gestellter Kisten in eine solche Höhe, daß sie den Bühnenraum von hinten gut und gleichmäßig erhellen. Den Bühnenrahmen bespannen wir aber, um die Leuchtkraft der Bilder nicht zu schwächen, diesmal besser mit dünnem Papier, das durch Einfetten mit Öl gleichmäßig durchscheinend gemacht ist; man kann übrigens solches halbdurchsichtiges Papier (Pauspapier) auch um wenige Pfennige in jeder Papierhandlung kaufen. Um sich die Bilder für die Laterna magica selber herzustellen, läßt man die Glasstreifen in der erforderlichen Größe vom Glaser zurechtschneiden, reinigt sie gut und überstreicht sie nach vorhergegangenem Anwärmen mit dünnem, wasserhellem Spirituslack. Läuft das Glas dabei milchig an, muß das Anwärmen wiederholt werden. Dann läßt man es bis zum nächsten Tag gut trocknen. Unterdessen hat man zwei Platten Gelatine in einer Tasse heißen Wassers aufgelöst und die Flüssigkeit durch ein Stück Leinwand filtriert. Die Glasplatte wird nun wieder erwärmt, mit der heißen Gelatinelösung bestrichen, auf diese sofort eines der überall käuflichen Abziehbilder aufgedrückt und mit einem weichen Tuch fest angerieben. Am nächsten Tag legt man den Glasstreifen in Wasser, bis sich das Papier leicht abziehen läßt. Nachdem wieder alles gut getrocknet ist,

Abb. 180. Feste Scheibe und Rahmen.

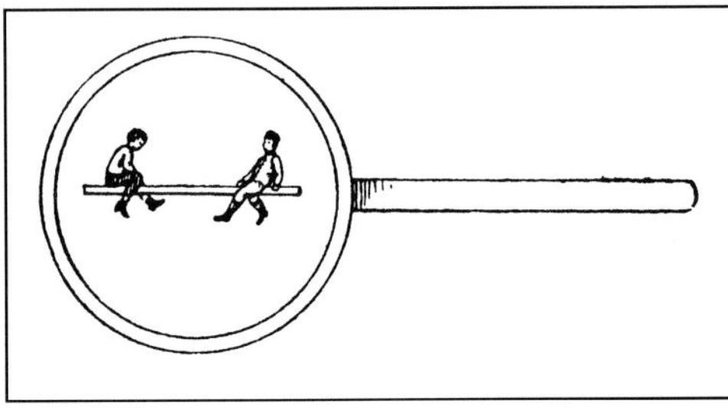

Abb. 181. Runde Scheibe mit Stiel.

gibt man den Bildern einen letzten Anstrich mit heißem Damar- oder Transparentlack. Wer gut den Pinsel zu führen weiß, kann die Bilder natürlich auch selber malen und zwar mit durchsichtigen Lasurfarben, die mit Ölfirnis angerieben sind. Man malt damit auf den ersten oben angegebenen Spirituslackanstrich und überzieht das Bild zum Schluß wieder gleichmäßig mit Damarlack.

Viel lustiger noch als solche einfache Glasstreifen sind bewegliche Bilder. Sie zerfallen in sogenannte Schaukel- und in Drehbilder. Ein Schaukelbild, schon an sich als solches erkenntlich, ist in Abb. 179 zu sehen. In den Holzrahmen kittet man zuerst die feste Scheibe, die das Landschaftsbild ohne die Knaben und die Schaukel zeigt (Abb. 180). Auf eine zweite kreisrunde Scheibe, die auf einen schmalen, mit einem langen Stiel versehenen Blechring gekittet ist (Abb. 181), werden die Knaben und das Schaukelbrett gemalt. Dabei ist zu beachten, daß später beim Zusammensetzen das Brett wirklich über den Baumstamm zu liegen kommt. Dann schneiden wir uns ein Holzbrettchen in der Form, die in Abb. 179 schraffiert angegeben ist, und befestigen dies über dem Glasstreifen mit dem Landschaftsbild. Wird nun das runde Glas in den runden Ausschnitt des Brettchens eingelegt und durch drei kleine Vorreiber darin festge-

Abb. 182. Schmied.

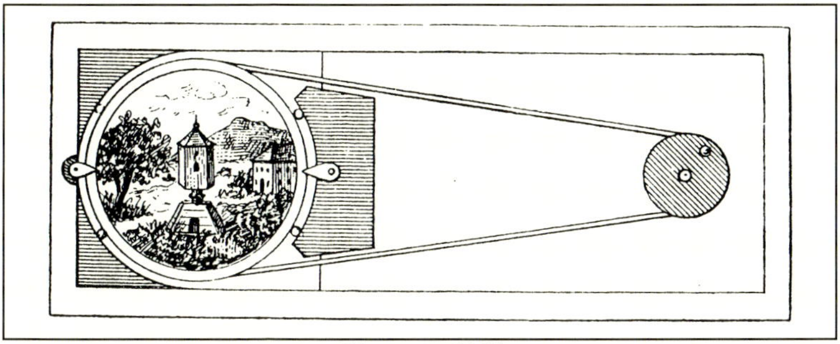

Abb. 183. Drehbild.

halten, so kann man es mit dem seitwärts abstehenden langen Griff in eine hin- und herdrehende Bewegung versetzen, wodurch der Eindruck entsteht, als ob die Knaben schaukelten. Ein anderes Bild dieser Art ist der Schmied (Abb. 182). Hier wird der Mann mit dem Amboß auf den festen Streifen gemalt, auf das runde Glas dagegen der rechte Arm mit dem Hammer, dieser aber so, daß das Achselgelenk in die Mitte der Scheibe zu stehen kommt, denn um diesen Punkt muß sich ja der Arm drehen.

Ein Drehbild sehen wir in Abb. 183. Der feste Streifen zeigt die Landschaft mit der Mühle, aber diese ohne die Flügel, die wieder auf die runde Scheibe kommen. Letztere (Abb. 184) wird aber diesmal in einem schmalen Holzring befestigt, der außen herum einen vertieften Nut für die Drehschnur zeigt; einen solchen Ring verfertigt um wenig Geld der Drechsler. Die schraffierten Teile in Abb. 183 sind wie früher Führungsbrettchen. Sie halten die Kreisscheibe mittels zweiter Vorreiber fest. Zur Verminderung der Reibung kommen nun zwischen Brettchen und Holz-

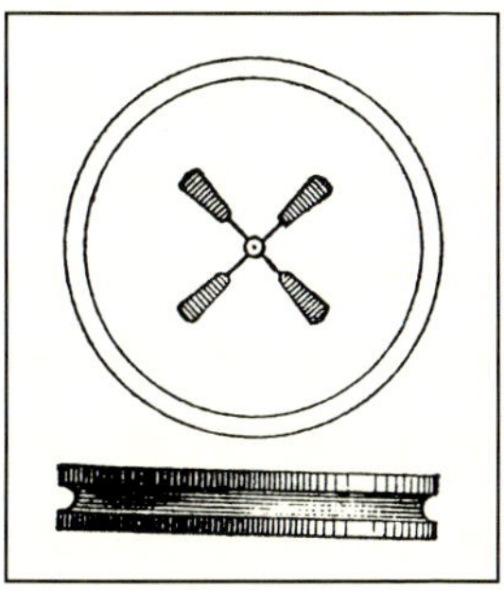

Abb. 184. Runde Scheibe mit Holzring.

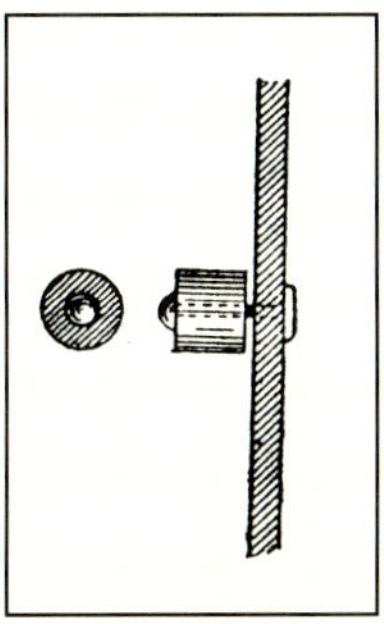

Abb. 185. Gleitrolle.

ring noch vier kleine Rollen, die nach Abb. 185 aus einem Stiftchen und einem runden Stück Holz oder Gummi gefertigt sind. Sie sitzen auf einem dünnen Brettchen, das gleichfalls kreisrund ausgeschnitten und zwischen der festen Scheibe und den Führungsbrettchen befestigt ist. Rechts auf diesem Zwischenbrettchen sitzt die Achse der kleinen Antriebsrolle, deren Aussehen und Befestigung die Abb. 186 veranschaulicht. Die Wirkungsweise dieses einfachen Mechanismus erhellt vollkommen deutlich aus der Abb. 183. Malt man auf die feste Scheibe einen bunten Stern mit geraden oder nach rechts gebogenen Strahlen, auf die Kreisscheibe dagegen einen, dessen Strahlen nach links gebogen sind, so erhalten wir einen sogenannten Chromotropen, dessen prächtige Lichtwirkungen ja allgemein bekannt sind.

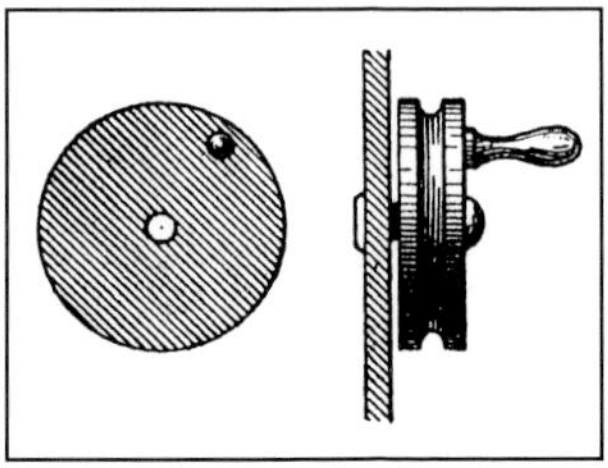

Abb. 186. Antriebscheibe.

Die Abb. 187 endlich zeigt einen kleinen verstellbaren Rahmen zum Auflegen der Glasstreifen beim Malen, weil dieses Bemalen in der Durchsicht geschehen muß. Der besonders gezeichnete Teil läßt sich mittels der beiden Stiftchen in den Löchern des Rahmens höher oder tiefer stellen. Man stellt den Rahmen am besten auf eine Spiegelscheibe, wodurch das Glas gleichmäßig erhellt erscheint und die Farben besser auf den richtigen Ton gebracht werden können.

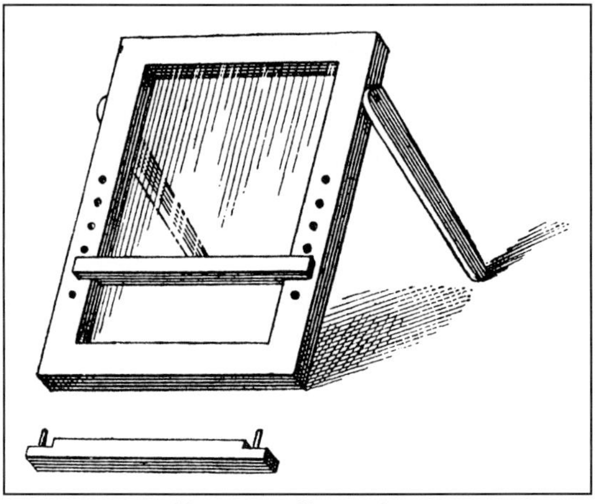

Abb. 187. Verstellbarer Rahmen.

In Hof und Garten

Den Anfang dieses Abschnittes möge wieder eine Sitzbank machen. Wohl bilden Hof und Garten vor allem den Tummelplatz der Jugend, aber auch die Erwachsenen halten sich hier gern auf, die Zeitung zu lesen oder dem munteren Treiben ihrer Kinder zuzuschauen, die sich rings um sie in der frischen Luft vergnügen. Der Eltern nun ziemt es sich natürlich zuerst zu gedenken, wenn wir unsere Kunst in Hof und Garten betätigen wollen.

Die allereinfachste *Bank* erhält man freilich, indem man vier runde Pfosten in den Boden rammt und einige Bretter darüber nagelt. Aber abgesehen, daß sie einer Lehne entbehren würde, hat sie noch den großen Nachteil, daß sie eben fest steht. Bringen wir

Abb. 188. Hof- und Gartenbank.

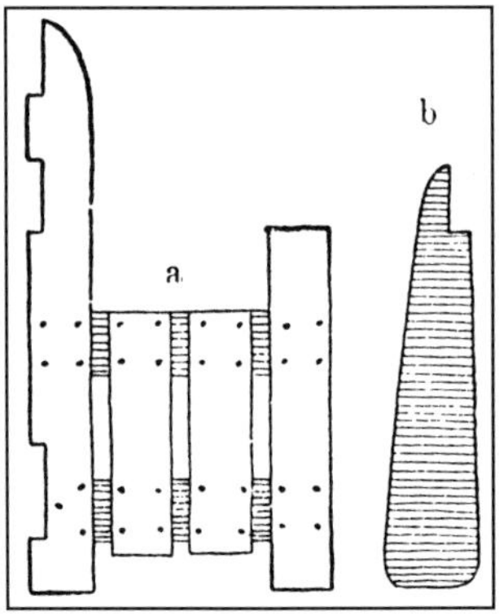

Abb. 189. Seitenwand und Armbrett der Sitzbank.

sie nun etwa an der Südseite des Hauses an, so werden wir wohl in den Morgen- und Abendstunden gern ein Weilchen auf ihr zubringen, jedoch nicht um die Mittagszeit, besonders im Sommer, weil uns dann die Sonne sengend auf den Kopf brennen würde. Eine solche Bank erfüllt also ihren Zweck nur zum Teil. Anderseits ist die in Abb. 188 dargestellte Bank durchaus nicht so schwierig, wie es zunächst vielleicht den Anschein hat, denn sie ist nur aus Brettern zusammengezimmert; außerdem läßt sie sich an jeder Stelle des Hofes oder Gartens aufstellen, je nachdem man gerade Schatten oder Sonnenschein vorzieht. Als Material genügen glattgehobelte halbzöllige Bretter; sie sind fest genug und doch nicht zu schwer, daß auch minder kräftige Arme sie bewegen können. Höchstens für die Fußbretter mag man dreiviertelzölliges Holz nehmen. Die Länge der Bank kann 120 cm, die Breite 40 cm, die Höhe vorn am Sitz 45 cm, an der Lehne 90 cm betragen. In der Abb. 189a ist eine Seitenwand im Aufriß zu sehen. Sie besteht also aus zwei horizontalen und vier senkrechten Brettern; das rückwärtige der letzteren ist an drei Stellen ausgestemmt, um die Bretter der Lehne aufzunehmen. Die Verbindung der einzelnen Teile geschieht durch flachköpfige Schrauben, die man aber ganz eindrehen muß, damit man sich nicht später daran die Kleider zerreißt. Die Abb. 189b zeigt eines der Armbretter, die nach vorn zu breiter verlaufen. Das geschweifte Brett vorn unter dem Sitz kann natürlich auch durch ein einfaches gerades ersetzt werden; es dient in der angegebenen Form nur dem schöneren

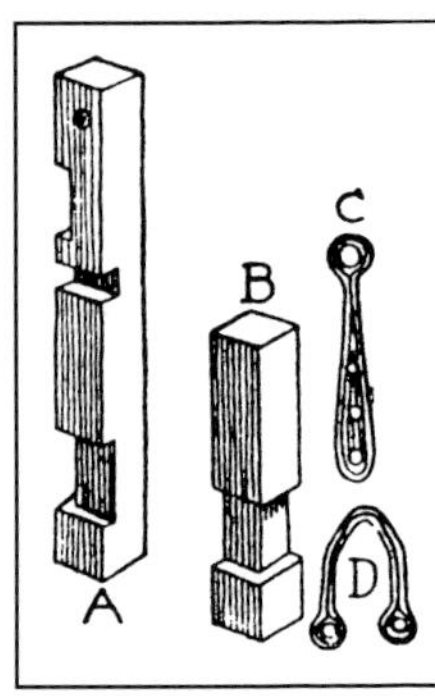

Abb. 190. Beinpfosten und Aufhängeeisen der Schaukelbank.

Aussehen. Es genügt, die Bank gut mit Leinöl einzulassen. Wer mehr Mühe darauf verwenden will, streicht erst einmal gründlich mit reinem Leinölfirnis, dann mit Ocker, endlich nach Belieben mehrmals mit grüner, roter oder brauner Farbe. Weiß dagegen wird sich aus mancherlei Gründen nicht empfehlen, desgleichen ein einfacher Anstrich mit Schellacklösung oder ähnlichem Lack, weil

Abb. 191. Schaukelbank.

diese der Nässe nicht widerstehen. Die erwähnten Farben sind mit Firnis anzureiben und nicht zu dick aufzutragen, auch muß jeder Anstrich vor dem nächsten vollkommen getrocknet sein, sonst springt er wieder ab; ferner darf man die Bank so lange nicht ans grelle, heiße Sonnenlicht bringen, weil dann Blasen im Anstrich entstehen würden.

Der Jugend, die sogar beim Sitzen Bewegung liebt, wird eine *Schaukelbank* willkommen sein (Abb. 191). Wie die Seitenpfosten, zweizöllige Hölzer von quadratischem Querschnitt, auszustemmen sind, zeigt die Abb. 190. A ist ein Hinterbein, 60 cm hoch, B ein vorderes mit 40 cm Höhe. Die übrigen Bretter nimmt man mit Rücksicht auf die Sicherheit dreiviertel- bis einzöllig, nur für die Armbretter genügt halbzölliges Holz. Für jede einzelne Person, die auf der Bank Platz finden soll, rechnet man etwa 35 cm, also für drei Personen rund 100 cm Länge des Sitzes, dessen Breite 35 bis 40 cm betragen kann. Über den Anstrich gilt das gleiche wie bei der vorigen Bank. Die Eisenteile zum Aufhängen läßt man nach Maßgabe der Abb. 190 C und D vom Schlosser oder Schmied aus genügend starkem Bandeisen anfertigen; wir warnen sogar eindringlich, sich hierzu sogenannter Ringschrauben zu bedienen, die nicht zuverlässig genug sind.

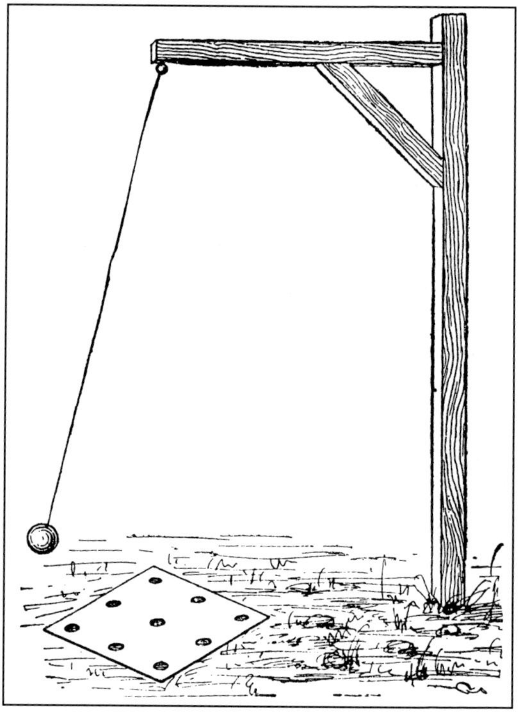

Abb. 192. Wurfkegel.

Auch das Holzgerüst, an dem die Schaukelbank aufgehängt wird, wollen wir nicht erst abbilden, um unsere Leser nicht in Versuchung zu führen, es selber herzustellen. Das muß unbedingt durch einen Zimmermann geschehen.

Anders steht es mit dem Galgen für das *Wurfkegelspiel* (Abb. 192); der kann nicht viel Schaden anrichten, selbst wenn er infolge nachlässiger Herstellung etwa zusammenbrechen sollte. Der senk-

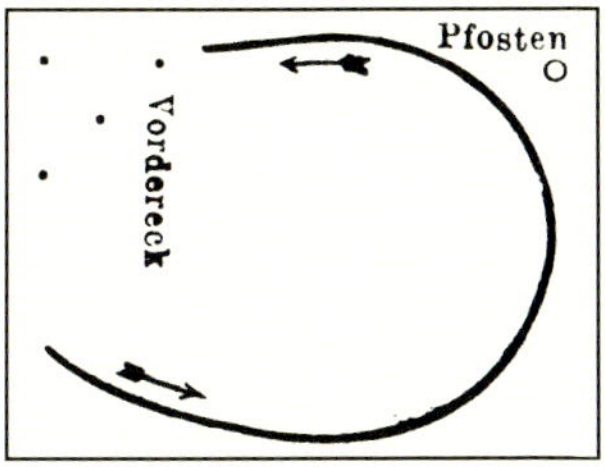

Abb. 193. Weg der Kugel beim Wurfkegelspiel.

rechte Balken mißt 250 cm in der Länge, wovon ein Fünftel in die Erde kommt. Der waagrechte Arm, 100 bis 120 cm lang, ist in den senkrechten einzuzapfen und außerdem noch durch den schiefen Balken abzustützen. Für den Kegelstand fertigen wir aus halbzölligen Brettern, die nicht gehobelt sein brauchen, ein Viereck von 50 bis 60 cm Seite, verstärken es durch unten aufgenagelte Querleisten und schrauben es dann auf vier in die Erde getriebene Pflöcke so auf, daß seine Oberfläche völlig waagrecht und sein Mittelpunkt senkrecht unter den Aufhängepunkt der Kugel zu liegen kommt. An den aus der Abbildung ersichtlichen Stellen nageln wir dann dünne runde Eisenbleche auf, um die Plätze der Kegel zu fixieren und ihnen einen sicheren Stand zu verschaffen. Wer diese Arbeit scheut, schlägt einfach an den entsprechenden Stellen neun Pflöcke in den Boden, die oben ein rundes Blech als Auflage erhalten; diese Oberflächen sind natürlich mit Richtscheit und Wasserwaage in eine horizontale Ebene zu bringen. Zum Spielen stellt man sich zwei bis drei Schritte vor den Kegeln auf und läßt dann die Kugel mit einem leichten Schwung los. Sie darf aber die Kegel nicht von vorn treffen, sondern in einem Bogen von hinten, wie es die Abb. 193 erläutert. Es gilt also der Kegel, der dem senkrechten Pfahl zunächst steht, als Vordereck. Diesen Ausdruck und die übrigen Regeln, die wie beim gewöhnlichen Kegelspiel auch hier gelten, wird uns Papa auf Befragen gern erklären; es sind ihrer zu viele, sie alle hier aufzuzählen.

Im Hof können wir nun auch unsere Pfleglinge aus dem Tierreich unterbringen, die wegen ihrer

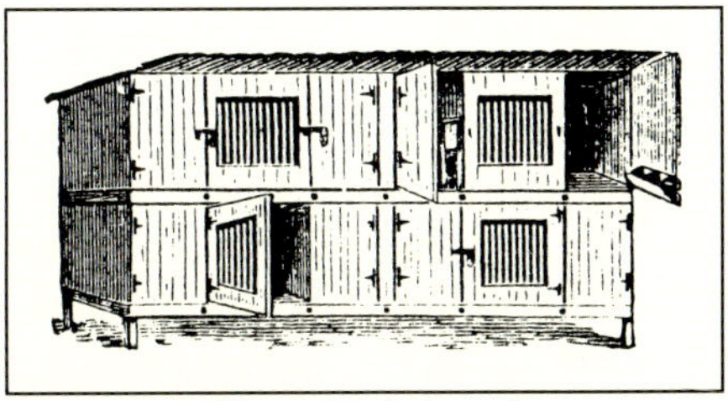

Abb. 194. Kaninchenstall.

üblen Ausdünstungen nicht gut im Zimmer Aufnahme finden können. Dazu gehören vor allem die Kaninchen und Meerschweinchen, deren *Ställe* sich nur durch die geringere Größe für die letzteren unterscheiden. Um gleich das Allgemeine vorauszuschicken, sei gesagt, daß alle diese Ställe während der rauhen Jahreszeit rings dreifach mit dicken, geflochtenen Strohmatten zu verkleiden sind, denn die Innentemperatur darf nicht unter 12 bis 15 Grad Reaumur herabgehen. Man kann im Notfall auch Langstroh verwenden, das dann 12 bis 15 cm dick liegen und mit Latten

Abb. 195. Kaninchenstall mit Vorplatz.

festgenagelt werden muß. Wem die Möglichkeit dazu geboten ist, der bringt seine Kaninchen am besten im Pferde- oder Kuhstall unter, der aber gepflastert oder wenigstens gedielt sein muß, damit sie sich nicht durchgraben. Man braucht ihnen dort nur aus zwei der Länge nach zusammengenagelten Brettern einen dunklen Winkel zum Schlafen zu geben und stellt ein Holzgatter vor die Tür, damit sie nicht durchbrennen. Steht kein solcher Stall zur Verfügung, muß man ihnen ein eigenes Heim zimmern. Das stellt man dann im Hof in einem möglichst vor Wind und Wetter geschützten Winkel auf. Die Maße des Stalles berechnet man so, daß mindestens ein Drittel Quadratmeter Bodenfläche auf ein Tier kommt;

die Innenhöhle soll unter 50 cm nicht herabgehen. Der Boden muß ein wenig schief verlaufen und wird am besten mit Zinkblech übernagelt, das an den Rändern ein wenig aufgebogen ist und an der tiefsten Stelle in ein Abzugsrohr für die flüssigen Absonderungen der Tiere mündet. Über dieses Blech kommt dann ein hölzer-

Abb. 196. Kaninchenstall zu Zuchtzwecken.

nes Gatter, auf das man Heu oder Stroh als Streu bringt, die stets trocken zu halten ist. Wo es an Platz mangelt, kann man die Ställe auch übereinander anordnen (Abb. 194); dann muß aber der obere Boden unbedingt gegen den unteren mit Blech abgedichtet sein. Die Futterraufen werden der Bequemlichkeit halber an der Tür angebracht, und zwar etwas erhöht, damit das Futter nicht zu leicht verunreinigt werden kann. Licht und Luft erhält jeder einzelne

Stall durch das vordere Gitter; rückwärts muß man aber den Tieren wieder dunkle Schlupfwinkel schaffen. Wer über mehr Platz verfügt, baue seinen Kaninchenstall nach der Abb. 195, besonders wenn es sich um Zuchtversuche handelt. Der Boden ist auf alle Fälle mit dichtschließenden Brettern zu verkleiden, über die man wieder Blech als Unterlage für das Holzgatter nagelt. Das Gerüst für den Vorplatz wird aus 3 bis 4 cm starken Leisten gezimmert und mit dem käuflichen Drahtgitter bespannt. Die Falltür ist bei Nacht

Abb. 197. Kaninchenstall, aus einem Faß gezimmert.

stets geschlossen zu halten, bei regnerischem Wetter so weit, daß die Tiere gerade noch durchschlüpfen können. Dieser Zwinger eignet sich auch sehr gut für junge Hunde, Füchse und dergleichen. Zur Pflege von Zieseln und Murmeltieren müssen auch die Seitenwände mit Blech ausgeschlagen werden. Für Zuchtversuche in größerem Maßstab baut man ein Häuschen mit großem vergittertem Vorplatz nach Angabe der Abb. 196; es können darin auch Hühner und Kaninchen gemeinsam gehalten werden. Schließlich kann man für ein einzelnes Tier auch ein altes, aber gut gereinigtes Faß in einen Stall umwandeln; seine innere Einrichtung ist aus der Abb. 197 mit aller wünschenswerten Deutlichkeit zu erkennen. Der Boden wird vielfach durchlöchert, damit sich der Unrat im unteren Teil des Fasses sammeln und von dort mittels der bogenförmigen Harke entfernt werden kann. Während dieses Geschäftes und des Futterwerfens sucht man das Tier in den schmalen Vorraum rechts zu locken und dort festzuhalten, damit es nicht etwa in einem unbewachten Augenblick erfolgreich das Weite suchen kann. Zugleich wiederholen wir hier nochmals die Mahnung, daß man sich keiner Tierquälerei schuldig macht, indem man sich Tiere anschafft, ehe man sich über ihre Pflege in einschlägigen Büchern genau unterrichtet hat; übrigens würde man sich durch eine solche Unterlassungssünde nur selber schädigen, denn wenn die Tiere eingehen, ist damit auch ein hübsches Stück Geld verloren, wenigstens für eine Schülerbörse.

Abb. 198 Taubenschlag.

Von den Vögeln werden zwar auch Raben, Dohlen, Falken und dergleichen in Pflege genommen, aber doch nur vereinzelt, dagegen sehr häufig Tauben. Für erstere hat man Käfige nach den Angaben im ersten Abschnitt (S. 60 u.ff.) anzufertigen, nur weit größer und stärker; die Tauben jedoch werden in sogenannten Schlägen gehalten und zwar immer ein Pärchen zusammen, weil

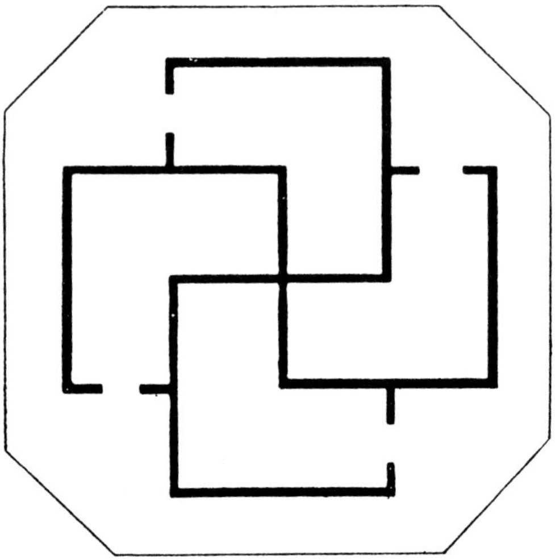

Abb. 199. Grundriß des ersten Stockwerkes.

sich einzelne Tiere verfliegen. Trotz mancher mit ihnen verbundener Umständlichkeiten – sie müssen unter anderem gleich den Kaninchenställen im Winter dicht mit Stroh eingehüllt werden – sind die auf einem hohen Pfahl errichteten *Taubenschläge* doch ihres hübschen Aussehens wegen so beliebt, daß wir mit einem solchen hier den Anfang machen wollen (Abb. 198). Dieses Taubenhaus hat drei Stockwerke von gleicher Einrichtung, der Grundriß ist in Abb. 199 zu ersehen. Man verwendet dreiviertel- bis einzöllige Bretter (astreines Holz ohne Risse). Der Boden (Abb. 200) stellt ein Quadrat von 175 cm Seitenlänge dar, das an den Ecken abgestutzt wird; er ist auf Nut zusammenzufügen und unten durch doppelte, parallel laufende Leisten A zu verstärken. In die Fugen zwischen diese Leisten kommt später das Zierbrett mit den kreuzförmigen

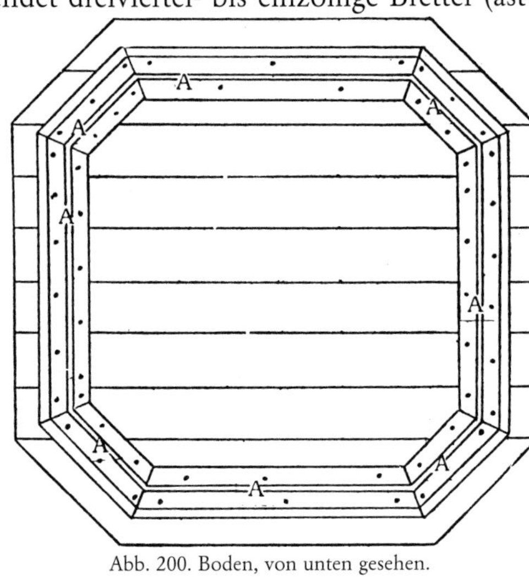

Abb. 200. Boden, von unten gesehen.

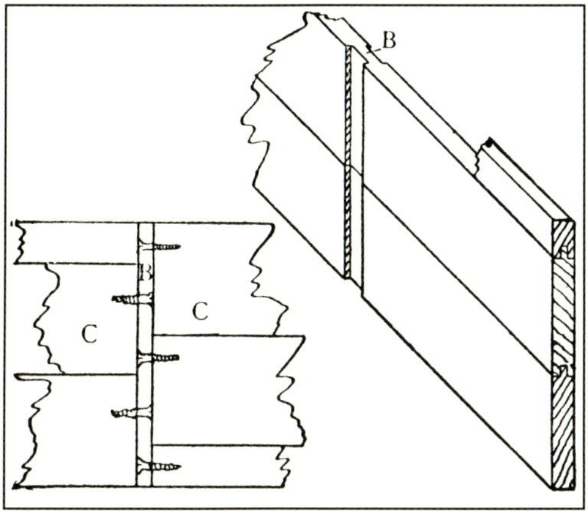

Abb. 201. Verbindung der mittleren Kreuzwände.

Ausschnitten, das in Abb. 198 zu sehen ist. Die senkrechten Wände erhalten je 40 cm Höhe. Man fertigt zuerst das mittlere Kreuz, in dem man ein Brett von 70 cm Länge in der Mitte mit einem beiderseitigen Nut versieht (B in Abb. 201), in die je ein 35 cm breites Brett (C) eingelassen und verschraubt wird. An dieses Kreuz kommen dann die Langwände E (Abb. 202); sie werden mit dem Boden verschraubt und diese Befestigung noch durch die Leisten D verstärkt, die wiederum sowohl mit dem Boden als mit E zu verschrauben sind. An E setzt man, wieder in eine Nut, die Schmalwände F mit der Türchenöffnung H (Abb. 203), welche letztere 20 cm hoch und 13 cm breit ist. Zwischen Fälzen G–G werden schließlich die Außenwände eingesetzt. Ist das erste Stockwerk, das also vier Paaren Unterkunft bietet, in dieser Weise fertig, so kommt darüber der Boden fürs zweite. Man legt dessen Bretter so, daß sie

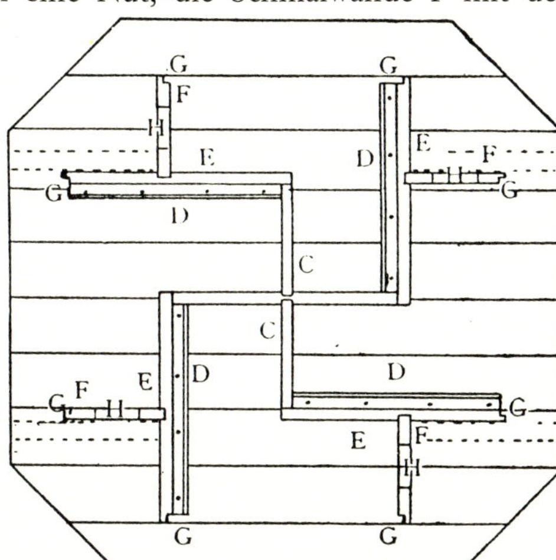

Abb. 202. Aufriß des ersten Stockwerks ohne Außenwände.

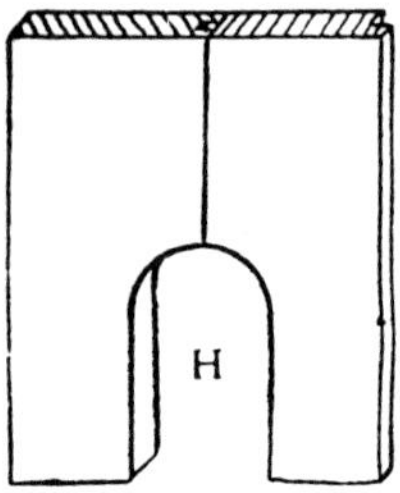

Abb. 203. Türwand.

im rechten Winkel zu jenen des unteren verlaufen; weil aber die beiden äußersten keinen Halt hätten, werden an den punktierten Stellen der Abb. 202 starke Leisten untergenagelt. Das zweite Stockwerk ist wie das erste zu bauen, nur erscheint der Grundriß um 180 Grad aus der Ebene herumgedreht, so daß also die Türchen in die rechte, statt in die linke schmale Außenwand kommen, wie es deutlich in Abb. 198 zu sehen ist. Das dritte Stockwerk entspricht wieder vollkommen dem ersten. Darauf kommt dann der Dachboden, dessen Außenbretter nach den Angaben der Abb. 204 verlaufen; an den Ecken werden sie überplankt, wie es die Schnitte A B und C D näher erklären. Die Mitte dieses Bodens bleibt offen. Von der Mitte jeder Seite strebt nun je ein schiefer Pfosten von 120 cm Länge nach oben zu einer Spitze zusammen, wo sie sich rings um den achteckigen Mittelpfosten L vereinigen und bei M (Abb. 205) verschraubt sind. Die Winkel, unter denen sie an den Enden abzuschrägen sind, erfährt man am besten durch Ausprobieren. Ebenso bestimmt man die Länge der Eckstreben N, die in gleicher Weise mit L verbunden werden. Nach oben zu endigt L in eine beliebig geformte Spitze. Dieses Dachgerüst wird nun mit Brettern ein-

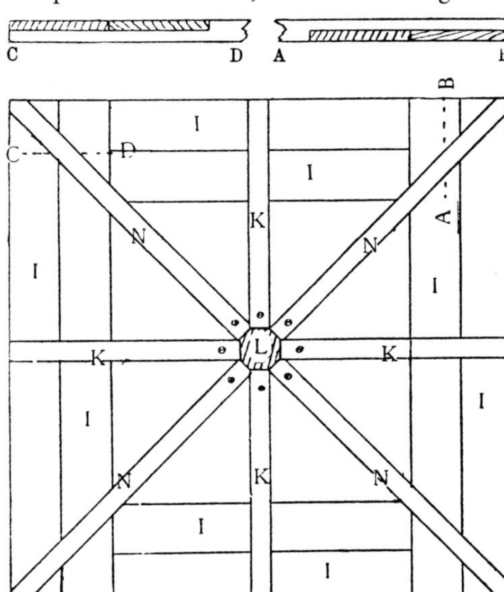

Abb. 204. Dachgerüst im Aufriß. Oben: Überplankung der Dachbodenbretter.

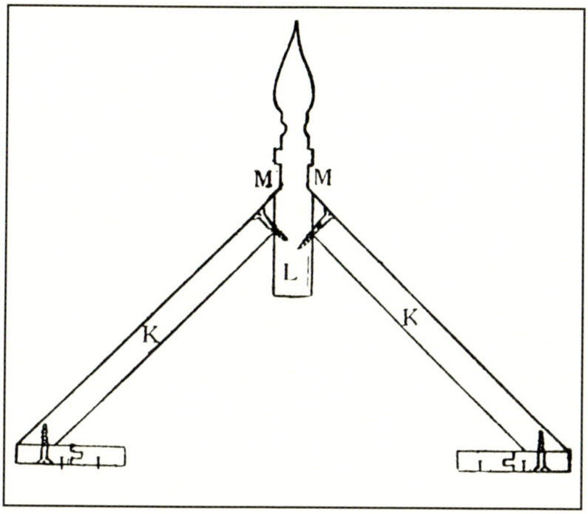

Abb. 205. Dachgerüst im Durchschnitt.

gedeckt, die übereinander greifen müssen und des hübscheren Aussehens wegen am unteren Rande dachziegelförmig ausgesägt werden können. Die Türchen H läßt man offen, da die Tauben, im innersten Raum zwischen C und D sitzend, vor dem direkten Wind geschützt sind. Man kann aber der leichteren Reinigung wegen die Außenwände zwischen G–G zum Aufklappen nach außen einrichten; die Scharniere wären dann am oberen Ende dieser Wände und auf der Unterseite der darüber befindlichen Bodenbretter anzuschrauben. Damit sie sich nicht von selber nach außen öffnen können, bringt man am unteren Rand je einen hölzernen Vorreiber an. Der dicke Pfahl, auf dem das Taubenhaus zu stehen kommt, soll mindestens 2 bis 3 m über den Erdboden ragen und 1 m in diesen hinein; die hierfür ausgeworfene Erde ist wieder mit aller erforderlichen Sorgfalt festzustampfen, damit nicht etwa der nächste Windhauch den Taubenschlag schon wieder umwirft. Der Pfahl kann quadratisch oder rund sein, soll aber wenigstens 20 cm Durchmesser haben. Soweit er in den Boden

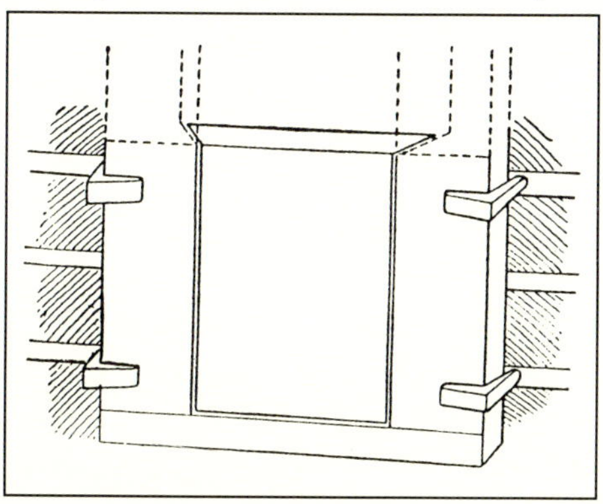

Abb. 206. Falltür für einen Taubenschlag.

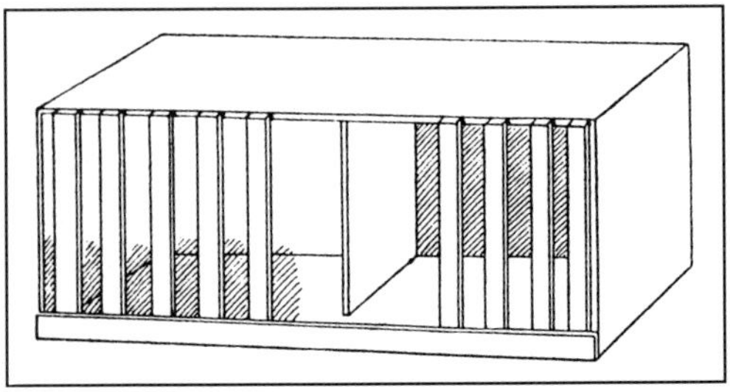

Abb. 207. Doppelnistkäfig für Tauben.

reicht, wird er zur Verhinderung des Faulens angekohlt oder geteert. Auf seiner Spitze wird das Taubenhaus mit Schrauben befestigt und außerdem noch (vergleiche die Abb. 198) durch vier aus starkem Bandeisen geschmiedete Träger von einfacher oder kunstvoller Form gestützt. Unterhalb dieser Träger nagelt man 1 m breit Zinkblech rings um den Pfahl, damit nicht nächtlicherweile Katzen, Marder und andere blutdürstige Gesellen unseren Pfleglingen einen Besuch abstatten. Aus dem gleichen Grund muß der Schlag auch so weit von nachbarlichen Dächern und Bäumen aufgestellt werden, daß ihn diese außerordentlich behenden Taubenfeinde nicht doch noch durch einen kühnen Sprung von oben erreichen können. Taubenschlag und Pfahl werden schließlich, ausgenommen der Blechring, mit Ölfarbe angestrichen. Am besten wählt man giftfreies Grün für die Seitenwände und Rot für das Dach; die eisernen Träger streicht man mit schwarzem Eisenlack. Wem eine leere Kammer oder ein Dachboden in Haus, Scheuer oder Stall zur Verfügung steht, kann diesen Raum für seine Tauben einrichten, falls er nach Süden zu liegt und durch ein wenn auch kleines Fenster genügend Licht erhält. Die Flugöffnung muß wenigstens 50 cm über dem Boden angebracht werden, damit die jungen Tauben nicht heraus-

Abb. 208. Taubenhaus für neun Paare.

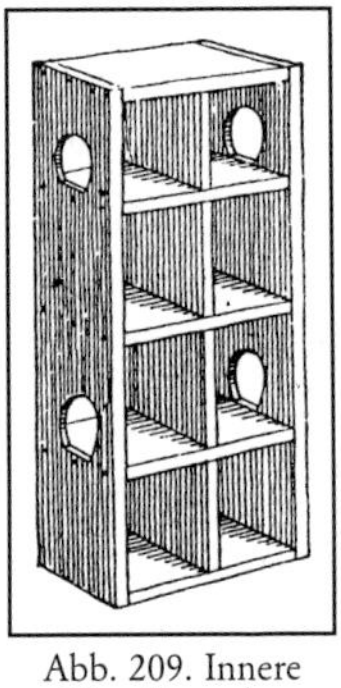

Abb. 209. Innere Einteilung des Taubenhauses für neun Paare.

Abb. 210. Taubenhaus für zwei Paare.

fallen, und soll gerade nur so groß sein, daß die alten aus- und einfliegen können. Vor diesem Flugloch ist eine Falltür anzubringen, die man jeden Abend sorgfältig schließen muß. Sie besteht aus einem mittleren Fallbrett und zwei seitlichen Führungsleisten, die mit eisernen Krampen an der Mauer befestigt sind (Abb. 206). Noch besser sind zwei solcher Fluglöcher. Die Wände und der Boden der Kammer sind mit Kalk zu tünchen, letzterer außerdem dick mit Sand zu bestreuen. Ferner muß man in der Kammer für jedes Paar zwei einzelne oder besser einen Doppelnistkäfig anbringen, wie ihn die Abb. 207 zeigt; sie werden entweder auf den Boden gestellt oder in beliebiger Höhe an den Wänden aufgehängt. Parallel mit ihnen und etwa 10 cm entfernt laufen 3 cm breite, oben abgerundete Sitzstangen, die man am bequemsten von Wand zu Wand führt. Die Anzahl der Tauben, die man in einem solchen Schlag halten kann, beurteilt man ungefähr nach dem Erfahrungssatz, daß alle Tauben auf dem Boden sitzend nicht mehr als ein Drittel desselben bedecken sollen. Bringt man neue Tauben ein, so muß man vor das Flugloch sogenannte Eingewöhnungskäfige hängen, die von der Kammer aus zugänglich sind und in der Form einem Nistkäfig gleichen, aber außen herum mit nicht zu feinmaschigem Drahtgeflecht vergittert sind. Diese Käfige müssen vier bis sechs Wochen an ihrer Stelle bleiben, ehe sich die Tauben eingewöhnt haben. Tiere, die aus der Nachbarschaft stammen, bringt man überhaupt nicht dazu; sie fliegen vielmehr auch nach Monaten stets wieder in den alten Stall zurück.

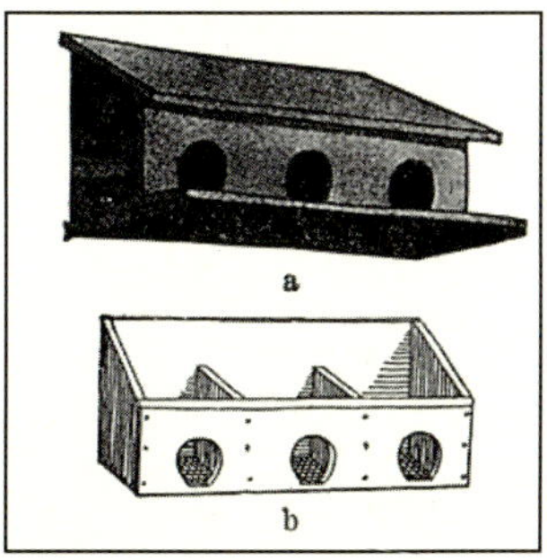

Abb. 211. Taubenhaus für drei Paare.

Es ist nun freilich nicht jedes Hausherrn Sache, einen Taubenschlag der letzterwähnten Art unter seinem Dach zu dulden, denn diese Tiere sind meist sehr von Parasiten geplagt und haben zugleich so scharfriechende Absonderungen, daß ihre Kammer peinlich gegen das übrige Haus abgeschlossen sein muß, wenn sie nicht allen Inwohnern zur Last fallen sollen. Wir wollen deshalb für jene unserer Leser, die ihrem Hausherrn die nötige Erlaubnis nicht abgewinnen können und anderseits einen großen Taubenschlag nach Abb. 198 zu schwierig finden, noch einige leichtere hier in Wort und Bild vorführen. Die ersten drei können an jeder Hauswand mit Hilfe eiserner Haken aufgehängt werden. Beim ersten (Abb. 208 und 209), der für neun Paare Unterkunft gewährt, zeigen die Fluglöcher abwechselnd nach vorn und nach der Seite; unter ihnen sind besondere Anflugbrettchen angebracht. Man erleichtert sich die Arbeit wesentlich, wenn man die senkrechten Bretter durchlaufen läßt und an den entsprechenden Stellen mit Nuten versieht, um dann die Querbretter einschieben zu können. Jedenfalls aber ist darauf zu achten, daß die einzelnen Abteilungen möglichst dicht voneinander abgetrennt sind, was man am sichersten durch Nuten und Falze erreicht. Der Taubenschlag Abb. 210 ist nur für zwei Paare eingerichtet, die übereinander nisten, der dritte (Abb. 211a) für drei Paare nebeneinander. Die innere Einrichtung des letzteren zeigt Abb. 211 b. Jede dieser Einzelbehausungen soll etwa 30 x 30 cm Grundfläche erhalten und 25 bis 30 cm Höhe; das ergibt also für den ersten 30 x 60 x 120 ohne Dach, für den zweiten ebenso 30 x 30 x 60 cm, für den dritten 30 x 90 cm Grundfläche und vorn 25 cm, hinten 30 cm Höhe. Als Material dient wieder dreiviertelzölliges Holz. In Abb. 210 sehen wir den Raum unter dem spitz zulaufenden Dach als Nistplatz für einen gefiederten Sänger mit einem kleineren Flugloch versehen;

Abb. 212. Faß als Taubenschlag.

er ist daher gegen den darunter befindlichen Taubenkasten sauber abzudichten. Weil nun in diesen Schlägen die Tauben gerade vor dem Flugloch liegen, darf man sie nur an sehr geschützter Stelle aufhängen, es sei denn, daß man sich entschließt, vor jedem Flugloch eine Falltür anzubringen und diese gewissenhaft zu öffnen und zu schließen. Besser ist deshalb der Taubenschlag Abb. 212, der aus einem nicht zu großen Faß hergestellt und auf einem besonderen Pfahl aufgerichtet wird. Man teilt das Faß durch eine innere Querwand in zwei Abteilungen und sägt in jeden Boden ein Flugloch. Nach unten zu wird das Faß durch zwei schiefe Pfosten gestützt; das Kreuzholz über ihm dient als Anflugstange. In einem solchen Heim sind die Tauben, in der Tiefe sitzend, wenigstens vor dem direkten Wind geschützt. Etwas schwieriger ist wieder der Taubenschlag

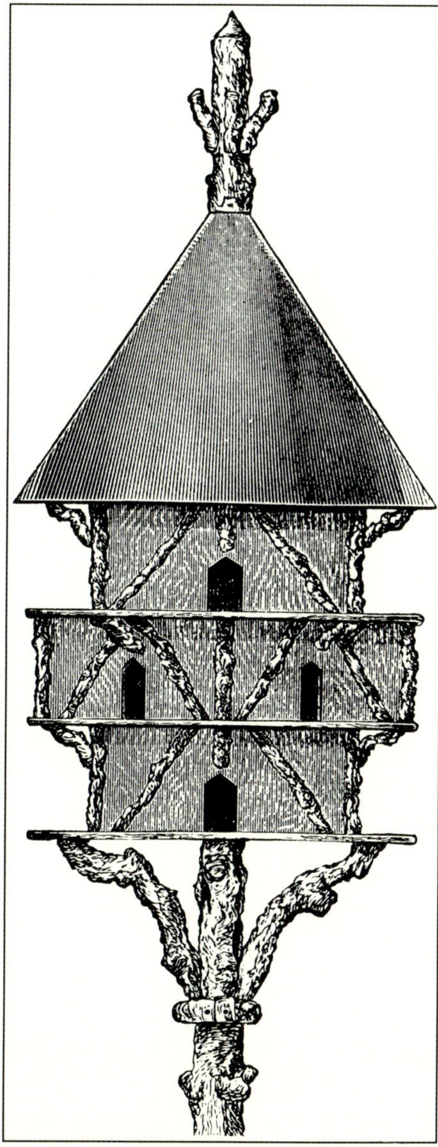
Abb. 213. Taubenhaus mit Naturholzverzierung.

Abb. 214. Gartentor.

Abb. 213; das heißt die einzelnen Stockwerke sind auch wieder nur einfache viereckige Kasten von nicht zu geringen Abmessungen, aber sie sind durch außen aufgenagelte Birkenäste hübsch verziert und gewähren dadurch ein sehr freundliches Aussehen. Das Dach ist in der Form eines ziemlich steilen Kegels aus einem Stück Zinkblech gebogen. Zwei angenagelte Äste dienen unten als Stützen, zwei andere oben als Firstkrönung. Auch bei diesen zuletzt beschriebenen Taubenschlägen sind die Tragpfähle wieder rings 1 m breit mit Zinkblech zu beschlagen.

Wenn wir nun auf den folgenden Seiten auf die Herstellung von Gartenzäunen, Gartenhäuschen und dergleichen eingehen, obwohl diese Arbeiten auf den ersten Anblick über jugendliche Handwerkskunst hinauszugehen scheinen, so lassen wir uns von gewichtigen Beweggründen leiten, die sicher auch die Zustimmung unserer Leser finden werden. Nichts kann nämlich die mehr als dreivierteljährliche überwiegend geistige Betätigung besser wettma-

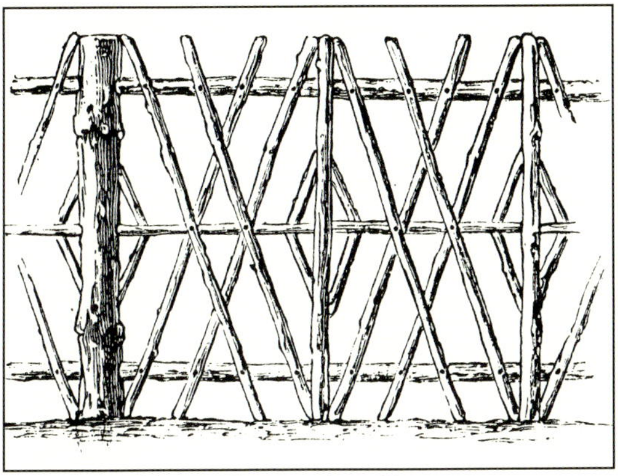

Abb. 215. Muster zu einem Gartenzaun.

chen als derartiges – sagen wir es rund heraus – Zimmerhandwerk, das jeden einzelnen Muskel des Körpers in Anspruch nimmt und dadurch stählt und kräftigt. Man darf freilich nicht gleich am ersten Ferientag bis zum Umfallen rackern, sondern muß sich allmählich an die schwere Arbeit gewöhnen, wenn sie Nutzen stiften soll. Daneben fördert sie die praktische Gewandtheit vielleicht mehr als alles, was wir bisher besprochen haben, und schließlich wäre noch ein nicht unwichtiger Punkt zu berücksichtigen. Die allgemein üblichen Staketenzäune mit ihren senkrechten, schiefen oder einfach gekreuzten Latten, die alle parallel laufen, wirken höchst eintönig und geschmacklos; außerdem wird bei ihnen reichlich Holz verschwendet, weil die abgesägten Enden der Fichtenprügel keine Verwendung finden können. Wenn wir dagegen, sei es, daß ein neuer Zaun errichtet oder ein alter durch einen neuen ersetzt werden soll, den Handwerkern, auch ohne selbst Hand anzulegen, mit unseren Abbildungen zu Hilfe kommen, so wird ein viel hüb-

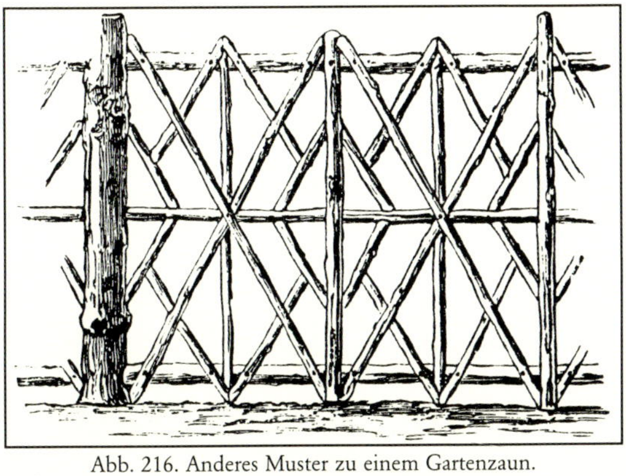

Abb. 216. Anderes Muster zu einem Gartenzaun.

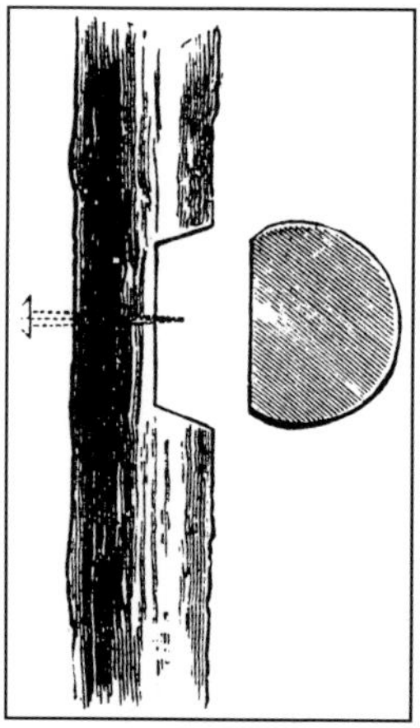

Abb. 217. Überplankung.

scher und lebendiger wirkender Zaun zustande kommen, der obendrein auch die Verwertung kurzer Lattenreste gestattet. Und zu guter Letzt: warum sollen wir nicht mit einigen Kameraden erreichen können, was unserer eigenen schwachen Kraft versagt bleibt?

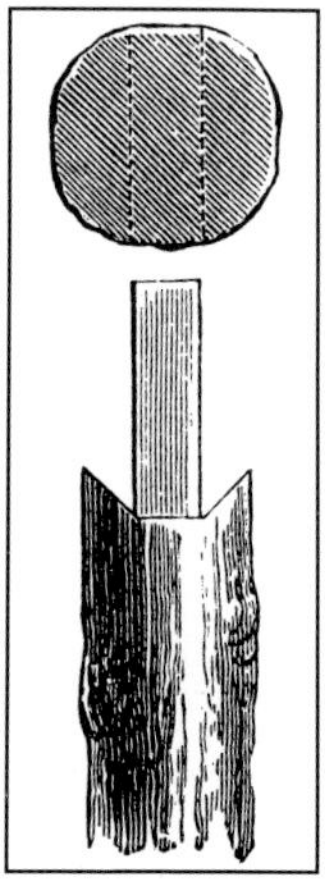

Abb. 218. Einzapfen.

Unsere Abbildungen sollen auch hier wieder nicht zu sklavischer Nachahmung, sondern nur zur Anregung dienen, aus eigener Überlegung heraus Gutes und Dauerhaftes zu schaffen.

Zur Herstellung der *Garteneinfriedung* (Abb. 214 bis 219) braucht man dreierlei Fichtenstämmchen, und zwar die stärksten mit 10 bis 12 cm Durchmesser, die mittleren mit 5 bis 7 cm, die dünnsten mit 3 bis 4 cm. An Werkzeugen sind bloß Beil, Säge, Hammer, Stemmeisen und Bohrer erforderlich, ferner braucht man Nägel von 5 bis 15 cm Länge.

Man bestimmt nun zuerst die Lage des zukünftigen Zaunes mittels einer Richtschnur, schlägt an den Stellen, wo die Pfähle

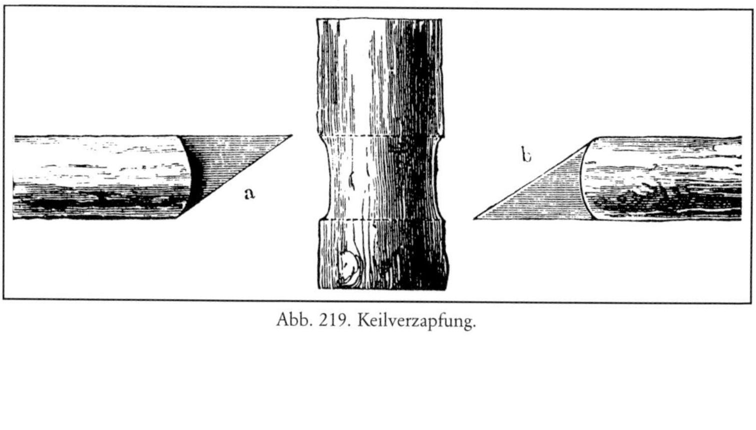

Abb. 219. Keilverzapfung.

hinkommen sollen, kleine Holzpflöcke in den Boden und hebt dann hier die Pfahlgruben aus. Die Zahnpfähle sollen etwa 30 cm, die Torpfähle 50 cm tief gesetzt und die Erde, die mit grobem Kies

Abb. 220. Gartenhaus.

zu mischen ist, rings um sie gut festgestampft werden. Am unteren Ende werden sie, soweit sie im Boden stecken, zum Schutz gegen Fäulnis angekohlt oder wenigstens mit Teer gestrichen. Die Torpfähle erhalten eine Höhe von zwei Meter und werden unten nach

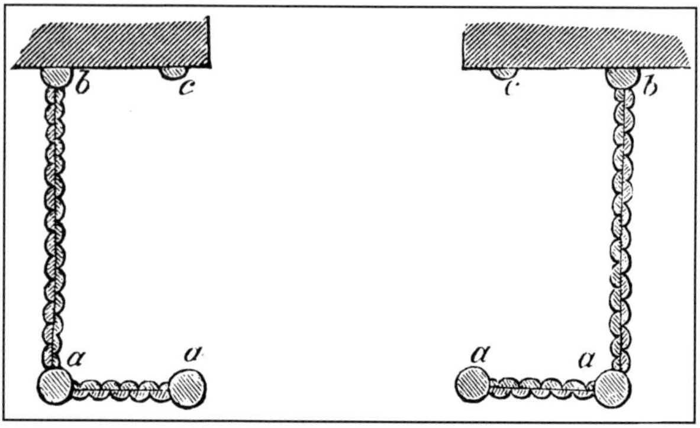

Abb. 221. Grundriß des Gartenhauses.

beiden Seiten durch kürzere Pfähle abgestützt (Abb. 214). Sie können etwa 90 cm auseinander stehen, für den Durchlaß von Wagen müßte man aber natürlich mehr Raum geben. Die oberen Enden der Pfähle verbindet man durch ein doppelt abgesetztes Sprengwerk aus dünneren Stämmen, um das sich später die Ranken von wildem Wein Kletterrosen und anderen Schlingpflanzen winden sollen. Will man eine Tür anbringen, so gibt man ihr die Höhe und das Muster des Gartenzaunes. Die Angeln und das Schloß anzufügen überlassen wir wohl besser dem Schlosser. Die empfehlenswerteste Höhe für den Zaun dürfte 125 cm sein. Die Hauptpfähle können 150 bis 250 cm voneinander abstehen, die dünneren reichen nur bis auf den Boden herab. Die dünnen Latten werden, nachdem sie in der erforderlichen Länge zurechtgesägt sind, einfach auf ihresgleichen oder den stärkeren festgena-

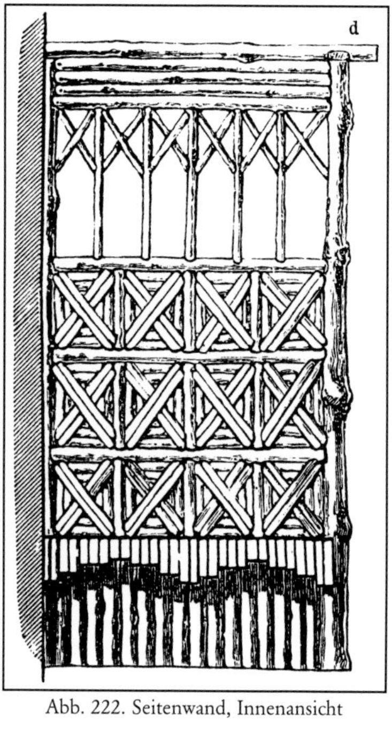

Abb. 222. Seitenwand, Innenansicht

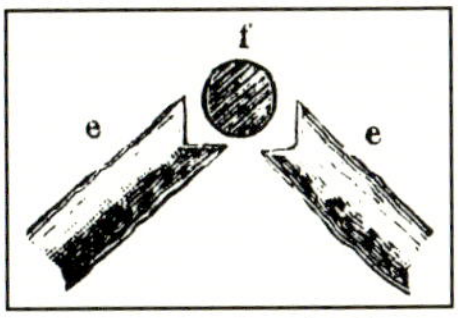

Abb. 223. Firstverbindung

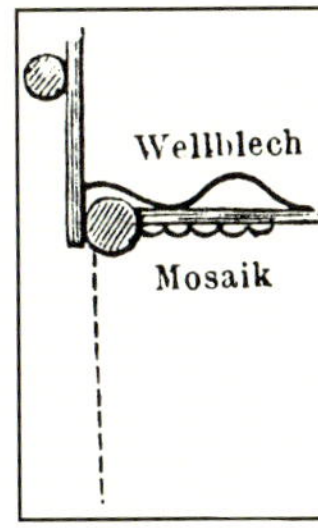

Abb. 224. Dachverkleidung im Durchschnitt.

gelt. Für die mittelstarken Pfosten und die dicken Pfähle muß man sich zu anderen Verbindungen bequemen. Die hauptsächlichsten davon sind auf Seite 154 zu sehen. Begegnen zwei solche Rundhölzer einander kreuzweise, so sägt man sie an der Berührungsstelle schräg auf ein Drittel oder die Hälfte ein, stemmt die Kerben heraus, legt die Hölzer dann ineinander und verbindet sie durch einen starken Nagel (Abb. 217). Stoßen sie T-förmig aufeinander, so stemmt man in das fortlaufende ein durchgehendes Loch von rechteckigem Querschnitt, in welches der Endzapfen des anderen gerade hineinpassen muß (Abb. 218); auch hier sichert ein von der Seite her eingetriebener Nagel die Verbindung. Treten schließlich zwei Enden an einem Mittelholz zusammen, so erhält letzteres wieder das durchgehende Loch, die Endzapfen der beiden anderen aber werden abgesägt (a und b in Abb. 219) und zwar in einem Winkel, der an beiden gleich, jedoch von der Dicke des Mittelholzes abhängig ist. Zur endgültigen Verbindung müssen hier natürlich zwei Nägel eingeschlagen werden.

Abb. 225. Dachmosaik auf der Innenseite.

Nachdem wir uns an dieser einfacheren Arbeit genügend geübt haben, können wir wohl auch die Erbauung eines hübschen *Gartenhauses* (Abb. 220) versuchen. Man errichtet es am besten vor der Tür, die aus dem Haus in den Garten führt, weil man dann auch an Regentagen ein Weilchen an der frischen Luft zubringen kann, ohne durchnäßt zu werden. Natürlich hindert uns aber nichts, es an jeder beliebigen anderen Stelle oder auch freistehend aufzubauen, in welchem letzteren Fall man dann noch eine den Seitenwänden entsprechende Rückwand anzufügen hätte. Die Höhe bis zum Beginn des Daches beträgt etwa 2 cm, den Grundriß sehen wir in Abb. 221, deren Maße wir nur mit 30 zu multiplizieren brauchen, um den wirklichen Maßstab zu erhalten. Die großen Pfähle (a) sind wie beim Gartentor angekohlt und etwa 50 cm in den Boden versenkt, die Pfähle b und c halbiert und mit eisernen Krampen an der Mauer befestigt. Die Pfähle c reichen als Bankstützen nur etwa 45 cm über den Boden empor, a und b dagegen 200 cm, wie schon angegeben. Zwischen diesen Pfählen (a–a und a–b) werden nun aus halbzölligen Brettern Wände eingefügt, die ungefähr 130 cm Höhe erhalten. Auf diese nagelt man dann außen und innen halbierte Rundhölzer, abwechseln Birke und Fichte, und zwar mosaikartig, wie es in der Abb. 222 zu sehen ist. In den oben freibleibenden Raum kommt ein Gitterwerk, gleichfalls aus Latten, und darüber vier aufeinanderliegende Querhölzer, über diese endlich als Verbindung der oberen Pfostenenden ein starkes Rundholz d, das nach vorn ein wenig vorspringt und mit den senkrechten Pfählen verzapft wird. Die beiden Sitzbänke im Innern fertigt man aus dreiviertelzölligem glattgehobeltem Holz. Nun kommt das Dach an die Reihe. Man nagelt auf d mehrere Rundhölzer e, die nach oben schief zusammenlaufen und dort zu beiden Seiten des Firstpfostens f fest-

Abb. 226. Gartentisch.

genagelt werden (Abb. 223). Über diese schiefen Streben kommt ein dünnes Bretterdach, das man im Innern wieder mit halbierten Fichten- und Birkenstangen nach Abb. 225 verzieren kann. Außen wird es mit Dachpappe verkleidet oder noch besser mit Wellblech (Abb. 224, die ein Stück des Daches im Durchschnitt zeigt), was

Abb. 227. Gartenbank.

freilich teurer zu stehen kommt. Will man das Gartenhaus mit Schlingpflanzen umgeben, was ja sehr beliebt ist, dann bringt man über diesem festgefügten Dach noch in 10 bis 12 cm Entfernung ein Holzgitterwerk an, wie es die Abb. 220 veranschaulicht.

Bei allen diesen Gartenbauten haben wir nur gerade Hölzer verarbeiten brauchen. Wollen wir dagegen Gartentische, Bänke und dergleichen selbst anfertigen, dann bringen wir mit Vorteil auch sogenanntes Krummholz zur Verwendung, vor allem die sehr hübsch aussehenden Birkenäste von 3 bis 5 cm Durchmesser. Die Abb. 226 zeigt einen *Gartentisch* der erwähnten Art. Der gerade

Abb. 228. Hoher Pflanzenkübel.

Mittelpfahl wird durch die beiden unteren Krummhölzer aufrecht erhalten; seine Höhe bis zur Tischplatte mag etwa 75 cm betragen. Letztere, 100 x 50 cm groß und an den Ecken abgestutzt, wird aus halbzölligen Brettern gefertigt und dann auf der Oberseite mit einem Lattenmosaik benagelt, wie wir es auch schon beim Gartenhaus zur Anwendung gebracht sahen. Die vier abstehenden Krummhölzer unter der Tischplatte dienen dieser als Stütze; die Verbindung der einzelnen Teile erfolgt durch Nägel und Schrauben.

Etwas mehr Arbeit macht die *Gartenbank* (Abb. 227), schon weil wir des hübscheren Aussehens wegen rechts und links stets möglichst symmetrisch geformte Prügel verwenden müssen. Die Höhe bis zum Sitz beträgt 45 cm, die der Rücklehne bis zum oberen waagrechten Holz das Doppelte, die Länge der Sitzfläche 120 cm, deren Breite 40 bis 50 cm. Diese Sitzfläche wird nicht aus Krummholz, sondern aus glattgehobelten halbzölligen Leisten von 5 bis 10 cm Breite und mit je 3 bis 5 mm Zwischenraum zu-

Abb. 229. Breiter Pflanzenkübel.

sammengefügt. Statt der beinahe geraden Armstützen verwendet man besser geschwungene nach Art von A der Abb. 227; das gleiche gilt von den seitlichen Trägern der Sitzplatten. Zu allen bisher erwähnten Arbeiten für den Garten braucht man keine Farben, weil stets die Rinde an den Hölzern belassen wird; erst die Sitzlatten der Bank erhalten wieder einen Anstrich.

Die Abfälle von Rund- und Krummholz, die uns von diesen Arbeiten geblieben sind, können wir sehr nützlich dazu verwenden, den großen *Gartenkübeln* ein hübsches Aussehen zu geben. Die Anfertigung dieser Behälter selber ist natürlich Sache des Faßbinders. Ein hoher schmaler wird z.B. nach Abb. 228 außen mit halbierten geraden Leisten benagelt, dann auf ein dickes achteckiges Brett geschraubt und mit kurzen gebogenen Hölzern als Füßen ausgerüstet. Auf breiten niedrigen Kübeln bringt man zierliche Ornamente von Mäanderform an, die aus kurzen halbierten Latten oder flachen Leistchen mit rechtwinkligem Querschnitt bestehen; Muster dafür sieht man in Abb. 229 auf dem Kübel selbst sowie darüber bei A und B. Die seitlich angeschraubten krummen Hölzer dienen sowohl als Handgriffe zum Tragen wie zur Zierde. Einen viereckigen Pflanzenkasten, wie ihn die Abb. 230 veranschaulicht, können wir dagegen wohl ganz selber zimmern. Der innere Kasten besteht aus dreiviertelzölligen, am besten harten Brettern, die äußeren Verzierun-

Abb. 230. Viereckiger Pflanzenkasten.

gen bilden wieder dicke und dünne Rundhölzer. Die Fußpfosten sind, soweit sie am Kübel entlang laufen, halbiert, so daß sie die Last nicht nur seitlich, sondern auch von unten her tragen. Bei dem runden Kübel Abb. 231 endlich, dessen Füße aus kräftigen Krummholzstücken bestehen, sehen wir neben dem Holz noch halbierte Zapfen zur Verzierung verwendet, was sich gleichfalls sehr hübsch ausnimmt. Diese Kübel werden innen mit Ölfarbe gut gestrichen sowie auch außen überall dort, wo nicht die Rinde auf den Hölzern belassen ist.

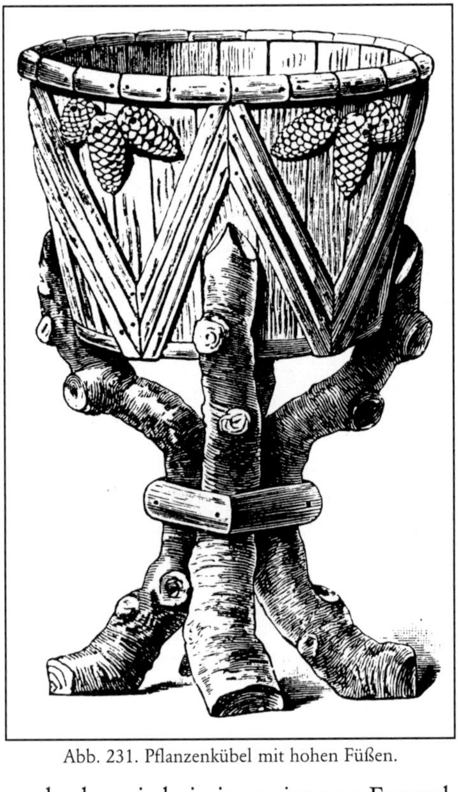

Abb. 231. Pflanzenkübel mit hohen Füßen.

In den meisten Gärten gibt es ferner eine Stelle zum Wasserschöpfen. Fließt das Wasser dort beständig, so kann man sie, statt sich mit einem einfachen steinernen oder hölzernen Trog zu begnügen, mittels Steinen, Tuffbrocken und Zement in verschiedentlich geformte *Felsgruppen und Grotten* umwandeln. Die Abb. 232 zeigt ein solches Kunstwerk, das wir bei einem jungen Freund sahen. Er hatte einen kleinen Wasserlauf oberhalb des Gartens abgefangen und mittels einer Holzrinne von rückwärts zu seiner Alpenlandschaft geleitet, die in ihrer höchsten Erhebung etwa 1 $^1/_2$ m über den Erdboden aufragte. Hier floß das Wasser erst in einem engen Tal unter einer Brücke zwischen zwei Felsen durch, von denen der eine ein kleines

Abb. 232. Felsengruppe für den Garten.

Schweizerhaus trug, stürzte dann mit Zischen und Sprudeln über mehrere Felsnasen hinab und bildete unten einen kleinen Weiher mit zierlichen Buchten, in dem sich einige Dutzend Goldfische tummelten. Die Schneefelder der Alpenwelt waren mit viel Geschick durch einen weißen Ölfarbanstrich nachgeahmt; man kann aber in die Winkel der Steine auch Erde einfüllen und darin Farne, Erdscheiben, Vergißmeinnicht und viele andere Pflanzen ansiedeln. Steht einem so reichlicher Zufluß von Wasser nicht zur Verfügung, um eine Kaskade zu bilden, dann baut man lieber eine Grotte, von deren Wölbung das Wasser mit anheimelndem Glucksen herabträufelt.

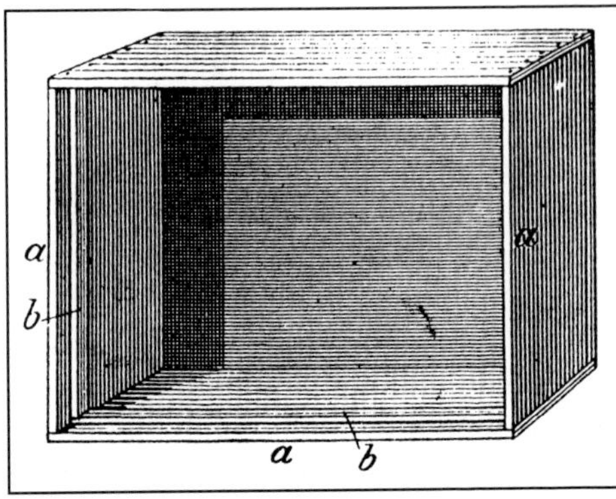

Abb. 233. Kasten für Transparente.

Ist nun die Einrichtung unseres Gartens so weit gediehen, scheint es wohl an der Zeit, ihn durch ein kleines Fest mit Lampionen, Transparenten und einigem unschuldigen Feuerwerk einzuweihen. Letzteres ist unbedingt fertig zu kaufen, denn seine Herstellung birgt gar zu große Gefahren für Ungeübte. *Transparente* aber und *Lampione* fallen wieder in das Gebiet unserer eigenen Geschicklichkeit.

Abb. 234. Befestigung des Transparentrahmens.

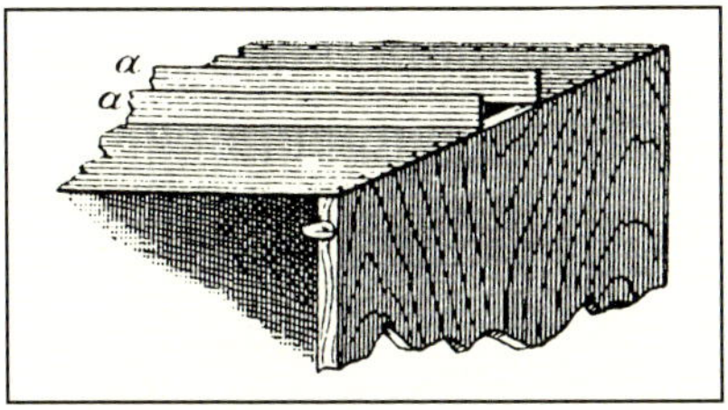

Abb. 235. Spalt im Kastendeckel.

Zu ersteren eignet sich jede genügend große Kiste, deren Tiefe sich jedoch zwischen 10 und 20 cm bewegen sollte. Wir entfernen die Vorderseite, nageln an ihrer Stelle das Transparentbild auf, stellen einige brennende Kerzen ins Innere, und das Kunstwerk scheint fertig zu sein. Nur gemach, gar so leicht geht es doch nicht! Vor allem ist es von großem Vorteil, wenn man die Transparente auswechseln kann. Wir nageln zu diesem Zweck zunächst auf der Innenseite der Wände a (Abb. 233), und zwar 1 cm vom Außenrand entfernt, schmale Leisten b auf. Dann fertigen wir aus 1 cm dicken und 2 cm breiten Leisten eine beliebige Zahl Rahmen, die vorn in die Kiste so hineinpassen, daß sie auf den Leistchen b aufstehen und ihr Vorderrand mit dem der Kiste in eine Fläche zu liegen kommt. Die Fugen zwischen Rahmen und Kiste sollen möglichst lichtdicht sein. Auf die vorderen Ränder der Kiste setzen wir dann mittels Schrauben einige hölzerne Vorreiber (Abb. 234), um die Rahmen festzuhalten. Auf die Rahmen sind schließlich die Transparentbilder aufzuleimen oder aufzunageln. Zur Beleuchtung verwendet man, falls kein elektrisches Licht zur Verfügung steht, am besten kleine Kerzen, wie sie auch den Christbaum schmücken. Wenn sie aber längere Zeit brennen sollen, müssen wir für die Zufuhr frischer Luft und die Abfuhr der verbrauchten sorgen. Ersteres geschieht durch einige Löcher von 1 cm Durchmesser, die wir in den Boden der Kiste bohren. Für letzteres bringen wir einen blechernen Aufsatz an, der zugleich verhindert, daß etwa das Holz oberhalb der Flammen

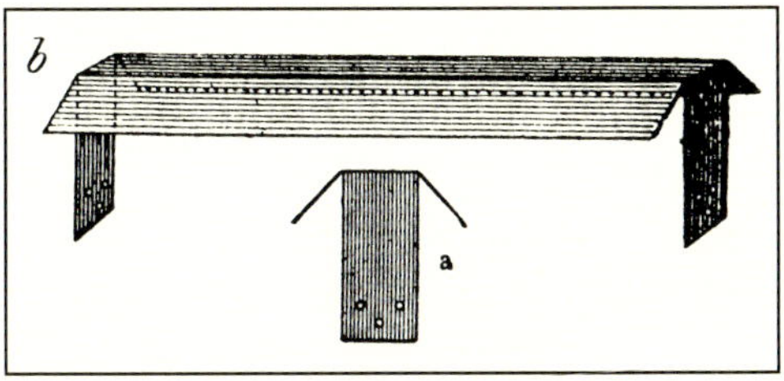

Abb. 236. Blechdach.

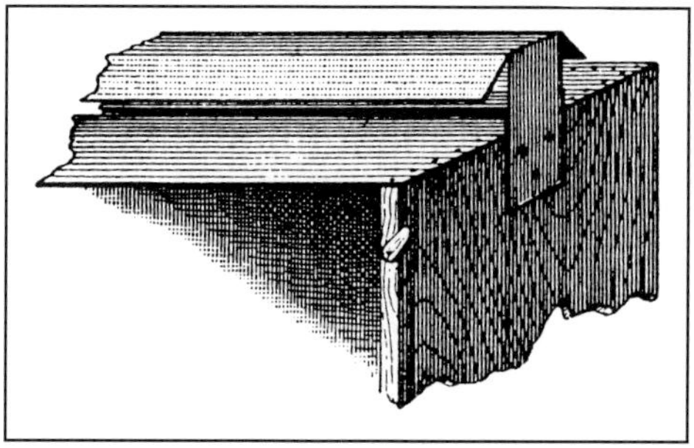

Abb. 237. Deckelspalt mit Dach.

ankohlt oder gar anbrennt. Wir sägen in den Deckel der Kiste der ganzen Länge nach einen Spalt von etwa 5 cm Breite. Dann schneiden wir aus dünnem Weißblech zwei Streifen, so lang wie die Kiste und ungefähr 10 cm breit, biegen sie entlang der Halbierungslinie rechtwinklig um und schieben sie von unten her durch den Spalt, daß die Enden (a–a in Abb. 235) über diesen hinausragen. Sie werden auf der Innenseite der Kiste mit einigen kurzen Stiften festgenagelt. Außen kommt über den Spalt ein ebenfalls aus Blech gefertigter Aufsatz, den die Abb. 236 bei a von der Seite, bei b in der Draufsicht zeigt. Mit den senkrechten Seitenlappen wird er rechts und links an der Kiste angeschraubt. Der Spalt samt Aufsatz hat nun das Aussehen von Abb. 237. Die Kerzen sind im Innern so anzubringen, daß sie gerade unter dem Spalt stehen. Man kann sie wohl auch einfach auf den Boden kleben, erreicht dabei aber nur eine mangelhafte Beleuchtung des Transparentes. Besser ist die Anordnung der Abb. 238. Stehen zwei Kerzen übereinander (links), dann muß der Draht der oberen seitlich ausgebogen werden, damit er nicht glühend wird. Empfehlenswerter ist es jedoch, die oberen Kerzenhalter in die Rückwand einzufügen, wie es rechts zu sehen ist. Für die Transparente selber eignet sich am besten starkes Zeichenpapier, das man auf der Außenseite mehrmals mit Tusche anstreicht;

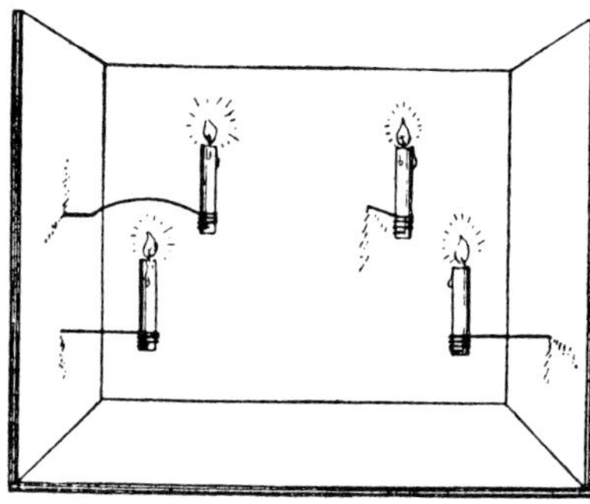

Abb. 238. Verteilung der Kerzen.

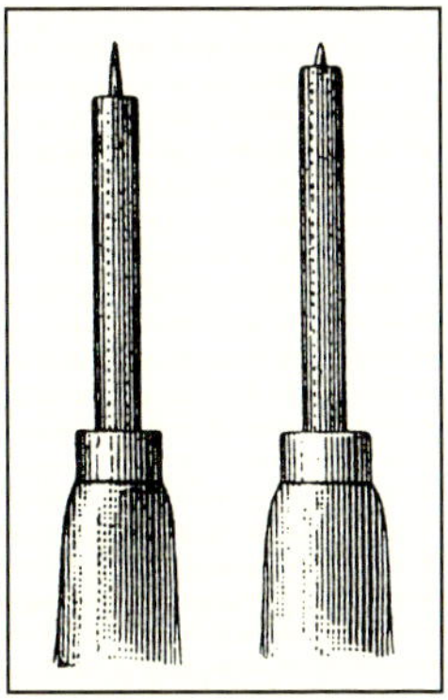

Abb. 239. Ahlen mit Korkhülsen zum Einstechen der Löcher.

aber auch nicht zu starker Karton (sogenannte Patronenpappe) läßt sich gut verwenden. Die einfachste Herstellung der Ornamente geschieht so, daß man sie durch Reihen eingestochener Löcher andeutet. Indem man diese Löcher bald kleiner, bald größer macht, und sie bald enger, bald weiter nebeneinander setzt, kann man recht hübsche Reliefwirkungen erzielen. Damit diese Löcher stets nach Wunsch ausfallen, schiebt man über die zum Einstechen verwendeten Ahlen Röllchen aus Kork (Abb. 239). Je weiter die Spitze aus dem Kork herausschaut, desto größer wird das Loch ausfallen. Man kann aber auch die Buchstaben, Antiqua oder Fraktur, aus dem Karton herausschneiden und das Transparent dann mit dünnem Seidenpapier hinterkleben, damit die Innenseite vieler Buchstaben, z.B. B und O, nicht herausfallen. Durch das Seidenpapier erreicht man zugleich eine gleichmäßigere Beleuchtung des Transparentes; ferner kann man sehr hübsche Farbenwirkungen durch Verwendung von buntem Seidenpapier erzielen. Handelt es sich um einen Spruch, so wird man die Anfangsbuchstaben gelb, die übrigen rot, die Verzierungen und Schnörkel blau hinterkleben. Welche reizenden Effekte man schließlich durch die Vereinigung beider Techniken, Lochen und Ausschneiden, hervorrufen kann, dafür sehen wir ein gutes Beispiel in der Abb. 240.

Abb. 240. Transparentbuchstabe.

Auch die Herstellung von Lampionen (Abb. 241) ist nicht übermäßig schwierig. Wir schneiden zunächst aus starkem Karton drei halbe Kreisringe. Der eine zeigt eine Öse (oben), der andere einen schmalen Lappen (unten), der dritte einen halbrunden Vorsprung nach innen zu, auf den man später den Kerzenhalter schiebt. An den Enden werden sie mit einem Bindfaden locker zusammengeknüpft, so daß man sie nach Belieben auf- und zudrehen kann. Nun mißt man mit einer Schnur den Außenumfang eines solchen Halbringes ab, schneidet in dieser Breite und der doppelten Länge ein Seidenpapier zurecht und biegt es in 10 bis 15 parallel verlaufende Falten. Dann sucht man sich einen Topf aus, dessen Halbmesser dem Inneren eines unserer Halbkreisringe gleicht, und biegt über diesen, von Zentimeter zu Zentimeter einknickend, das gefaltete Papier zu einem Halbrund, das dann mit seinen äußersten Falten auf je einem Halbring aufgeleimt wird. Wir brauchen also zu jedem Lampion zwei Seidenpapierkränze. Der Kerzenhalter ist ein rund zusammengebogenes Stück Weißblech, das am unteren Ende mit der Blechschere zwei Einschnitte zum Aufschieben auf den inneren Kartonlappen erhält. Wenn wir nun die beiden äußeren Halbringe aufeinander bringen, wölbt sich das zusammengefaltete und geknickte Seidenpapier zu einem kugelförmigen Lampion, den wir schließen, indem wir den äußeren Lappen in die Öse des anderen Halbrings schieben.

Abb. 241. Selbstgemachter Lampion.

Was nun die eigentlichen Gartenarbeiten anbelangt, so müssen wir wieder auf die einschlägigen Werke über Gartenbau und Obstbaumpflege verweisen, denn diese Gebiete bilden eine Wissenschaft für sich, die gründlich studiert sein will. Nur dem *Veredeln der Pflanzen* seien einige Seiten hier gewidmet. Statt nämlich planlos durch den Garten zu irren und Grillen zu fangen oder lose Streiche auszuhecken, kann man die freie Zeit viel besser verwerten, indem man die Zier- und Nutzgewächse veredelt. Ein Edelreis aufzusetzen nimmt nur wenige Minuten in Anspruch, man braucht dazu keine großen Vorbereitungen zu treffen noch besondere Kleidung anzulegen; buchstäblich „im Vorübergehen" kann man das Aussehen, beziehungsweise das Erträgnis des Gartens in einem Jahr um ein gut Teil heben.

Abb. 243. Abheben eines Auges.

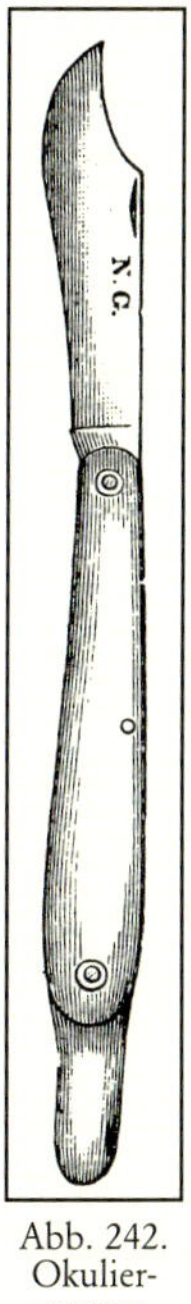

Abb. 242. Okuliermesser.

Als das leichteste sei zunächst das Okulieren besprochen, das besonders für Rosen und bei ihnen fast ausschließlich zur Anwendung kommt. Um gute Wildstämme (Unterlagen) zu erhalten, gräbt man im Herbst einen gewöhnlichen wilden Rosenstock (Hundsrose) an einer Hecke aus, zersägt den knorrigen Wurzelstock in so viele Teile, als schlanke kräftige Triebe aus ihm hervorgehen, und pflanzt diese einzeln in den Garten. Im nächsten Sommer hat jeder dieser Triebe selbständig gut Wurzel geschlagen und kann als Unterlage dienen. Besser tut man

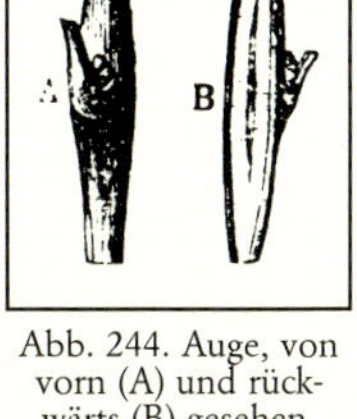

Abb. 244. Auge, von vorn (A) und rückwärts (B) gesehen. Aus „Gauchers Handbuch der Obstkultur".

freilich, aus Samen gezogene Unterlagen aus einer guten Baumschule zu kaufen; sie sind nicht teuer. Die geeignetste Zeit fürs Okulieren währt vom Juli bis Mitte September. Zu der einfachen Arbeit eignet sich jedes Taschenmesser, doch sollte man die geringe Ausgabe für ein richtiges Okuliermesser (Abb. 242) nicht scheuen; sie macht sich reichlich bezahlt, weil damit alles, Schneiden, Abheben usw. viel schneller geht und die Edlinge infolgedessen sicherer anwachsen. Unter „Auge" (oculus) versteht man die Triebknospe, die sich an der Ansatzstelle des Blattes zwischen dem Blattstiel und dem Zweig bildet. Wählen wir eine von einem abgeblühten Zweig in der Nähe einer Blüte, so erhalten wir aus ihr einen reichblühenden Zweig auf dem Wildling; soll jedoch die Krone eines Bäumchens durch einen neuen Ast ergänzt werden, der erst im zweiten oder dritten Jahr Blüten zu treiben braucht, so nehmen wir ein Auge von der Basis eines Zweiges, der allerdings noch jung sein muß, damit sich das Auge gut ablöst. Wir kneipen nun den Blattstiel kurz ab und trennen dann das Auge nach Anleitung der Abb. 243 mit einem raschen Schnitt vom Edelzweig. Es hat nun das Aussehen von Abb. 244. Der Schnitt kann natürlich auch von unten nach oben geführt werden, es kommt nur auf die Glätte der Schnittfläche und die Schnelligkeit der übrigen Manipulationen an. Sodann machen wir auf der Unterlage (A in Abb. 245 I) in die Rinde einen T-förmigen

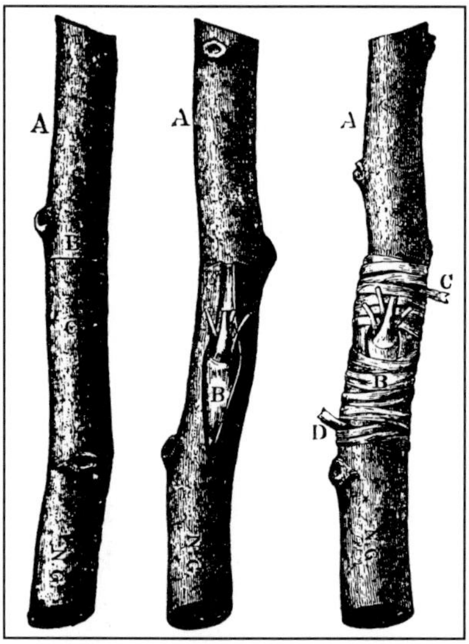

Abb. 245. Einsetzen eines Auges.
Fig. I. Der T-förmige Einschnitt; B der Quer-, C der Längsschnitt.
Fig. II. Stämmchen A mit dem eingesetzten Auge B.
Fig. III. A der okulierte Stamm, B der Verband, C der Anfang, D der Schluß des Verbandes.
Aus „Gauchers Handbuch der Obstkultur".

Einschnitt (B und C; er kann auch umgekehrt gemacht werden), der bis aufs Holz gehen muß, lösen die Rinde mit der Spachtel des Okuliermessers ab und schieben das Auge darunter (Abb. 245 II), worauf wir es mit einem Wollfaden oder mit Raffiabast festbinden, jedoch so, daß das Auge selber freibleibt (Abb. 245 III). Schneiden wir nun den Zweig ein oder zwei Augen oberhalb der okulierten Stelle ab, so erhalten wir unter günstigen Umständen noch im selben Jahre aus dem Auge eine Blüte; man nennt das aufs „treibende Auge" veredeln. Weil aber derart behandelte Edlinge großenteils im folgenden Winter wieder austrocknen, ist die Methode des „schlafenden Auges" empfehlenswerter. Nach dieser schneiden wir erst im Oktober alles Überflüssige oberhalb des eingesetzten Auges ab, biegen das Bäumchen im November nieder und bedecken es mit Erde. Sobald wir es dann im folgenden Frühjahr wieder aufrichten, schlagen fast alle Augen kräftig aus.

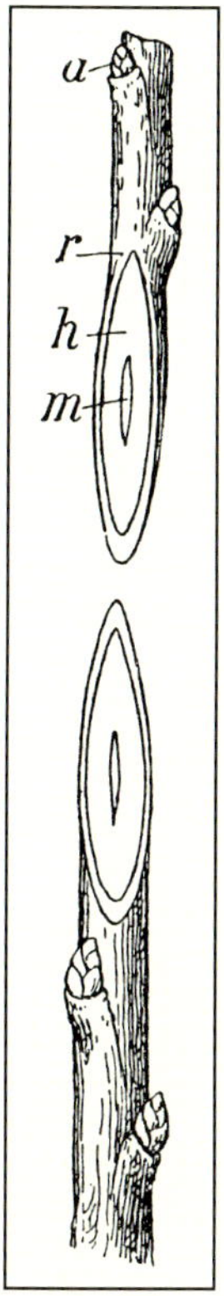

Abb. 246. Kopulierschnitt. a Auge, r Rinde, h Holz, m Mark.

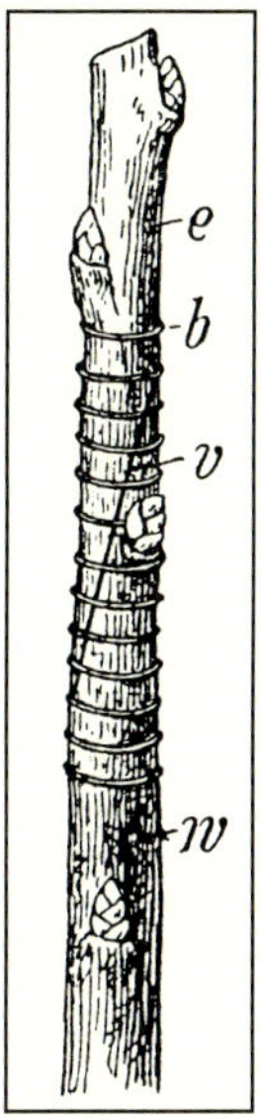

Abb. 247. Pfropfreis und Unterlage verbunden. e Edelreis, b Wolle od. Raffiabast, v Schnittfläche, w Unterlage.

Das Wesen dieses Veredelns besteht in folgendem. Zwischen Rinde und Holz gibt es eine dünne Schicht, Kambium genannt, ein Gewebe pflanzlicher Zellen, durch deren Teilungen der fortgesetzte Dickenzuwachs eines Stammes oder einer Wurzel bewirkt wird. Bringen wir in den Bereich dieser Kambiumschicht ein Edelauge, so wird dieses, falls die Pflanze richtig in Saft steht (z.B. im Februar und im Juli bis September), vom Kambium rasch mit einer Schicht neugebildeter Zellen umgeben, die bewirken, daß Unterlage und Edling fest miteinander verwachsen, vorausgesetzt, daß die Wunde weder zu feucht noch zu trocken wird. Deswegen wird sie eben mit Wolle verbunden, und wo es not tut, noch mit Baumwachs zugestrichen; das Auge muß aber auf alle Fälle frei bleiben. Auch erhellt aus Vorstehendem, daß es nicht darauf ankommt, ob Rinde auf Rinde oder Holz auf Holz liegt, sondern das Kambium der

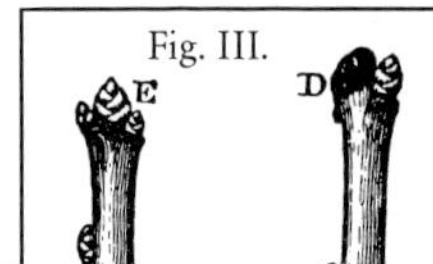
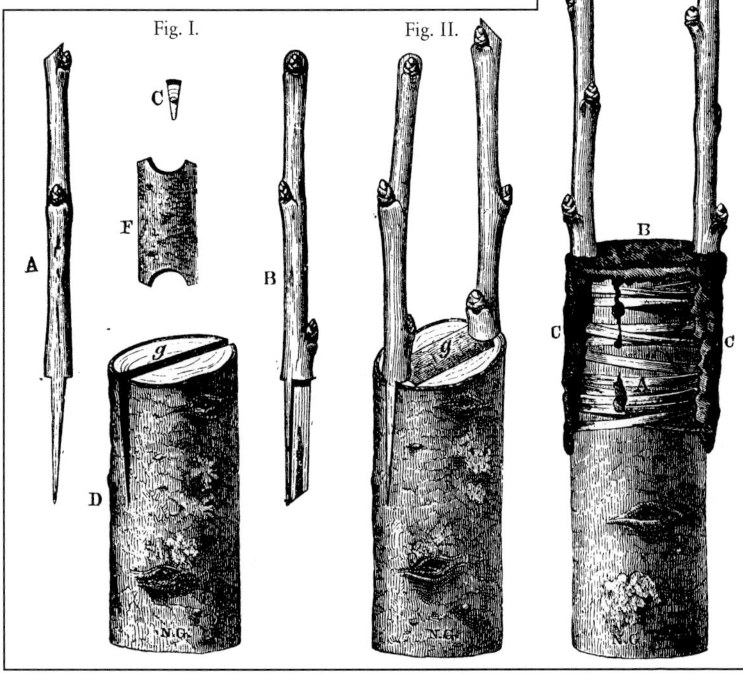

Abb. 248. Das Spaltpfropfen.

Fig. I. A Edelreis von vorn, B von der Seite, C die Form, welche der zugespitzte Teil des Edelreises nach innen haben soll, D die in g gespaltene Unterlage, F Rindenstreifen. Fig. II. g Der zwischen den Edelreisern eingelegte Rindenstreifen. Fig. III. A Verband, C B C Baumwachs, D geschnittenes Edelreis, E Edelreis mit Endknospe.

Aus „Gauchers Handbuch der Obstkultur".

Unterlage muß sich mit dem Kambium der Edelreises berühren, wenn wir einen Erfolg erzielen wollen. Deshalb entfernen auch geschickte Veredler die dünne Holzschicht auf der Innenseite des Auges und schieben nur das Rindenstückchen unter den T-Schnitt.

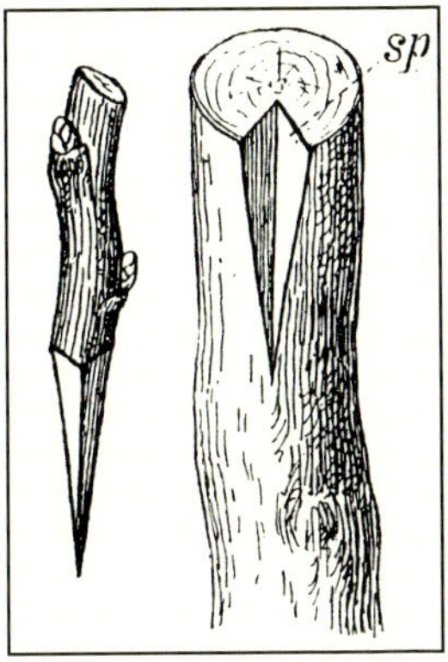

Abb. 249. Keilpfropfen. sp keilförmiger Ausschnitt im Wildstamm.

Anfängern wollen wir aber nicht dazu raten, weil dabei an dem Holz leicht ein kleines, aus dem Auge stammendes Gefäßbündel sitzen bleibt und das Auge dann zwar anwächst, aber nie einen Zweig treibt. Man kann übrigens schon nach vier Wochen prüfen, ob das Auge angewachsen ist. In diesem Fall springt das Restchen des Blattstieles bei leichtem Druck von selber ab; haftet es dagegen fest, so ist das Auge eingetrocknet und wir müssen dann schleunigst noch einmal veredeln oder bis zum Frühjahr warten, um zu kopulieren, welche Veredlungsart wir später beschreiben werden.

Wie erwähnt, eignet sich das Okulieren besonders für Rosen, doch wendet man es mit Vorteil auch bei allen anderen Holzarten an; nur muß man darauf achten, daß sie gerade in vollem Saft stehen, daß sich also die Rinde ohne jede Schwierigkeit lösen läßt. Am frühesten ist dies bei der Roßkastanie der Fall (Ende Juni), auf die man dann die rotblühenden Arten setzt. Im Juli folgen Pfirsich, Mandel, Aprikose und Pflaume, für die man als Unterlage die St. Julienpflaume verwendet. Danach

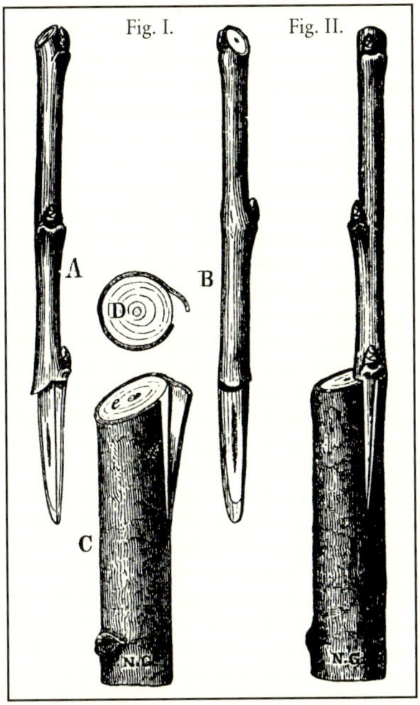

Abb. 250. Pfropfen zwischen Holz und Rinde. Fig. I. A u. B Die Edelreiser von vorn und von der Seite, C der Stamm, D zeigt, wie die Rinde zu lösen ist. Fig. II. Das eingesetzte Edelreis.
Aus „Gauchers Handbuch der Obstkultur".

kommt das Kernobst an die Reihe wie Birne, Quitte, Mispel, Weißdorn und andere; für Birnen kann man als Unterlage außer Birnwildlingen auch Quittenstämmchen verwenden, besonders wenn man Zwergobst erzielen will. Noch später eignen sich Ahorn, Goldregen, Ulme (August), endlich Kirsche (auf Weichsel), Apfel und Flieder zur Veredlung. Wie man sieht, kann also fast jede Holzart durch das Einsetzen frischer, kräftiger Augen zu neuer Blüte und neuer kräftiger Entwicklung gebracht werden. Bei nicht Frucht tragenden Sorten wendet man das Okulieren an, um an kahlen Stellen, die dem Blick in sonst gefüllten Kronen unliebsam auffallen, junge starke Äste hervorzurufen.

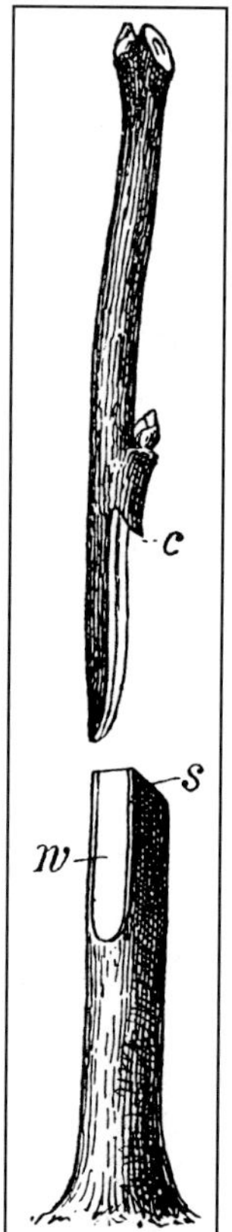

Abb. 251. Einfaches Sattelschäften, die Schnittflächen.

Für Obstbäume gibt es nun noch eine Anzahl andere Veredlungsarten, die man von Fall zu Fall mit größerem Vorteil zur Anwendung bringt. Nehmen wir an, es handle sich um eine dünne, schlank aufgeschossene Wildrute. Wir verschaffen uns zunächst eine Anzahl Edelreiser von einer guten Obstsorte beim Gärtner. Man pflegt sie etwa 50 cm lang abzuschneiden und steckt sie mit der Schnittfläche im Keller in Sand, der stets feucht zu halten ist. Zeitig im Frühjahr schneidet man dann den Wildling an einer Stelle, die genau so dick ist wie das Edelreis, schief ab (Abb. 246), desgleichen das Edelreis am unteren Ende. Diese Schnitte müssen möglichst genau aufeinander passen und besonders Kambium auf Kambium zu liegen kommen. Dann bringt man sie aufeinander, verbindet sie nach Abb. 247 und schneidet das Edelreis zwei bis drei

Abb. 252. Einfaches Sattelschäften, Reis und Unterlage aneinandergepaßt.

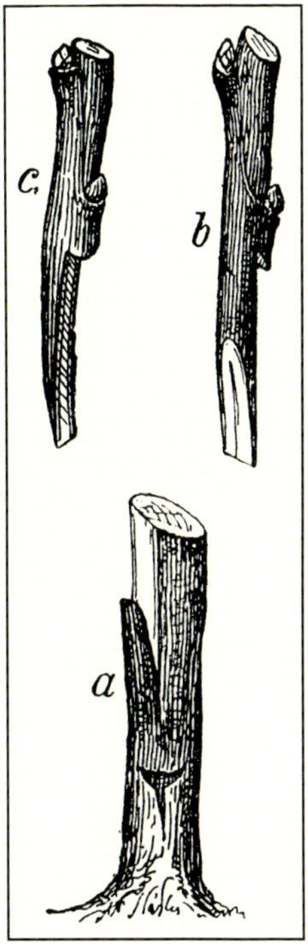

Abb. 253. Doppeltes Sattelschäften, die Veredlungsflächen. a Unterlage, b Edelreis von außen, c von innen gesehen.

Augen oberhalb der wunden Stelle ab. Letztere muß schließlich gut mit Baumwachs verstrichen werden. Die beste Zeit für die Veredlung ist der April, während das Edelreis schon im Winter hergerichtet wird. Man kann auch hier wieder z.B. Apfel auf Birne zum Anwachsen bringen, ferner Birne auf Quitte, Flieder auf Esche und dergleichen mehr.

Es wird uns nun nicht immer gelingen, Edelreiser vom gleichen Durchmesser der Wildlinge zu erhalten; doch auch da gibt es Auswege. Setzen wir z.B. ein Wildstämmchen von 2 bis 4 cm Durchmesser voraus. Wir sägen es in 150 bis 200 cm Höhe ab und entfernen alle Äste unterhalb dieser Stelle. Natürlich kann der Stamm im Notfall auch nur eine Handbreit über dem Erdboden abgesägt werden. Die Wunde wird nun mit dem Messer gut geglättet, der Stamm oben gespalten (Abb. 248 Fig. I D) und hier vorläufig ein kleiner Keil eingetrieben, worauf man an den beiden Außenrändern (Kambium auf Kambium!) je ein Edelreis einsetzt, das in der Form von A und B geschnitten ist. Man sehe hier peinlich darauf, daß möglichst wenig Zwischenraum zwischen Stamm und Reis bleibt, damit keine Feuchtigkeit eindringen kann. Aus dem gleichen Grund legt man auf den offenen Spaltteil ein genau zugeschnittenes Stückchen Rinde (F in Fig. I und g in Fig. II), bindet den Stamm fest zusammen und überstreicht die

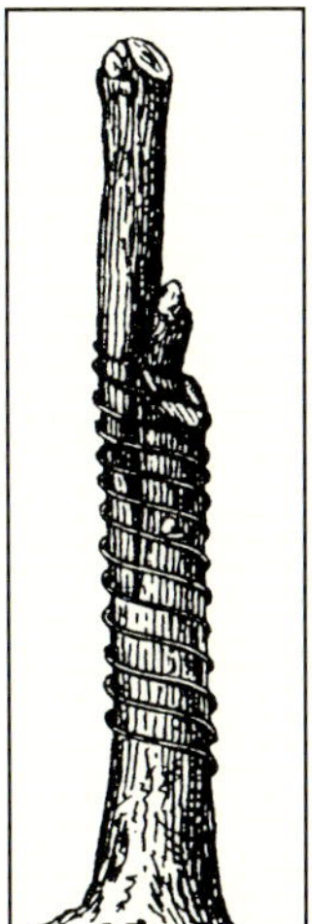

Abb. 254. Doppeltes Sattelschäften, Unterlage und Edelreis verbunden.

Wunde sorgsam mit Baumwachs, wie es in Abb. 248 Fig. III veranschaulicht ist. D ist in dieser Figur ein Reis, das nach dem Anwachsen gleich Seitenzweige, also eine Krone, treibt, E dagegen ein Reis mit Endknospe, das man beim „Spalttropfen“ in der Nähe des Bodens verwendet, weil dieses Endauge geradeaus weitertreibt und mit der Zeit einen hübschen Hochstamm bildet. Man kann natürlich bei dickeren Stämmen auch zwei aufeinander senkrechte Spalte anbringen und vier Edelreise einsetzen.

Das Keilpfropfen, auch „auf den Geißfuß“ genannt, empfiehlt sich für glatte ältere Stämme oder Zweige. Die Art der Ausführung ist aus der Abb. 249 deutlich zu ersehen. Das Edelreis wird unten spitz keilförmig zugeschnitten und in eine genau passende Vertiefung (sp) des Stammes gelegt, sodann festgebunden und alle Wundflächen gut mit Baumwachs verstrichen. Bei jüngeren, aber dicken Stämmen und Ästen, von denen sich die Rinde noch gut ablöst, bringt man jedoch besser das Pfropfen „zwischen Holz und Rinde“ (Abb. 250) zur Anwendung; hier wird also das unten zugeschärfte Reis zwischen das Holz und die aufgebogene Rinde des Wildlings geschoben. Im übrigen gelten wieder die allgemeinen Vorschriften über Verbinden und Verstreichen mit Baumwachs.

Abb. 255. Gartentreppe.

Endlich wäre noch das Sattelschäften zu erwähnen. Es wird besonders dann zur Anwendung gebracht, wenn sich Edelreis und Wildling an Durchmesser zwar nicht gleichen, aber auch nicht allzu verschieden sind. Im allgemeinen gibt es bessere Erfolge als das Spalt-, Keil- und Rindenpfropfen, verlangt aber die allersorgfältigste Ausführung der Schnittflächen, die peinlich genau aufeinander passen müssen. Abb. 251 und 252 veranschaulichen das einfache Sattelschäften; der Wildling wird bei s ein wenig schräg abgeschnitten und dann an der einen Seite ein Span w entfernt. Dieser Form muß die Veredlungsfläche c entsprechen. Beim Doppelschäften (Abb. 253 und 254) bleibt am Wildling unten noch eine Rindenzunge (a) stehen; infolgedessen muß der Schwanz des Edelreises (b und c) auf der Außenseite noch einen Kopulierungsschnitt erhalten, der genau in die Vertiefung zwischen Rindenzunge und Wildstamm paßt. Zum Schluß ist natürlich auch hier wieder die Wundstelle mit Bast zu umwickeln und durch Baumwachs gegen eindringende Feuchtigkeit zu schützen.

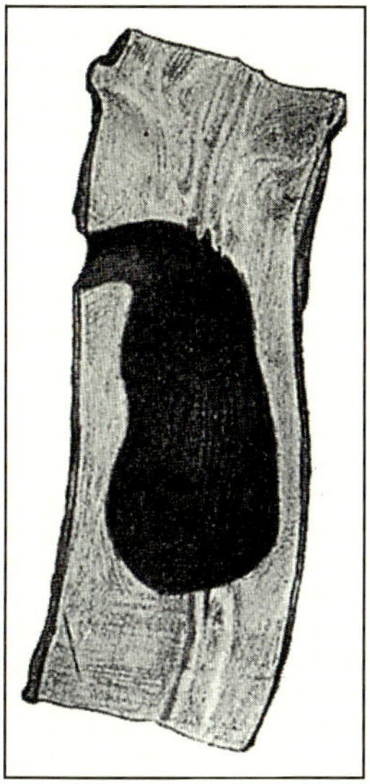

Abb. 256. Natürliche Nisthöhle, Durchschnitt.

Zu einem guten Ertrag der Obstbäume ist nun freilich mit dem beschriebenen Einsetzen von Edelreisern noch nicht alles getan. Man muß vielmehr die jungen Zweige jedes Jahr zweckentsprechend beschneiden. Das ist aber eine Kunst, die man zunächst aus guten

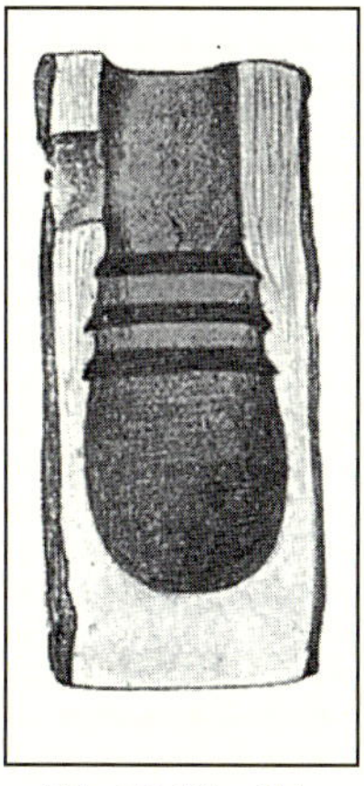

Abb. 257. Künstliche Nisthöhle, Durchschnitt.

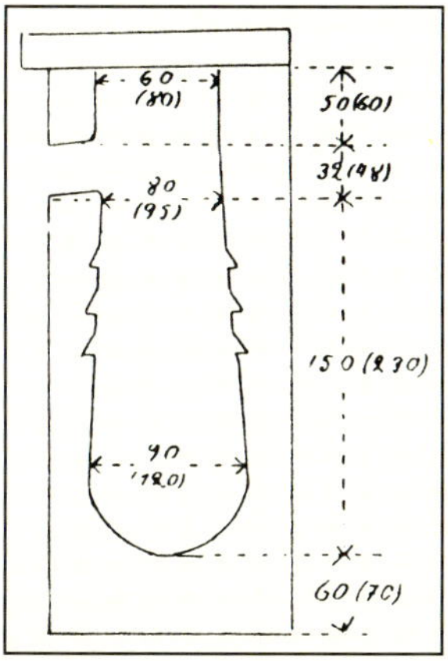

Abb. 258. Schema einer künstlichen Nisthöhle.

Abb. 259. Künstliche Nisthöhle, Außenansicht.

Lehrbüchern (z.B. Gauchers Praktischer Obstbau, Verlag von Parey, Berlin, dem auch eine Anzahl unserer Abbildungen entstammen) theoretisch und dann unter der Aufsicht eines erfahrenen Gärtners praktisch erlernen muß.

Zu allen diesen Veredlungsarbeiten braucht man, besonders wenn es sich um hochstämmige Arten handelt, eine *Leiter.* Eine solche läßt sich, wie die Abb. 255 zeigt, mit geringer Mühe aus dreiviertelzölligen Brettern zusammenzimmern. Die Höhe jedes einzelnen Absatzes kann 25 bis 30 cm betragen, was für die ganze Treppe 75 bis 90 cm ergibt. Jedes Staffelbrett mißt 20 x 60 cm. Die Verbindung geschieht der größeren Sicherheit wegen mittels Schrauben. Ein besonderer Anstrich ist nicht notwendig, aber doch empfehlenswert; schon wenn man das Holz nur mit Leinöl einläßt, wird es der Feuchtigkeit besser widerstehen.

In den Handbüchern für Gartenbau ist nun zwar aller erdenklichen Pfleglinge aus dem Pflanzenreich gedacht, aber niemals unserer besten Helfer aus dem Tierreich, nämlich der Vögel, die uns Raupen, Käfer und andere Laub- und Blütenfeinde zu Tausenden ablesen. Denn es ist eine längst bewiesene Tatsache, daß jeder Garten umsomehr Ertrag erzielt, je mehr sich insektenfressende Vögel darin aufhalten. Selbst zugegeben, daß manche Arten zuzeiten einigen Schaden stiften wie

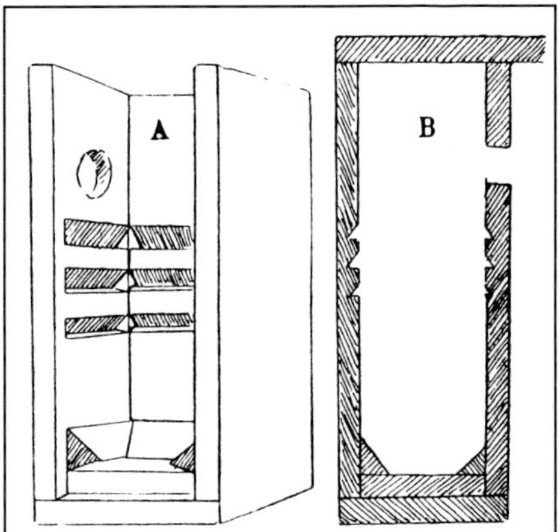

Abb. 260. Nistkasten. A Innenansicht, B Durchschnitt.

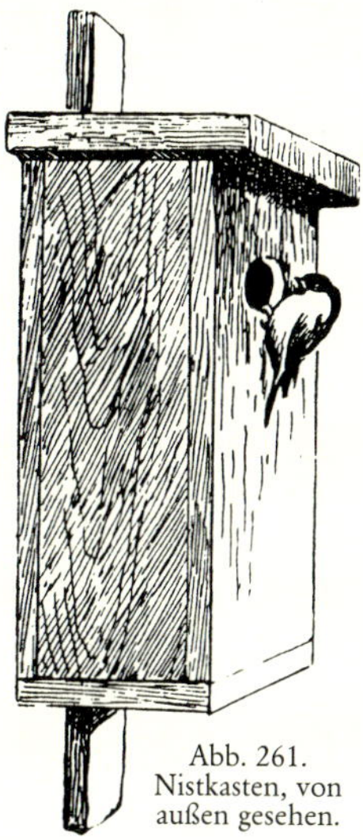

Abb. 261.
Nistkasten, von außen gesehen.

die Stare in der Kirschenreife und andere mehr, so überwiegt doch ihr Nutzen hundertmal jene geringen Nachteile. Man trage daher Sorge, recht viele der beschwingten Helfer zum Nisten im eigenen Garten zu verlocken, sie werden uns die Gastfreundschaft vielfach lohnen. Aus diesem Grund wollen wir auch die Anlage von Nist- und Futterstellen ein wenig ausführlich besprechen; wir folgen dabei den Ratschlägen und Vorschriften, die der bekannte Vorkämpfer für den heimatlichen Vogelschutz, Freiherr v. Berlepsch, in seinem Buch „Der gesamte Vogelschutz" aufstellt.

Die Zimmerleute unter den Vögeln, die Spechte, fertigen in jedem Jahr mehrere Höhlen, nehmen aber für sich selber nur eine davon in Gebrauch, während die übrigen von Hohltauben, Blauracken, Staren, Rotschwänzchen und anderen bezogen werden. Diese Tatsache gibt uns einen Fingerzeig, wie *Nistgelegenheiten* für jene Höhlenbrüter beschaffen sein müssen, wenn sie allen Ansprüchen der zukünftigen Bewohner genügen sollen. Eine solche Spechthöhle zeigt die Abb. 256 im Durchschnitt. Das Flugloch steigt also nach innen zu etwas an, wodurch das Eindringen von Regen und Feuch-

Abb. 262.
Nistkasten, richtig aufgehängt.

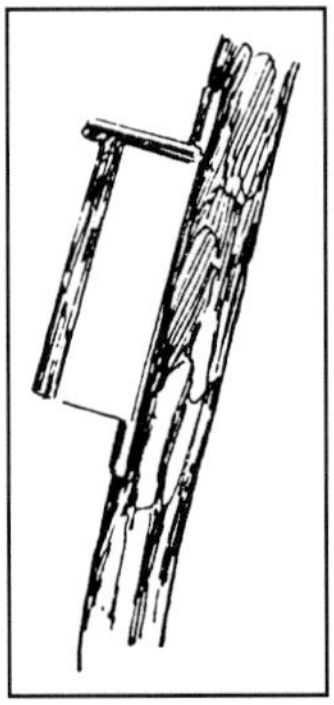

Abb. 263. Nistkasten, schlecht aufgehängt.

tigkeit vermieden wird. Sehr gelungene Nachbildungen solcher natürlicher Bruthöhlen läßt Freiherr v. Berlepsch fabrikmäßig herstellen (Abb. 257 und 258) und zwar aus Stammstücken von Erlen, Birken und Kiefern, die im Herbst gefällt und langsam getrocknet wurden, denn nur in diesem Fall bleibt die Rinde daran haften. Das Ausbohren geschieht durch besondere Maschinen; die natürliche Rauheit der Innenwände wird durch ringsum laufende Kerben ersetzt, das Flugloch seitlich und etwas ansteigend eingebohrt und schließlich oben als Deckel ein dickes Brett aufgeschraubt, das ringsum ein wenig vorsteht. Wer über die nötige Geduld verfügt, kann die Herstellung einer solchen Nisthöhle auch selber mit Hilfe größerer Bohrer, Hohleisen und Raspeln aus freier Hand versuchen. Die ringförmigen Kerben darf man sich ersparen, weil ohnehin genug Unebenheiten stehen bleiben werden, die den gleichen Zweck erfüllen. Jedenfalls mag man es versuchen, denn eine solche Nisthöhle scheint den wohnungsuchenden Vögeln bekannt und wird von ihnen stets gern bezogen. Wir haben deshalb in Abb. 258 die Maße in Millimeter angegeben; die in Klammern gelten für Vögel von der Größe des Staren aufwärts. Diese Nistkasten scheinen danach zunächst freilich etwas massig und unbeholfen zu ein; man weiche aber von unseren Angaben nicht ab, denn Nistkasten mit dünnen Wänden werden aus verschiedenen Ursachen von Vögeln

Abb. 264. Nistkasten, an einem Baumpfahl befestigt.

Abb. 265. Nistkasten, an einer Astgabel hängend.

nicht bezogen. Rückwärts schraubt man an die Nistkasten eine 2 cm dicke und 4 bis 5 cm breite Leiste aus Eichenholz (Abb. 259), die dazu dient, das Gehäuse mittels Schrauben an Bäumen usw. zu befestigen. Eine Sitzstange unterhalb des Flugloches anzubringen ist nicht ratsam.

Aus Brettern gefügte Nistkasten sind den Vögeln unbekannt; sie müssen sich erst daran gewöhnen. Am ehesten werden sich noch Stare, Spatzen, Rotschwänzchen und vielleicht Meisen darin niederlassen. Aber weil wenig immer besser ist als nichts, versuche man, wenn die vorher beschriebenen Nistkasten nicht gelingen wollen, die hier folgenden. Als Material dienen Bretter von mindestens 3 cm Dicke und zwar nicht frisch gesägte oder gehobelte, weil diese durch ihre grelle Farbe die Vögel eher verscheuchen als anlocken, sondern graue, mit Moos und Flechten überzogene, die von alten Zäunen, Schuppen und derglei-

Abb. 266. Nistkasten, an einem Spalier befestigt.

chen herrühren, ohne daß sie natürlich morsch sein dürften. Ihr Äußeres wird dadurch den Vögeln bekannt und sie siedeln sich gern darin an. Für die Ausführung halten wir uns an die Abb. 260 und 261. Die lichte Weite soll 12 cm betragen; wir brauchen deshalb für die Seitenwände zwei Bretter von 12 x 34 cm, für die Vorder- und Rückwand solche von 18 x 34 cm. In die Mitte der Vorderwand und 6 cm vom oberen Rand sägen wir das Flugloch von 46 mm Durchmesser. Die Einkerbungen an den Innenseiten sind mit Hilfe eines Stemmeisens leicht herzustellen; sie müssen aber an der Vorder- und Rückwand 3 cm vom Seitenrand entfernt bleiben, weil hier sonst Lücken entstehen würden. Der Boden ist, wie aus Abb. 260 ersichtlich, doppelt, nämlich aus einem Brettchen von 12 x 12 cm und einem von 18 x 18 cm zusammengenagelt. Im Innern sind dann ringsherum noch dreikantige Leistchen einzufügen, um die halbrunde Bodenform natürlicher Nisthöhlen möglichst wiederzugeben. Alle diese Teile werden gut miteinander verschraubt. Der Deckel soll rückwärts glatt mit der Rückwand abschneiden, an den drei übrigen Seiten ein wenig vorstehen. Auch diese Nistkasten erhalten rückwärts eine starke Eichenleiste zum Aufhängen, was durch Schrauben erfolgt, nicht aber mittels Draht, weil dieser die Rinde der Bäume zerschnei-

Abb. 267.
Nisthöhle für Rotschwänzchen u. dgl.

Abb. 268.
Nistkasten für Bachstelzen.

Abb. 269. Nisthöhle für Turmsegler.

det. Die Abb. 262 bis 266 zeigen verschiedene Befestigungsarten.

Zunächst sei bemerkt, daß die Kasten nicht nach hinten überhängen dürfen, wie in Abb. 263, weil sonst der Regen eindringen kann und die Vögel, die etwa schon eingezogen sind, bald wieder verscheucht; die Vorderseite soll vielmehr senkrecht stehen oder noch besser sich leicht nach vorn überneigen. In den Kronen junger Bäume (Abb. 264) hängt man die Nistkasten nicht an den Stamm selbst, sondern an den Stützpfahl, den man nach Bedürfnis nach oben hin verlängert. Bei gabelig geteilten Ästen hilft man sich nach der Angabe der Abb. 265 dadurch, daß man die eichene Leiste quer auf die Rückseite des Kastens schraubt und dann hinter die Astgabelung schiebt. Zum Aufhängen an Spalieren (Abb. 266) endlich nimmt man zwei Leisten, die man seitlich an den Nistkasten schraubt; sie sind mit einer Einkerbung versehen, mittels deren man sie über die Spalierstangen schieben und dort befestigen kann. Ins Innere der Kasten wirft man mittels eines Löffels eine Mischung von Erde und Sägespänen, daß sie den Boden etwa 1 cm hoch bedeckt. Diese Nistkasten sind 3 bis 4 m über dem Erdboden anzubringen.

Abb. 270. Nistbrett für Schwalben.

Die Nistkasten für Fliegenschnäpper, Rotschwänzchen und Bachstelzen weichen von den beschriebenen in der Form ein wenig ab. Sie sind (Abb. 267 und 268) ungefähr 15 cm hoch und an der Vorderseite halb offen; die übrige Herstellung gleicht jener der vorigen. Die Bachstelzen beziehen solche Nistgelegenheiten besonders gern, wenn sie unterm Hausgiebel angebracht sind.

Für manche Vogelarten, wie Turmsegler und andere, muß man den Nistkasten die Form der Abb. 269 geben und sie waagrecht anbringen. Die innere Höhlung sei 30 bis 35 cm lang und 7 bis 8 cm hoch, das Schlupfloch messe 3 cm im Durchmesser.

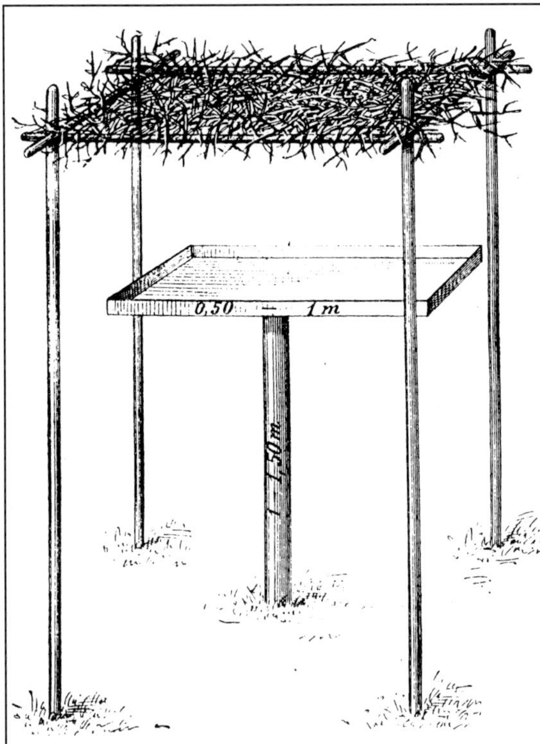

Abb. 271. Einfache Futterfinde.

Endlich kann man auch den Schwalben zwar keine Nistkasten bauen, denn sie bereiten sich ihre Brutstätten aus Schlamm selber, aber doch dabei Hilfe leisten. Man nagelt nämlich zwei Bretter von 10 cm Breite und beliebiger Länge im rechten Winkel zusammen (Abb. 270) und hängt sie für die Mauerschwalbe unter ein vorspringendes Dach, für die Rauchschwalbe dagegen in Scheuern, Ställen und Hausfluren auf.

Auch im Winter bedürfen unsere gefiederten Gartenhelfer, soweit sie nicht den warmen Süden aufsuchen, treuer Fürsorge, indem wir ihnen Futter streuen. Doch gehe man darin nicht zu weit, damit sie nicht ihrer eigentlichen Pflicht des Insektenvertilgens vergessen. Gerade in den rauhen Monaten leisten sie nämlich die wertvollste Arbeit, indem sie aus den Rissen der Baumrinde, Zäune und dergleichen die dort überwinternden Raupen und Puppen hervorsuchen, die im nächsten Frühjahr eine hundertfältige Nachkommenschaft erzeugen würden. Freilich können wir den Vögeln auch diese Arbeit erleichtern. Wir machen zunächst unterhalb der Krone um den Stamm einen Ring aus Teer, Kalk oder ähnlichen Vorbeugungsmitteln und binden darunter ringsherum einen 10 bis 15 cm breiten Streifen aus dem bekannten wellenförmigen Papier, das zum Versand von Flaschen vielfach benützt wird. Von dem Kalkring aufgehalten, werden sich dann die gefährlichen Baumfeinde in den Röhren zwischen Papier und Rinde zur Winterruhe einbetten, wo sie von den Meisen bald entdeckt und

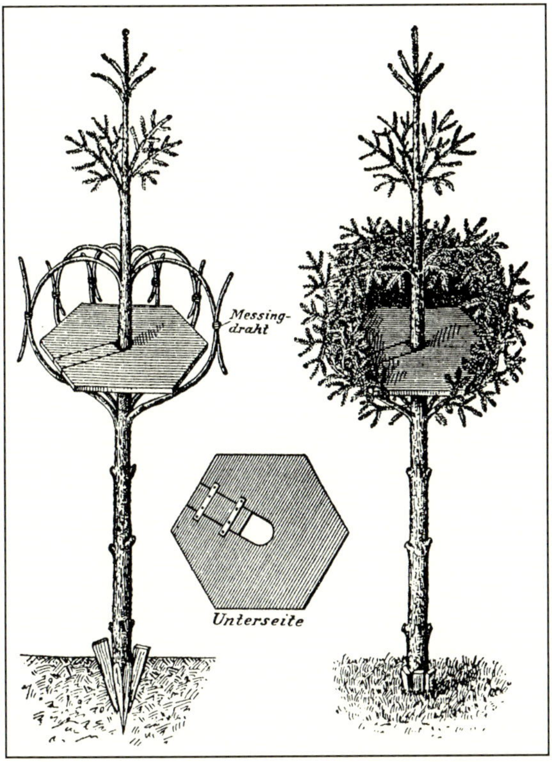

Abb. 272. Futterfinde, aus einem Christbaum hergestellt.

verschnabuliert werden, nachdem diese mit geringer Mühe das Papier durchgepickt haben.

Erst wenn der richtige Winterfrost mit Eis und hohem Schnee kommt, heißt es Futter streuen. Den Körnerfressern reicht man Samen aller Art und zwar, damit die Gabe nicht unter dem Schnee verschwinde oder durch die Feuchtigkeit leide, auf einer sogenannten *Futterfinde.* Die einfachste Art einer solchen ist in Abb. 271 zu sehen; zu ihrer Erläuterung brauchen wir nichts hinzuzufügen. Das aus allerlei dornigem Geäst geflochtene Dach dient außer der Abwehr des Schnees noch als Schlupfwinkel für unsere futtersuchenden Gäste, falls sie, was an solchen Stellen öfters geschieht, von Raubvögeln überfallen werden. Auch der seines Schmuckes entkleidete Weihnachtsbaum läßt sich mit geringer Mühe in eine Futterstelle verwandeln, wie es die Abb. 272 veranschaulicht. Sie ist wieder so deutlich, daß wir uns weitere Erklärungen ersparen können. Wenn das sechseckige Brett 12 bis 15 cm Seitenlänge erhält, wird es gerade recht ausfallen, um aus den Zweigen ringsherum die Futterlaube zu flechten. Die Öffnung der letzteren soll womöglich nach Süden schauen. Andere Futterfinden, die, aus Brettern zusammengefügt, mehr Arbeit machen, dafür aber auch ein hübsches Aussehen gewähren, sind in den Abb. 273 bis 285 zu sehen; die Maße wären nach dem verfügbaren Vorrat an Brettern zu bestimmen.

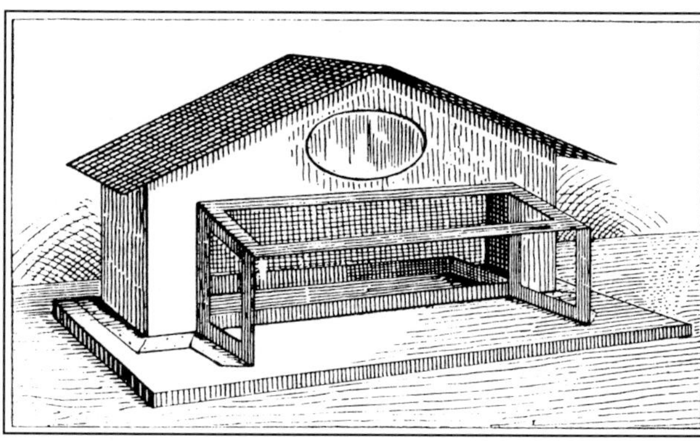

Abb. 273. Futterfinde mit Vorbau.

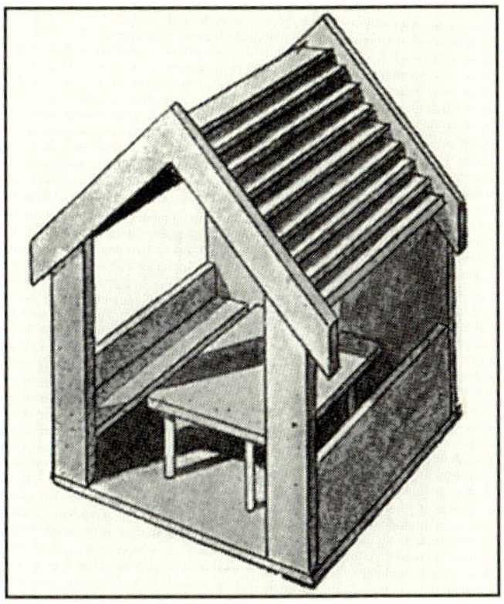

Abb. 274. Futterfinde in Form eines Pavillons.

Den insektenfressenden Vögeln muß man natürlich anderes Futter reichen; es kommt da vor allem kleingeschnittenes Fleisch, Speckschwarten und Brocken von Rindstalg in Betracht. Für Meisen endlich hängt man Nüsse, Talgstückchen und dergleichen an vorspringenden Ästen und Stangen auf; sie werden dann beim Futterholen nicht von den zudringlichen Spatzen belästigt.

Eine Einrichtung endlich, die alle bei uns überwinternden Vögel bedenkt, ist ein *Futterbaum* nach den Angaben des Freiherrn v. Berlepsch. Dazu eignet sich wieder der geleerte Christbaum, den man an einer geschützten Stelle des Gartens so festrammt, daß ihn der Wind nicht umzuwerfen vermag. Dann läßt man in einem alten Eisentopf über gelindem Feuer 1000 g Rindertalg (ausgelassenes Nierenfett) zergehen. Vorher richtet man sich folgende Mischung her: 100 g feingewiegtes gekochtes Ochsenfleisch, 200 g ganzen, 100 g gequetschten Hanf, 100 g Silberhirse, 50 g geschälten Hafer, 150 g geriebenes Weißbrot oder Semmel, 50 g Holunderbeeren, 50 g Sonnenblumenkerne, 50 g Ameisenpuppen und 50 g blauen Mohn. Man rührt diese Mischung eilig zum Untertauchen in dem Fett um, nimmt dann einen länglichen Schöpflöffel mit zum Baum und begießt von der Krone abwärts alle seine Zweige. Die vom Fett umhüllte Mischung erstarrt

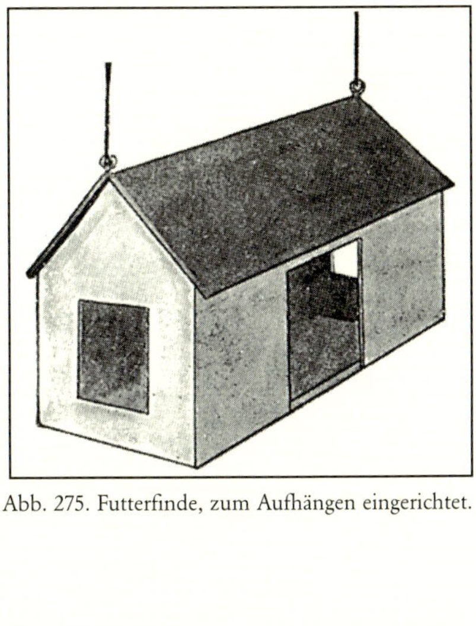

Abb. 275. Futterfinde, zum Aufhängen eingerichtet.

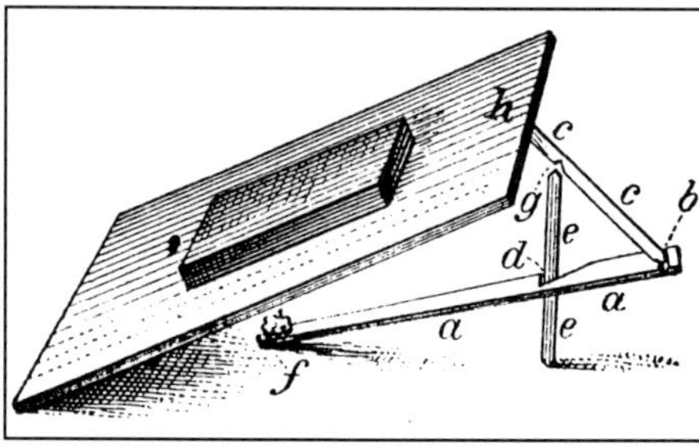

Abb. 276. Einfache Mäusefalle.

dann sofort, das Fett schützt Fleisch und Sämereien vor Fäulnis, und die Schneeflocken lassen sich jederzeit leicht abklopfen. Sämtlichen bei uns überwinternden Vögeln ist damit eine sehr einladende Tafel bereitet, die auf sechs bis acht Tage ausreicht.

Gegen andere Schädlinge in Haus, Hof und Garten können uns die kleinen Vögel freilich nicht beistehen, sondern wir müssen uns selber davor zu schützen suchen. Die Nacktschnecken fangen wir am leichtesten, indem wir ausgehöhlte Kartoffeln und Rüben im Garten auslegen. Mit dem anbrechenden Morgen verkriechen sich die genannten Tiere da hinein und können mühelos gesammelt werden. Von anderer Seite wird empfohlen, flachgekrümmte Rindenstücke in Braunbier zu tauchen oder Kohlblätter unterseits mit ranziger Butter zu bestreichen und sie an den von Schnecken heimgesuchten Orten auszulegen; am Morgen findet man dann die Schädlinge in Rudeln unter den Rindenstücken und Blättern. Gegen Wiesel, Marder und ähnliches Raubzeug kauft man am besten besondere Fallen, weil diese sorgfältig und stark gebaut sein müssen, um ihren Zweck zu erfüllen; außerdem sollen auch diese Tiere trotz ihrer Schädlichkeit nicht unnötig durch mangelhafte Fangvorrichtungen gequält werden.

Mäusefallen kann man dagegen mit geringer Mühe selber herstellen. Handelt es sich um vereinzelte Tiere,

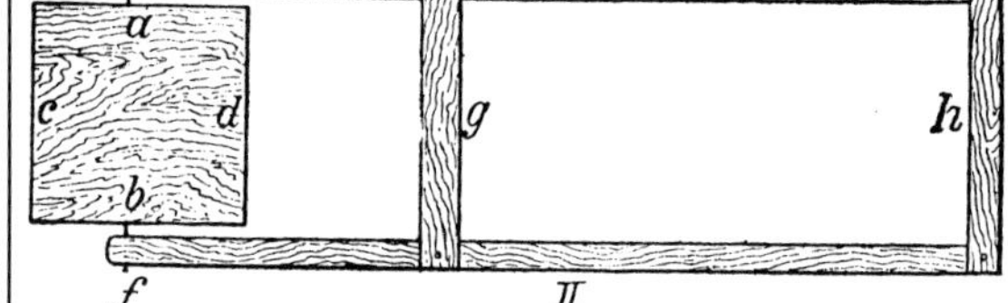

Abb. 277. Gestell zur selbsttätigen Mäusefalle.

dann genügt die altbewährte Einrichtung, die in Abb. 276 zu sehen ist und den Namen Studentenfalle führt. Wir schneiden drei Holzleisten von ungefähr 1 x 3 cm Querschnitt zurecht, eine längere a, die bei d seitlich und bei b oben eine Kerbe erhält, dann zwei kürzere. Die eine, e, wird nur am oberen Ende zugeschärft; die andere, c, wird gleichfalls an den Enden zugeschärft und erhält außerdem auf der Unterseite bei g eine Kerbe. Man bringt nun die drei Leisten in die in der Abbildung angegebene Lage, nachdem zuvor noch bei f ein Köder befestigt wurde, legt auf das obere Ende von c schief ein Brett h auf und beschwert dieses durch einen Ziegelstein. Als Köder eignet sich am besten ein Stück Speckschwarte, das über einem brennenden Holzspan angebrenzelt wurde. Wenn dann das Mäuschen an dem zähen Brocken nagt und zerrt, springen die Leisten aus ihren Kerben, das beschwerte Brett fällt nieder und erschlägt den unvorsichtigen Näscher.

Abb. 278. Selbsttätige Mäusefalle, zum Fang bereit.

Diese Studentenfalle hat nun den Nachteil, daß sie nach dem Aufstellen nur einmal wirkt. Soll daher der Kampf gegen eine größere Mäusekolonie aufgenommen werden, brauchen wir eine Falle, die sich von selber wieder aufstellt. Eine solche sehen wir in den Abb. 277 bis 279 dargestellt. Aus zwei langen (I und II in Abb. 277) und zwei kurzen Leisten (g h) zimmern wir einen Rahmen, zwischen dessen Vorderenden (e f) wir mittels seitlich eingeschlagener Stifte (a b) ein quadratisches Brettchen so einhängen, daß es sich um die Stifte als Achsen leicht drehen kann. Zugleich ist darauf zu sehen, daß die Seite bei d ein wenig schwerer ausfällt als die bei c, damit das Brett von selber in die anfängliche Lage zurückklappt. Über g und h nageln wir ein Laufbrett, das noch ein wenig unter d reicht, damit dieses Brettchen nicht allzuweit zurückschlägt. Bei c wird dann der Köder befestigt. Man kann der Falle aber auch die Form der Abb. 278 geben, indem man I und II über c hinaus verlängert und dort ein senkrechtes Brettchen als Träger für den Köder anbringt. Die so zugerichtete Falle wird über einem zur Hälfte mit Wasser gefülltem Eimer aufgestellt. Sobald nun die Maus, vom Duft des Köders angelockt, über die Drehungsachse ab hinausgekommen ist, kippt das quadratische Brettchen nach abwärts (Abb. 279) und der naschhafte Nager stürzt in den darunter befindlichen Eimer, worauf das Brettchen, von der Kipplast befreit, von selber wieder in die Anfangsstellung zurückkehrt und für den nächsten Speckfreund bereit steht. Mit einer solchen Falle kann man in einer einzigen Nacht leicht ein Dutzend und mehr Mäuse vernichten.

Abb. 279. Die Mäusefalle in Tätigkeit.

Die lästigen Blattläuse vertreibt man am besten dadurch, daß man Marienkäferchen (Coccinella) auf den betroffenen Pflanzen aussetzt, denn diese Käfer wie ihre Larven nähren sich fast ausschließlich von jenen Schädlingen und kehren treu an den Ort zurück, wo sie schon einmal reiche Jagdbeute gefunden haben. Dieses Mittel ist billiger und sicherer als alle, die sonst empfohlen werden.

Bei Spiel und Sport in freier Luft

Das Wasser übt von alters her einen großen Eindruck auf die Jugend aus. Mancher Knabe würde auch mit Freuden dem schönen Wassersport huldigen, wenn die Sache nicht zu teuer käme, mag es sich nun um ein gemietetes Boot oder den Ankauf eines eigenen Fahrzeuges handeln. Doch wenn sich mit den Ferien zugleich ein schönes Schulzeugnis eingestellt hat, dann werden sich die lieben Eltern sicher gern bereit finden lassen, einen Teil zu den Kosten des Bootes beizusteuern, das wir uns selber bauen wollen. Allzuhoch sind diese Ausgaben übrigens nicht, etwa 30 Mark, wenn man sich mit dem billigsten Material begnügt, während sie freilich bei Verwendung des besten leicht auf das Doppelte anwachsen können. Doch lohnen sich Geld und aufgewandte Mühe reichlich, denn wir bekommen bei hinreichender Sorgfalt in der Herstellung ein wirklich vorzügliches Kanu, das sich mit ein oder zwei Segeln fahren läßt und infolge

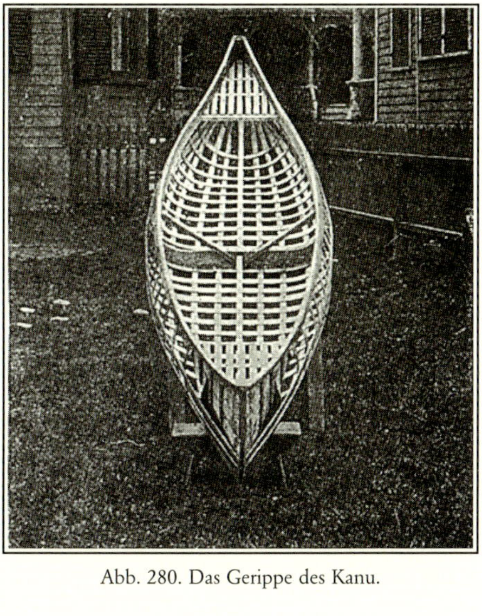

Abb. 280. Das Gerippe des Kanu.

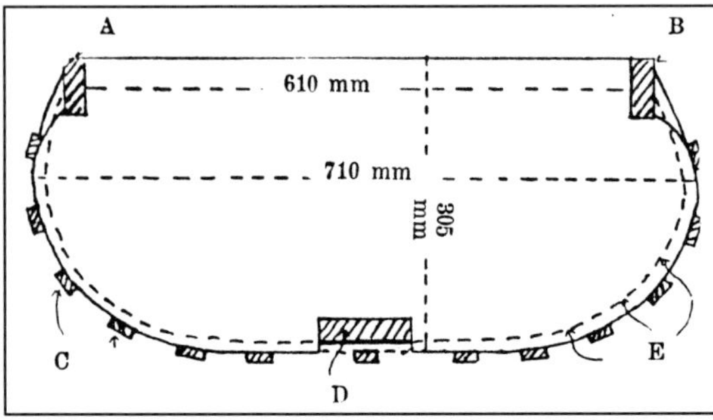

Abb. 281. Querschnitt durch ein Kanu.
A u. B Dollbord. C Längsspanten. D Kielschwein. E Querrippen.

seines geringen Gewichtes auch leicht über eine kurze Strecke Landes geschafft werden kann.

Der Bau des Bootes geht nun folgendermaßen vor sich. Wir sägen zunächst aus einem Hartholzbrett von 4 bis 6 cm Dicke einen Spant von der Form der Abb. 282 und den Maßen, die in Abb. 281 verzeichnet stehen. Die schiefen Stützen sind aus dem gleichen Material zu fertigen und mit dem U-förmigen Teile gut zu verzapfen. Die schraffierten Stellen bezeichnen die durchlaufenden Hölzer des Kielschweines, bzw. Dollbordes. Dann brauchen wir noch zwei Spantmodelle von der Form der Abb. 283, die wir aber aus alten, 2 cm starken Kistenbrettern fertigen können, weil sie nur als Hilfsmittel zum Aufnageln der Spanten dienen und später wieder entfernt werden. Darauf folgt die Herstellung des Kieles oder richtiger Kielschweines, weil es über dem Boden liegt. Das ganze Boot ist 350 cm lang, daher der Kiel vom Hintersteven bis zur Verbindung mit dem Vordersteven 310 cm; man nimmt dazu ein Stück astfreies glattgehobeltes Tannenholz von 3 bis 4 cm Dicke und 10 bis 12 cm Breite. An den Kiel setzt man vorn den Vordersteven (Abb. 284 C und F), in der Form mehr hoch als breit und aus dem gleichen Material gefertigt; die Form des

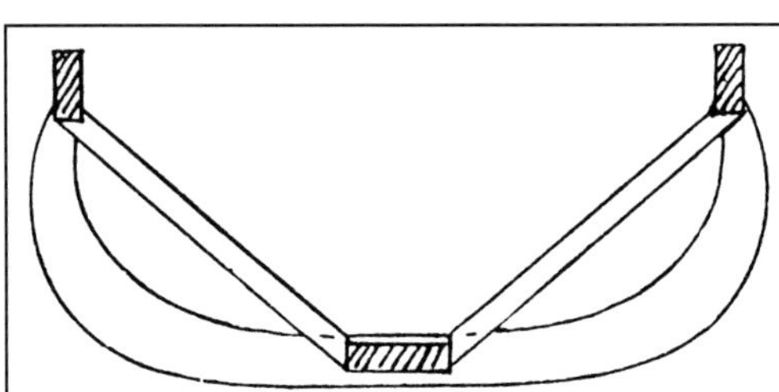

Abb. 282. Fester Mittelspant.

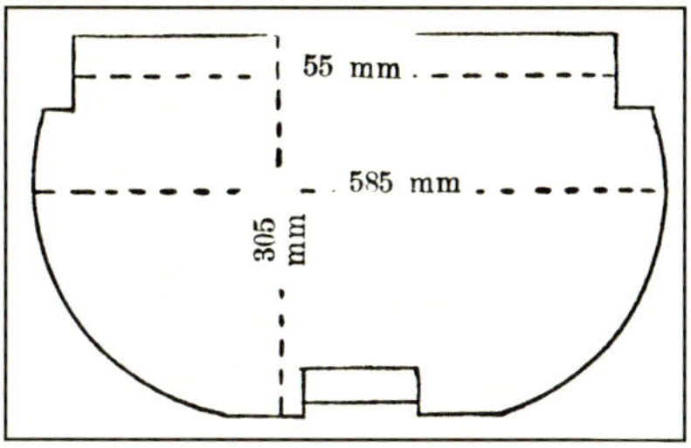

Abb. 283. Hilfsspant.

Hinterstevens ist aus Abb. 285 (A) zu entnehmen. Beide Steven werden mit dem Kielschwein verzinkt und verschraubt. Wer mehr aufwenden will, kann die Festigkeit des Bootes erhöhen, indem er zu Kiel und Steven hartes Holz, etwa Buche, verwendet. Die Löcher für die Schrauben müssen stets vorgebohrt werden, damit das Holz nicht spleißt. Sind Kiel und Steven verbunden, setzt man die Spanten auf, und zwar den aus Hartholz in die Mitte, die beiden anderen auf 1/4 bzw. 3/4 der Länge; sie werden einstweilen mit Latten nach vorn und hinten abgestützt, ähnlich wie die Steven, der mittlere aber außerdem noch gut mit dem Kiel verschraubt. Dann wird der Dollbord aufgebracht. Dieser besteht jederseits aus einer kräftigen Latte von 2 bis 3 cm Dicke und 5 cm Höhe, wird in die Aussparungen der Spanten gelegt, am Mittelspant und an den Steven festgeschraubt, an den beiden anderen Spanten aber einstweilen mit Nägeln befestigt. Den Verlauf des Dollbordes ersehen wir aus Abb. 284 und 285; die schrägen Bretter a–a werden erst zum Schluß aufgesetzt. Nun biegt man lange Tan-

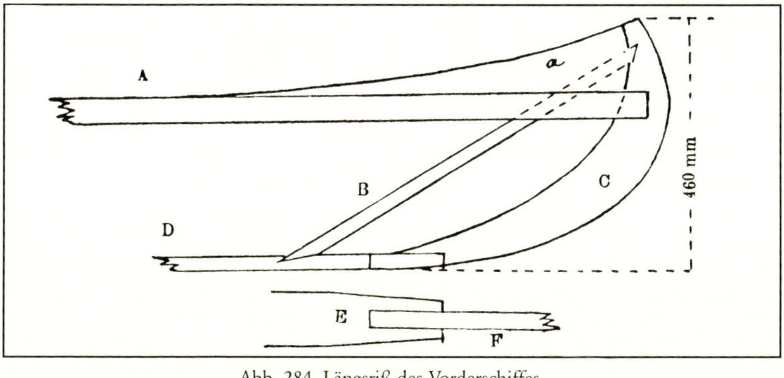

Abb. 284. Längsriß des Vorderschiffes.
A Dollbord. B Versteifung. C und F Vordersteven. D und E Kielschwein.

nenbretter von 3 cm Breite und 8 bis 10 mm Stärke über die Spanten, indem man sie am mittleren festnagelt, an den anderen mit kleinen Heftnägeln befestigt, an den beiden Steven zusammenbiegt und dort wieder mit Nägeln anheftet. Ihre Zahl und Lage ist aus der Abb. 281 zu entnehmen, ihr Verlauf parallel dem Dollbord anzuordnen; doch sind sie am Boden vorn und hinten ein wenig hochzuziehen, was sich übrigens beim Biegen von selbst ergibt. Sind alle Latten festgemacht, folgt das Einziehen der gebogenen Spanten (Querrippen in Abb. 281); ihre Zahl und Verteilung ersehen wir aus Abb. 280. Zu diesen Rippen muß man zähes, biegsames Holz nehmen, etwa solches, wie es die Korbmacher zur Herstellung der Korbhenkel verwenden. Sie werden unter dem Kiel durchgezogen (Abb. 281), an diesem unten, an den Längslatten von innen und endlich am Dollbord von außen festgenagelt; dies geschieht mit dünnen, breitköpfigen Nägeln, die nach dem Durchschlagen innen umgeklopft werden. Man zieht zuerst vor und hinter den Spantmodellen die Rippen ein, entfernt

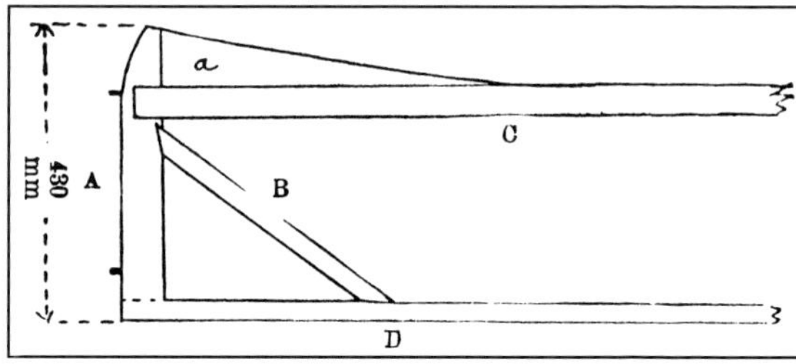

Abb. 285. Längsriß des Hinterschiffes.
A Hintersteven. B Versteilung. C Dollbord. D Kielschwein.

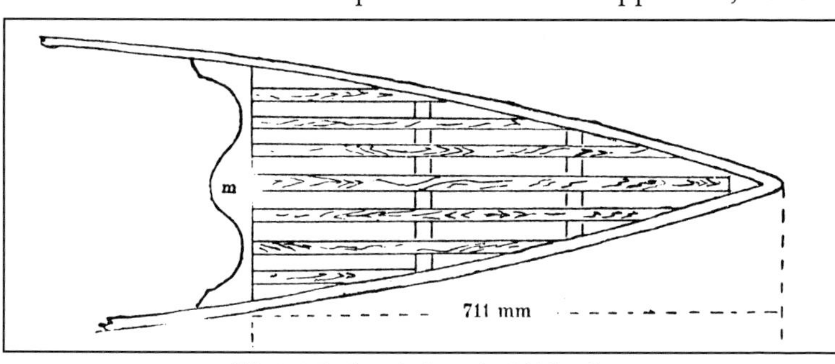

Abb. 286. Deckverplankung der Schiffsenden.

dann die Hilfspanten und bringt an ihrer Stelle Rippen an; der Mittelspant bleibt natürlich stehen. Hierauf setzt man die schrägen Bretter a–a auf und befestigt über die auf den Dollbord genagelten Querrippen eine Leiste, die nach vorn und hinten hochgezogen ist. Endlich sind noch Vorder- und Hinterschiff einzudecken (Abb. 280 und 286). Dies geschieht durch den Einbau eines geschwungenen Querbrettes, das vorn noch ein Loch für den Mast (m in Abb. 286) erhält, zweier Querleisten und mehreren Latten in der Längsrichtung. Nun bezieht man das Bootsgerippe außen mit wasserdichter Segelleinwand. Es ist verfehlt, hierbei sparen und Sackleinwand nehmen zu wollen; diese ist nicht fest genug und wird trotz allen Streichens mit Teer oder Ölfarbe niemals völlig wasserdicht. Man nimmt vielmehr richtige wasserdichte Segelleinwand, die man mehrmals mit Ölfarbe anstreicht; der Farbe ist reichlich Lack zuzusetzen. Zum Befestigen der Leinwand muß man breitköpfige Kupfernägel verwenden, die im Wasser nicht rosten. Auch Vorder- und Hinterschiff werden vorteilhaft mit Leinwand überzogen. Im Inneren des Bootes werden auf die Querrippen ein Fußboden gelegt, auf den man sich beim Rudern oder Segeln setzen kann. Die Konstruktion des Steuers ist aus der Abb. 287 zu entnehmen, doch ist zu bemerken, daß das obere Querholz natürlich rechtwinklig zum Blatt anzubringen ist. Es erhält am senkrechten Teil zwei Schraubenhaken, die in entsprechende Ösenschrauben des Hinterstevens passen; von den Enden des Querholzes gehen dünne Leinen nach vorn zum Fahrer.

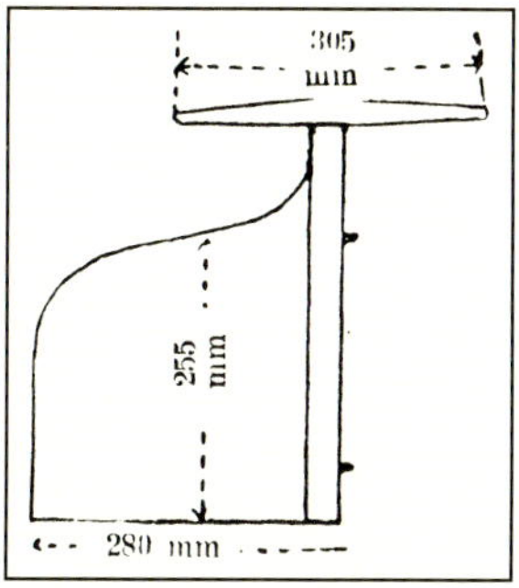

Abb. 287. Steuerruder.

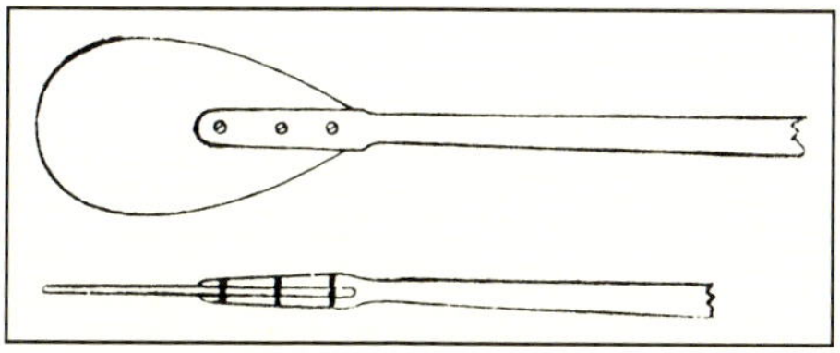
Abb. 288. Paddelruder.

Abb. 289. Mastspur.

Zur Fortbewegung kann man sich eines Paddelruders bedienen, das aus einer langen Stange mit zwei Endschaufeln besteht. Die Stange läßt man in 2 bis 2,5 m Länge aus Eschenholz beim Wagenbauer fertigen, kann aber auch eine kräftige Bambusstange dazu verwenden. Die Schaufeln bestehen aus 5 mm dickem hartem Holz; wie sie an der Stange befestigt werden, ist aus der Abb. 288 ersichtlich.

Für den Segelmast haben wir bereits im Querbrett des Vorderschiffes ein Loch freigelassen; unter dieses kommt eine Mastspur (Abb. 289) aus Blech, die auf den Kiel geschraubt wird. Der Mast selbst, 140 cm hoch, wird aus einem schönen Eschenstämmchen gefertigt, desgleichen Gaffel (A in Abb. 290) und Baum (C); für letztere kann man aber im Notfall auch wieder Bambus verwenden. Die Gaffel ist 260 cm, der Baum 230 cm, das Hinterliek B des Segels 215 cm lang zu nehmen. Das Segel näht man, der größeren Festigkeit wegen, aus 30 cm breitem Segeltuch zusammen, so daß nach dem Verbinden durch Kappnähte 25 cm breite Bahnen entstehen. An den Außenrändern (Lieken) sind außerdem noch 5 mm dicke Hanfseile einzunähen. Das Segel wird gehißt, indem man die Gaffel mittels eines Seiles am Mast emporzieht. Zu diesem Zweck läuft das Seil entweder um eine im Mast oben angebrachte Rolle (Abb. 291) oder durch einen hier angehängten Block, bestehend aus einer

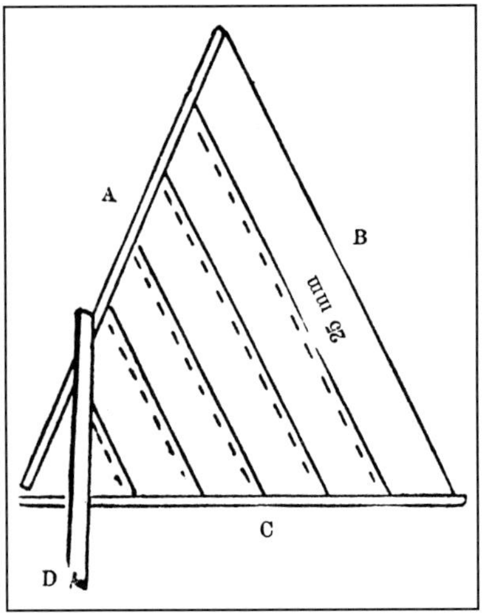

Abb. 290. Takelage.
A Gaffel 2,60 m. B Hinterliek 2,15 m. C Baum 2,30 m. D Mast 1,40 m.

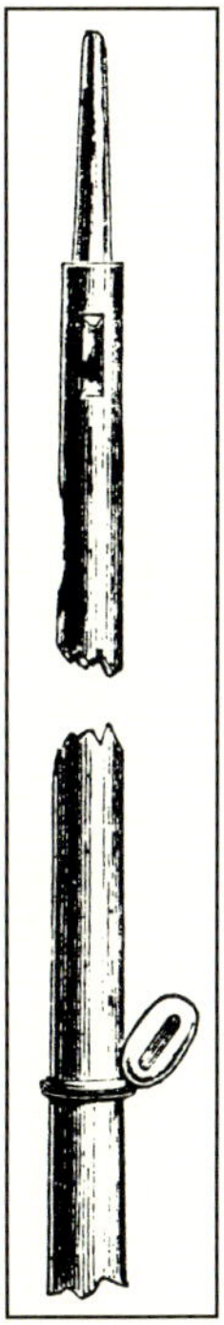
Abb. 291.
Mast mit Rolle
und Block.

Rolle innerhalb eines Holzgehäuses (Abb. 292). Auch unten kann man es dann noch einmal durch einen Block leiten (Abb. 291) oder an einem in den Mast geschlagenen starken Nagel festknüpfen. Um das Segel stets nach Bedarf auf den Wind einzustellen, ist an dem Außenende des Baumes (Schothorn) ein Tau befestigt, dessen anderes Ende am Bootsrand einen Stahlbügel (Leitwagen) anzubringen (Abb. 294), an dem ein Block hängt; ein zweiter Block ist am Schothorn befestigt. Das Tau hängt nun am Schothornblock und läuft dann durch beide Blöcke, wie es die Abbildung deutlich veranschaulicht. Bei dieser Vorrichtung kann uns auch ein plötzlicher starker Windstoß das Tau nicht aus der Hand reißen. Wie endlich die Abb. 293 zeigt, kann das Boot auch mit zwei Segeln gefahren werden. Der zweite Mast kommt dann in ein Loch des Querbrettes am Hinterschiff. Dieses Wagnis ist aber nur geübten Seglern zu raten, weil die gleichzeitige Bedienung zweier Segel große Geschicklichkeit erfordert. Andererseits kann das Kanu, indem man es auf 450 cm verlängert und um 10 bis 15 cm breiter macht, auch zur Aufnahme von zwei Personen eingerichtet werden.

Nun ist unser Kanu zwar ein sehr stabiles und schnelles Fahrzeug, wie wir schon oben sagten, aber ein Mangel haftet ihm doch an. Die dünne Segeltuchhaut kann nämlich verhältnismäßig leicht ein Leck durch einen spitzen Stein oder dergleichen erhalten; daher wird sich dieses Boot auf den seichten Wasserläufen des Binnenlandes wenig empfehlen. Hier braucht man festere Fahrzeuge wie z.B. das *Segelscharpie* (Abb. 295). Die Herstellung des Rumpfes ist aus der Abb. 296 deutlich zu entnehmen. Der senkrechte Vordersteven ist aus hartem Holz zu fertigen; er ist 46 cm hoch und hat trapezförmigen Querschnitt von 11 cm Höhe und 4 cm Breite im Innern des

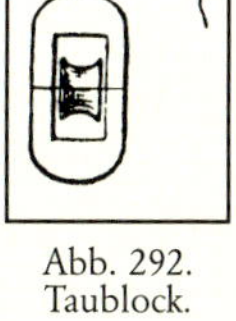
Abb. 292.
Taublock.

Bootes, 2 cm außen. An diesen Steven werden zwei Bretter von 38 bis 40 cm Höhe und 420 cm Länge angeschraubt, die glattgehobelt und nicht unter 22 mm dick sein müssen. Sie werden dann über die beiden Querwände gebogen, an diesen festgeschraubt und schließlich in der gleichen Weise am Hintersteven befestigt. Die

Abb. 293. Kanu mit zwei Segeln in Fahrt.

Querbretter sind so hoch wie die Seitenbretter und messen an der oberen Kante etwa 120 cm, an der unteren 105 cm. Der Hintersteven ist nur halb so hoch und mißt 60 cm an der oberen Kante. Die Länge der unteren ergibt sich dann von selber aus der Biegung der Seitenbretter. Man nagelt nun von außen die Bodenplanken auf, jede etwa 10 cm breit und aus astfreiem Holz geschnitten.

Zwischen sämtliche Fugen wird Bleiweiß und Baumwolle oder Lampendocht als Dichtung zwischengepackt. Über die Bodenplanken kommt dann sowohl innen als außen ein 15 bis 20 cm breites Brett als Kiel. Wie die Abb. 295 zeigt, bleibt nur der mittlere Teil des Bootes, der Cockpitraum, offen; alles übrige wird mit 1 cm dicken Latten eingedeckt und mit geölter Segelleinwand überzogen, die man am Außenrand mit einer schmalen Leiste festnagelt. Doch ist vorher noch unten im Vorderraum die aus Holz geschnittene Mastspur (Abb. 297 B) anzuschrauben und in den Deckplanken etwa 25 cm vom Vordersteven ein Loch für den Mast auszusägen. In die Mitte des Cockpitraumes kommt der Kasten für das Schwert, das zum Segeln „an den Wind“ unbedingt erforderlich ist. Er stößt an das vordere Querbrett an, ist etwa 150 cm lang, 46 cm hoch und mißt 4 cm im Lichten. In ihm kann das 3 cm dicke, 142 cm lange, vorn 60 cm, hinten 75 cm breite Schwert auf- und niedergeholt werden (Abb. 297 E F). Wie er mit dem Boden zu verbinden ist, sehen wir bei D im Durchschnitt.

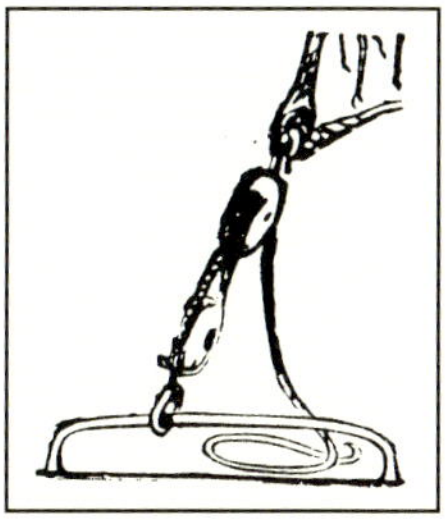

Abb. 294. Schothorn, mittels einer Talje am Leitwagen hängend.

Abb. 295. Segelscharpie.

Das Schwert hängt in ihm an einem eisernen Querbolzen als Achse fest.

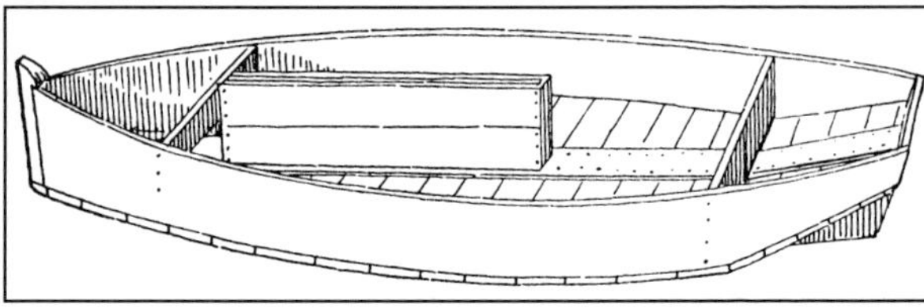

Abb. 296. Bootskörper des Segelscharpie.

Die Form und das Einhängen des Steuers ergibt sich aus A. Die Maße für den Mast sind 425 cm Länge bei 6 cm unterem Durchmesser, für die beiden anderen Hölzer 400 cm und 360 cm. Das mittlere schiefe Holz, mit dem Segel nur an der äußeren oberen Spitze verbunden, steckt mit seinem unteren spitzen Ende in einer Öse oder dergleichen aus Eisen oder starkem Leder, die am Mast befestigt ist; hebt man es heraus, so fällt das Segel von selber nieder, was besonders bei rasch aufkommendem Wind sehr vorteilhaft ist. Man kann natürlich das Scharpie auch nur zum Rudern einrichten, indem man das Schwert samt dem Kasten wegläßt und an den Außenrändern Gabeln für die Riemen einschraubt.

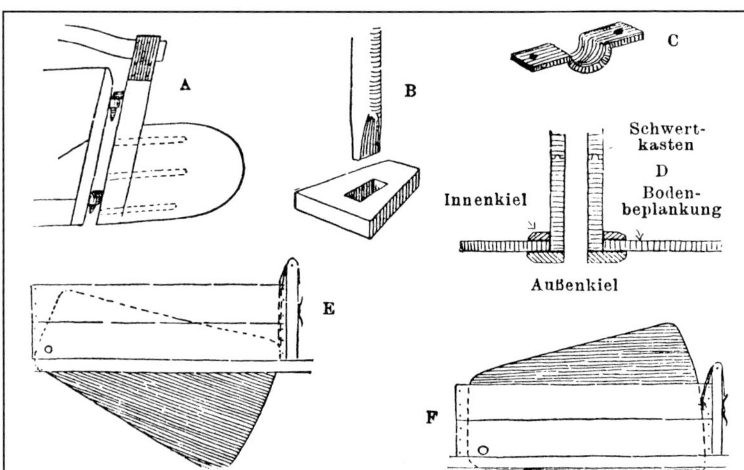

Abb. 297. Einzelteile zum Segelscharpie. B Mast und Spur. C Öse zum Einhängen des Steuers. D Einbau des Schwertkastens. E Schwert gesenkt, F gehoben.

Recht einfach gestaltet sich der Bau einer *Prau* (Abb. 298). Es werden zwei Bretter von 25 mm Dicke, 25 cm Breite und 480 cm Länge parallel zueinander im Abstand von 40 cm durch Querwände verbunden, etwa wie es die Abb. 299 angibt, nur daß die Prau an beiden Enden spitz zuläuft. Nachdem man den Boden geplankt hat, wird eine Mastspur eingesetzt und dann die Oberseite bis auf das Mastloch zugedeckt. Quer über das Deck laufen die beiden Träger aus Fichtenholz, 50 x 100 mm stark und am Ende mit einem soliden Stück Fichtenholz von 360 cm Länge, 10 cm Breite und 25 cm Höhe gut verschraubt. Letzteres wird an beiden Enden keilförmig zugeschärft. Der Mast, 365 cm lang und unten 75 mm dick, wird etwa 220 cm vom Vordersteven aus eingesetzt und mit einem dreieckigen Segel ausgerüstet, dessen Rahe 550 cm und dessen Baum 460 cm lang ist. Die Querträger kann man, wie es auch die Abbildung zeigt, mit einem Lattendeck versehen, das bis zum Ausleger reichen darf. Dieses Fahrzeug kann wegen des Auslegers niemals kentern, weshalb es besonders von den Malaien in der außerordentlich

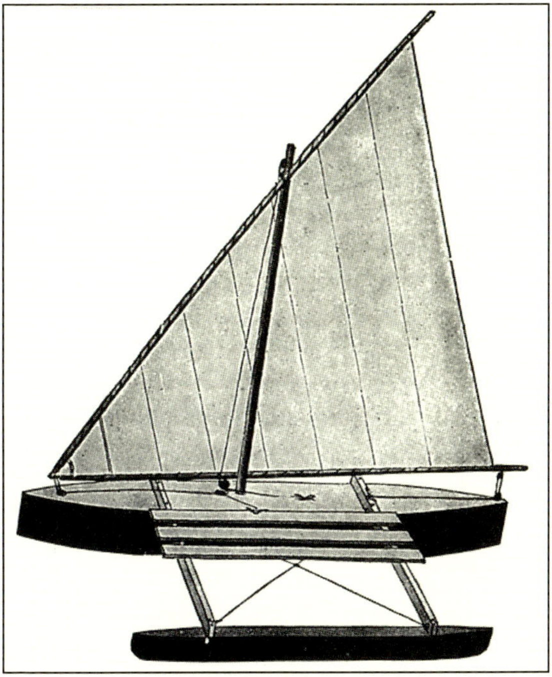

Abb. 298. Prau.

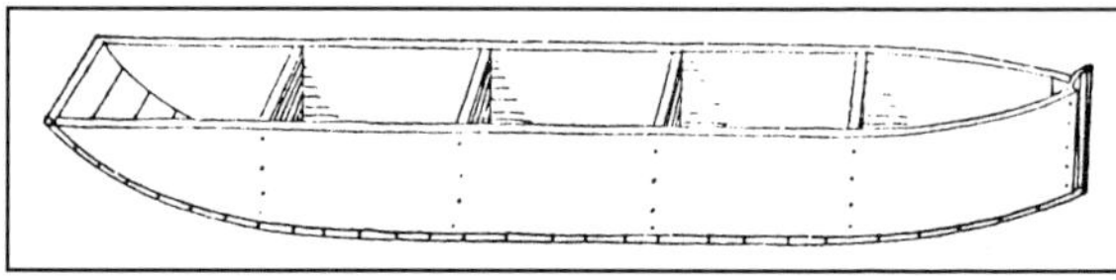

Abb. 299. Einzelner Bootskörper zum Katamaran.

launischer See ihrer Heimat gern benützt wird.

Überaus sicher ist ferner das Katamaran oder Doppelboot (Abb. 300), denn es kann aus dem gleichen Grund nicht untergehen, weil jede Hälfte für die andere als Ausleger wirkt; auch genügt bei einer Havarie des einen Bootskörpers die Tragkraft des anderen, das Fahrzeug über Wasser zu halten. Jeder der beiden Bootskörper (Abb. 299) ist etwa 425 cm lang, 45 cm breit und 35 cm hoch. Ihre Verbindung erfolgt durch drei starke Querbalken von 180 cm Länge und 4 x 10 cm Querschnitt. Darüber kommt wieder ein Lattendeck, das auf seinem Vorderende eine kleine Ruderbank trägt. Rechts und links von dieser bringt man die Stützen für die Rudergabeln an, deren Form und Befestigung gleichfalls aus der Abbildung entnommen werden kann. Die Steuerung besorgt man mit den Riemen selber oder überläßt dies einem Kameraden, der am Hinterende ein Paddelruder ins Wasser eintaucht. Man kann aber auch einen besonderen Aufbau für ein Steuerruder anbringen, ähnlich wie er in Abb. 301 zu sehen ist. Dieses zweite Katamaran gleicht in seiner Form und

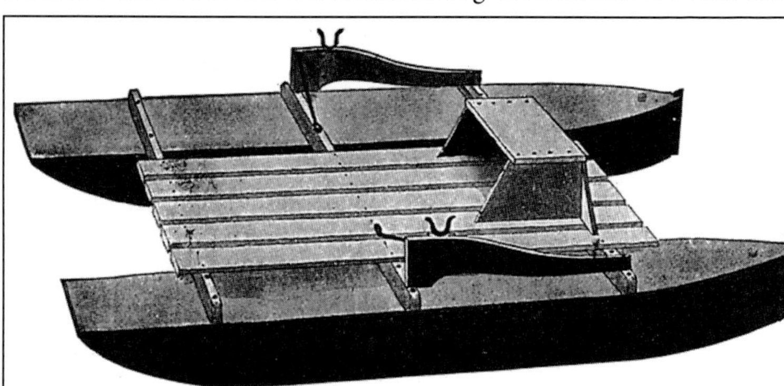

Abb. 300. Katamaran.

Herstellung ganz dem vorigen, nur ist im Verdeck eine mittlere Lücke freigelassen und der erwähnte Aufbau für das Steuerruder hinzugefügt. Die Räder fertigt man am besten aus je einem Wagenrad, indem man von diesem den Radkranz entfernt und an den Speichen mit Bronzenägeln die Schaufeln befestigt. Letztere sind 20 cm an der Außenkante, 15 cm an der Innenkante breit und 15 cm hoch. Die Achse läßt man wohl am besten vom Schmied herrichten, die Kette sowie die beiden Zahnräder mit dem Pedal,

Abb. 301. Räderantrieb für das Katamaran.

von einem ausgedienten Fahrrad stammend, erhält man billig beim Altmetallhändler. Der Bock mit dem Sitz und der Lenkstange ist in der Abbildung deutlich genug zu erkennen; er muß aber jedenfalls hinreichend fest sein, daß er sich unter der tretenden Bewegung nicht lockert. Die Einrichtung, das Steuer vom Sitz aus zu regieren, ist sehr zu empfehlen. Endlich kann man über dem Sitz auf vier Stangen ein Dach aus Leinwand anbringen, dessen Schatten an heißen Sommertagen sehr wohltuend empfunden werden dürfte. Im Anschluß sei noch der eigentlich selbstverständliche Hinweis getan, daß alle Holz- und Metallteile dieser Boote gründlich mit Ölfarbe zu streichen sind. Beim Abdichten der Fugen endlich verfahre man mit aller erdenklichen Sorgfalt und behalte stets vor Augen, daß ein undichtes Boot das Leben der Insassen in Gefahr bringt.

Es wird nun freilich nicht allen unseren Lesern vergönnt sein, sich eines der beschriebenen gebrauchsfähigen Fahrzeuge zu bauen, und doch soll die Lust am Wassersport Befriedigung finden. Aus diesem Bedürfnis ist der *Modellsegelsport* entstanden; ja in

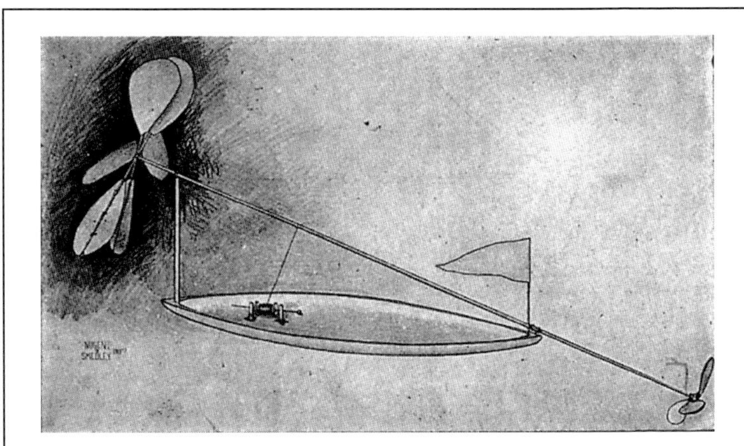

Abb. 302. Vor- und rückwärts fahrendes Modellboot.

vielen Städten werden alljährlich regelrechte Wettfahrten von Modellsegel- und -motorbooten abgehalten, an denen sich auch Erwachsene mit großem Eifer beteiligen. Es hindert nun nichts, die bisher beschriebenen Boote in verkleinertem Maßstab als Modelle auszuführen, etwa indem man sämtliche Maße in Millimetern statt in Zentimetern nimmt; besonders mit dem Kanu, dem Segelscharpie und der Prau kann man bei Wettfahrten schöne Erfolge erzielen. Sollen freilich die Modelle einem richtigen Hochseerenner gleichen, dann muß man in einer besonderen Schrift darüber Belehrung suchen, etwa im 5. Band der Illustrier-

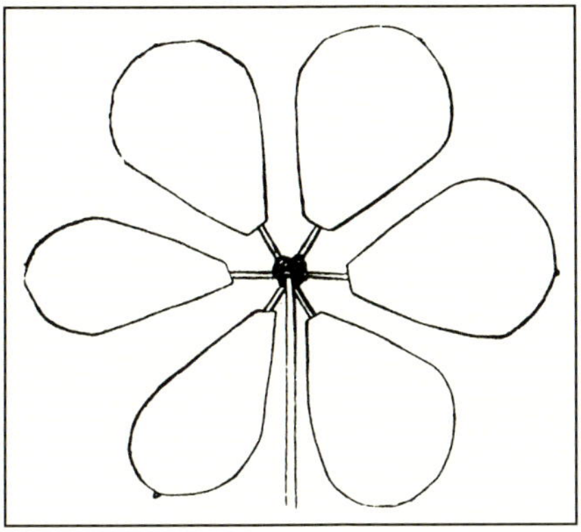

Abb. 303. Windrad zum Modellboot.

ten Taschenbücher für die Jugend: „Der junge Schiffbauer", der außer der gewünschten Aufklärung über die verschiedenen Schifftypen auch die Pläne und Aufrisse mehrerer Modellboote enthält. Dagegen wollen wir eines sehr hübschen Spielzeuges gedenken, das jedermann, der es zum erstenmal auf dem Wasser sieht, ungemein überrascht. Wie die Abb. 302 zeigt, besteht es in der Hauptsache aus einem 60 cm langen, 20 cm breiten und 3 cm dicken Brett von der Form eines Bootaufrisses. Am Vorderende ist ein 23 cm langer Mast eingesetzt, der am oberen Ende eine Ringschraube trägt. Eine gleiche Ringschraube drehen wir am Hinterende des Schiffsrumpfes ein. Durch die beiden Ösen schieben wir eine Welle von 100 cm Länge und 1 cm Dicke und sorgen durch entsprechend aufgeleimte Holzringe dafür, daß die Welle oben 7 cm über die Spitze des Mastes hinausragt und sich ohne Verschiebung in den Ösen leicht drehen kann. An das Ende der Welle kommt ein Flügelrad. Es besteht aus einem hölzernen runden Mittelstück von 3 cm Durchmesser und der gleichen Länge, von dem sechs Arme aus 3 mm dickem Draht ausgehen. An diesen sind die Flügel aus dün-

Abb. 304. Modellboot, vom Wind zurückgetrieben.

nem Weißblech und von der in der Abb. 303 ersichtlichen Form (15 cm lang und 11 cm breit) angelötet. Ihre Fläche muß aber, wie es auch bei Windmühlflügeln der Fall ist, ein wenig schief zur Drehungsebene stehen. Ans andere Ende der Welle kommt eine Propellerschraube, gleichfalls aus Holz und Blech gefertigt, aber nur

Abb. 305. Modell eines Segelbootes.

mit drei Flügeln, die unmittelbar am Holzkern festsitzen und 9 cm Länge auf 5 cm Breite zeigen. Setzen wir nun das Boot in diesem Zustande gegen den Wind ins Wasser, so wird letzterer die Flügel vorn in Umdrehung versetzen und der Propeller schraubt das Fahrzeug gegen den Wind nach vorn zu. Es würde sich also ständig von uns entfernen. Das ist uns aber nicht erwünscht, vielmehr soll es nach einer gewissen Fahrstrecke von selber zu uns zurückkehren. Wir erreichen dies durch folgende Einrichtung. Hinter dem Mast bringen wir in der Mittelachse des Schiffchens auf dem Bodenbrett zwei senkrechte Holzleisten von 5 cm Höhe an, die oben durch einen 3 mm dicken Draht fest verbunden sind. Auf diesen Draht haben wir zuvor vollkommen leicht drehbar eine

Abb. 306. Modell eines französischen Barkschiffes.

Zwirnrolle aufgeschoben, die noch reichlich mit Zwirn oder dünnem Bindfaden bewickelt ist. Das eine Ende dieses Fadens ist an der Rolle zu befestigen, das andere oben an einem kleinen Stift, der in der Welle sitzt. Wenn unser Schiffchen nun davonfährt, wickelt es zugleich den Faden von der Rolle auf die Welle, bis er zur Gänze von jener auf diese übergegangen ist. Nun kann sich die Welle nicht länger drehen, weil ja das andere Ende des Fadens an der Rolle hängt. Die infolgedessen stillstehenden Windmühlflügel wirken nun unter dem Druck des Windes wie ein Segel und treiben das Fahrzeug, ohne daß es zu wenden braucht, zum Ausgangsort zurück (Abb. 304). Wir brauchen dann nur den Faden von der Welle durch Drehen der Rolle auf diese zurückzubringen, um es zur neuen Fahrt bereit zu machen. Nach einigem Probieren wird es nicht an einem guten Gelingen fehlen.

An vielen Orten, besonders in den Städten des Binnenlandes, ist aber nicht einmal dieser bescheidene Ersatz für den Segelsport

Abb. 307. Modell eines holländischen Segelschiffes.

möglich. Die jungen Wasserfreunde müssen sich vielmehr begnügen, das Modell irgendeines Seeschiffes zusammenzubasteln und als hübschen Schmuck in ihrem Zimmer aufzustellen. Zu diesem Zweck genügt jede gute Abbildung eines Fahrzeuges, denn es kommt dabei mehr auf das hübsche Aussehen als auf die Fahrtüchtigkeit an. Solche Abbildungen von Krieg- und Handelsschiffen kann man ohne Mühe in illustrierten Zeitungen, auf Postkarten und dergleichen ausfindig machen. Nur der Vollständigkeit halber fügen wir noch einige bei, die an Schärfe nichts zu wünschen übrig lassen und recht gut als Vorbilder dienen können. Abb. 305 zeigt ein kleines Segelboot, Abb. 306 ein französisches Barkschiff mit aufgerollten Segeln, Abb. 307 ein Segelschiff holländischer Bauart in voller Fahrt. Die Schiffskörper zu diesen Modellen fertigt man

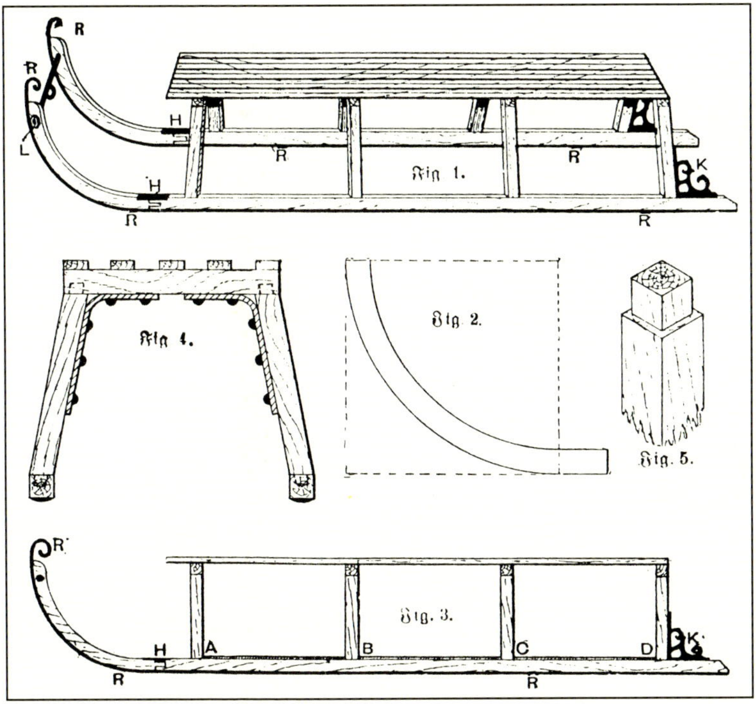

Abb. 308. Bockschlitten.

aus einem hinreichend großen Stück weichen Holzes mittels Meißel, Stechbeutel und Schabeisen. Zum Aufstellen dient, falls man den Rumpf nicht wie auf Abb. 306 unten eben macht, ein sägebockähnliches Gestell mit einem keilförmigen Einschnitt im oberen Teil der Querbrettchen (Abb. 305 u. 307).

Neben dem Wassersport übt besonders der Wintersport eine große Anziehungskraft auf die Jugend aus, umsomehr, als hier

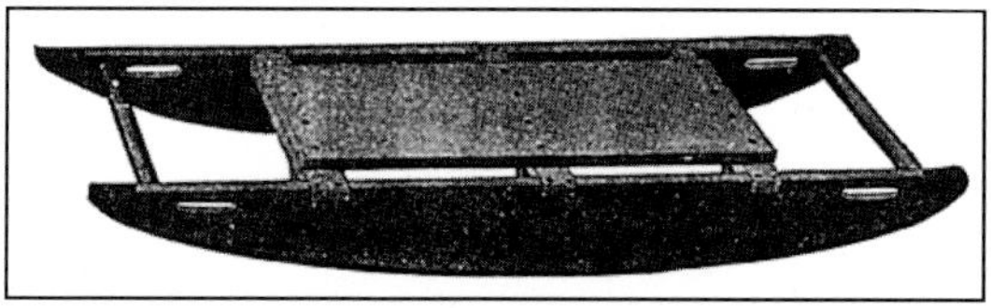

Abb. 309. Schaukelschlitten.

jedermann mittun kann, ohne sich mit Modellen begnügen zu müssen, und auch die Kosten weit geringer sind. Wie man nun einen gewöhnlichen *Bockschlitten* herstellt, ist aus der Abb. 308 zu entnehmen. Als Material dienen Leisten aus Hartholz von quadratischem Querschnitt mit 3 cm Seitenlänge, nur die Latten des Sitzes können halb so dick genommen werden. Die Kufen R R (Fig. 1) bestehen aus einem 70 cm langen geraden Stück und einem viertelkreisförmigen, das aus gleichstarkem Holz besonders auszusägen ist (Fig. 2). Bei H werden sie miteinander verzapft und diese Verbindungsstelle durch ein oben aufgeschraubtes Eisenplättchen von 2 mm Dicke verstärkt. Auf der Unterseite der Kufen wird der ganzen Länge nach ein Bandeisen R von 1 mm Dicke und 3 cm Breite aufgenagelt. Die Vorderenden sind durch einen in der Mitte zu einer Öse gebogenen Eisenstab L oder durch eine Querlatte zu verbinden. Die Stützen A B C D (Fig. 3) sind sowohl unten in die Kufen als oben in die Querleisten einzuzapfen (Fig. 5); mit letzteren werden sie außerdem noch durch aufgeschraubte Winkeleisen verbunden (Fig. 4). Die Längslatten sind auf den Querleisten mit Nägeln befestigt, die man nach dem Durchschlagen unten umklopft. Die Stütz- und Querhölzer sind so zu bemessen, daß die Höhe des Schlittens etwa 28 cm, die untere Spurweite 37 cm, die Breite des Sitzes 27 cm beträgt; doch kann man von diesen Angaben bis zu einer gewissen Grenze natürlich abweichen. Die Winkeleisen K zwischen den Stützen D und den Hinterenden der Kufen

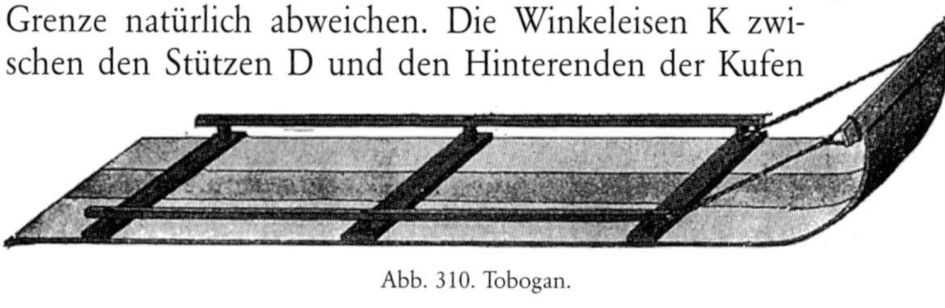

Abb. 310. Tobogan.

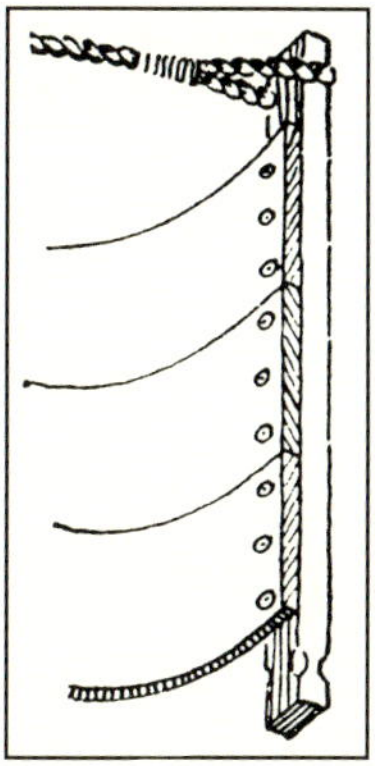

Abb. 311. Vorderteil des Tobogans.

brauchen gleichfalls nicht so verziert zu sein, wie es die Abbildung zeigt, sondern können aus einfachen Bandeisen bestehen.

Der hier beschriebene Schlitten stellt nun allerdings ziemliche Anforderungen an unsere Hobelbankkunst, wenn er zur Zufriedenheit ausfallen soll. Höchst einfach dagegen ist der *Schaukelschlitten* (Abb. 309), zugleich ein ausgezeichneter Renner. Wir verwenden dazu wieder Hartholz und zwar Bretter von 2 bis 3 cm Dicke. Die Länge des Schlittens kann 140 bis 160 cm betragen, die Breite 50 bis 60 cm, die Höhe der unteren Bogenkufen in der Mitte 20 bis 25 cm. Das Sitzbrett ist beiderseits etwa ein Viertel kürzer als die Kufen; letztere werden durch fünf Quersprossen verbunden, von denen die mittleren etwa doppelt so breit als die äußeren und an den Kufen außer durch Schrauben noch durch Winkeleisen befestigt sind. Auch hier wird die Sohle der Kufen wieder mit Bandeisen beschlagen.

Eine im nördlichen Amerika und Rußland häufig gebrauchte Schlittenform ist der *Tobogan* (Abb. 310), 240 bis 480 cm lang und 50 bis 100 cm breit. Er besteht der Hauptsache nach aus drei bis vier astfreien, glattgehobelten Brettern von 5 bis 8 mm Stärke, die am Vorderende aufgebogen werden müssen, damit der Schlitten leicht über Unebenheiten des Bodens hinweggleiten kann. Das Umbiegen können wir selbst besorgen, indem wir die Enden der Bretter eine Zeitlang in heißes Wasser stecken, etwa in den Waschkessel, dann in einen festen Spalt schieben, zum Beispiel zwischen die Backen eines großen Schraubstockes oder zwischen die Stäbe eines starken Kanalgitters und sie langsam umbiegen.

Abb. 312. Tobogan mit geteiltem Boden.

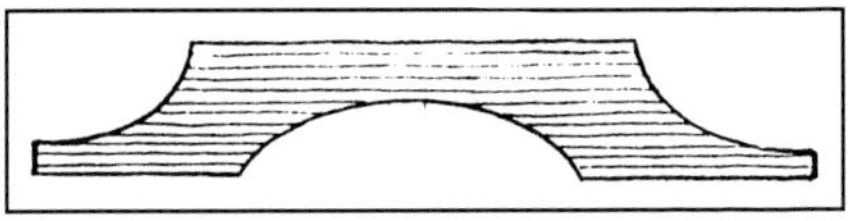

Abb. 313. Querleiste zum Tobogan mit geteiltem Boden.

Sollte uns diese Arbeit nicht gelingen, so wird sie uns der Wagner gegen ein geringes Entgelt gern abnehmen. Die übrige Herstellung bietet weiter keine Schwierigkeiten. Die Bretter werden durch drei bis vier Querleisten verbunden, eine andere kommt ans Vorderende, aber auf die Außenseite, wie die Abb. 311 zeigt, und steht hier beiderseits ein wenig vor. Über jedes dieser Enden wird die Schlinge eines kräftigen Seiles geschoben, das an der nächsten Querleiste gut zu befestigen ist; es dient dazu, die gebogene Form der Bretter zu bewahren, die sonst durch den Einfluß der Nässe bald wieder gerade würden. Die seitlichen Geländer bestehen aus je einer Leiste mit untergenagelten kurzen Klötzchen, die wiederum auf den Querleisten befestigt werden. Die Bodenfläche ist sauber zu glätten und des öfteren mit Teer oder Leinöl einzulassen. Man kann den Tobogan auch mit geteiltem Boden anfertigen (Abb. 312). Die Querleisten müssen dann die Form der Abb. 313 erhalten und in der Mitte ungefähr 10 cm hoch sein. Im übrigen sind die Maße gleich denen des einfachen Tobogans, das mittlere Sitzbrett erhält am besten eine Breite von 25 cm. Wie aus der Abbildung ersichtlich, gibt es hier nur ein Spannseil, das von der Mitte der vorderen Querleiste über eine besondere Querbrücke unter das Sitzbrett geführt und dort sicher befestigt ist.

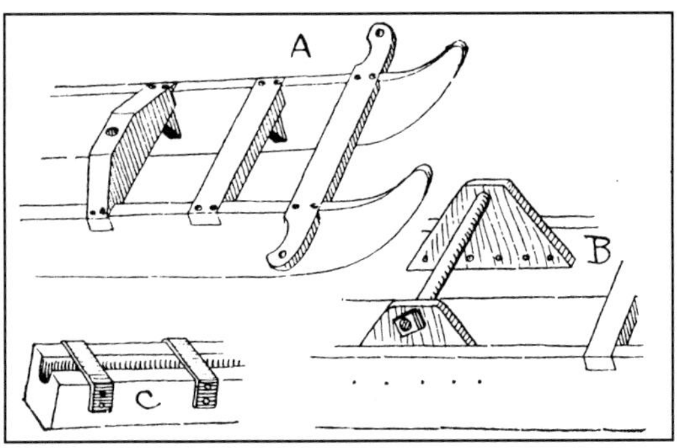

Abb. 314. Einzelteile zum Gesellschaftsschlitten.

Vielen Spaß macht ein *Gesellschaftsschlitten* (Abb. 315), auf dem fünf bis sechs Personen Platz nehmen können. Das Sitzbrett macht man 350 cm lang, 26 cm breit und 3 bis 4 cm dick und bringt nach Belieben mit dem Brennstift oder mit Ölfarbe allerlei Verzierungen darauf an. Der vordere Schlitten ist 70 cm lang, 30 bis 35 cm breit und 15 cm hoch, der hintere bei gleicher Höhe und Breite etwa 100 cm lang. Die Kufen sind auf jeden Fall aus hartem Holz zu machen, die übrigen Teile können auch aus Fichtenholz sein. Die Verbindung durch Querleisten ist aus der Abb. 314 A ersichtlich. Wir haben also am Vorderteil die erste Querleiste nach beiden Seiten zu vorstehend, um das Lenkseil einzuhängen, dann eine gewöhnliche, die dritte aber zeigt bei einer mittleren Höhe von 10 cm einen trapezförmigen Aufriß und hat in der Mitte eine senkrechte Durchbohrung zur Aufnahme eines eisernen Bolzens, der an der Unterseite des Sitzbrettes angebracht ist. Dieser Bolzen, durch den man unterhalb der Querleiste noch einen Vorstecker schiebt, vermittelt die Lenkbarkeit des Schlittens. Am Hinterschlitten ist die Verbindung mit dem Sitzbrett ein wenig anders gestaltet. An Stelle der vorletzten Querleiste sehen wir an der Innenseite der Kufen trapezförmige Klötze angeschraubt (B), zwischen denen eine eiserne Querstange verläuft. Übereinstimmend mit dieser Stange trägt die Unterseite des Sitzbrettes eine von einer Rinne durchzogene Querleiste (C), die in kleinen Abständen von eisernen Bändern umklammert wird. Hält man nun diese Querleiste zwischen die trapezförmigen Stücke, schiebt die Stange von seitwärts durch und versieht letztere an den Enden mit Schraubenmuttern, so wird das Sitzbrett festgehalten, ohne mit dem Schlitten starr verbunden zu sein. Durch

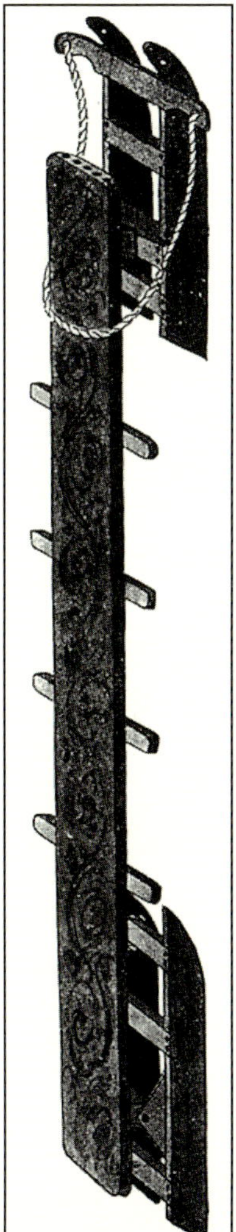

Abb. 315.
Gesellschaftsschlitten.

Abb. 316. Einkufiger Schlitten.

diese Einrichtungen, einen senkrechten Bolzen vorn und eine waagrechte Drehachse hinten, wird erreicht, daß der Schlitten weder schleudert noch stößt. Schließlich werden an der Unterseite des Sitzbrettes noch einige Querlinien zum Aufstemmen der Füße angeschraubt.

Der *einkufige Schlitten* (Abb. 316) dürfte nicht jedermanns Sache sein, denn auf ihm zu fahren ist noch schwieriger als das Lenken eines Fahrrades; aber gerade deswegen wird er auf manche unserer Leser anziehend wirken, zumal er am leichtesten von allen beschriebenen Fahrzeugen herzustellen ist. Die Kufe, 40 bis 60 cm lang und 5 x 5 cm im Querschnitt, ist vorn abgerundet und auf der Unterseite mit einem Eisenband beschlagen, das nach vorn zu einer kurzen Spirale eingerollt ist. Der senkrechte Pfosten, gleichfalls 5 x 5 im Querschnitt, aber nur 40 cm hoch, ist mit der Kufe durch Zapfen und Winkeleisen verbunden. Den Sitz kann man nach Belieben und Bequemlichkeit aus einem starken Brett zurechtschnitzen oder einen alten Fahrradsattel dazu verwenden. Wer diesen Schlitten erst einmal richtig zu regieren gelernt hat, zieht ihn jedem anderen vor, weil er sich überall verwenden läßt, auch auf den schmalsten Steigen.

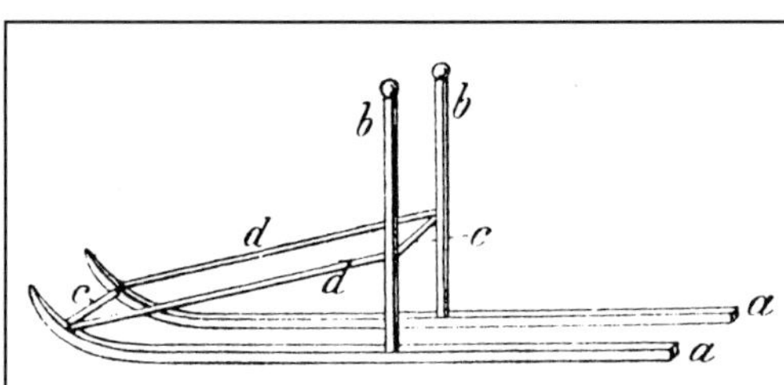

Abb. 317. Rennwolf.

Auf ebenen Straßen sowie auf Wasserläufen aller Art, auch wenn das Eis ziemlich holprig ist, leistet der *Rennwolf* (Abb. 317) gute Dienste. Die Kufen a a, wie alle anderen Teile aus Eschenholz bestehend, werden 2 m lang genommen und nach vorn zu etwa 25 cm weit aufgebogen. Auf diesen Kufen sind, 125 cm von vorn gerechnet, die 1 m hohen Pfosten b b eingezapft, die oben in Knöpfe enden oder noch besser durch eine Querstange verbunden sind. Schließlich sichern noch die Querleisten c c sowie die schiefen Leisten d d die Festigkeit des

Abb. 318. Eisjacht.

Gerüstes. Die Unterseite der Kufen ist mit heißem Tee oder Leinöl zu tränken oder besser mit Bandeisen zu beschlagen. Dort, wo d an b stößt, kann man auch einen kleinen Sitz anbringen, um das Brüderlein oder Schwesterlein bei kürzeren Ausflügen mitzunehmen. Den Rennwolf benützt man in der Art, daß man mit einem Fuß auf einer der Kufen steht und mit dem andern gegen den Schnee abstößt. Die damit erzielte Geschwindigkeit ist zwei- bis dreimal so groß, als wenn man gehen würde.

Die Herstellung von Schneeschuhen (Skiern) übergehen wir geflissentlich, weil man ohne eine sehr genaue Kenntnis der verwendeten Hölzer und anderes nie einen Erfolg erzielen wird, der die aufgewandte Mühe lohnt.

Im Norden, wo es große Eisflächen gibt, kommen für den Wintersport auch die sogenannten *Eisjachten* in Betracht. Wir sehen eine solche in Abb. 318 in der Draufsicht, in Abb. 319 im Grundriß. Der Rahmen des Balkengerüstes besteht aus astreinen, 15 cm hohen und 5 cm dikken Pfosten aus Fichten- oder Tannenholz. Von diesen ist A 240 cm, B je 335 cm, C 150 cm, D 95 cm und E 280 cm lang. Die Verbindung geschieht überall durch starke Schrauben oder noch besser durch Eisenbolzen von 12 bis 15 mm Dicke, die Schraubenmuttern an den Enden haben. Das Bugspriet hat einen quadratischen Querschnitt von vorn 5 cm, hinten 10 cm Seitenlänge. An seiner Spitze sind drei starke Ringschrauben

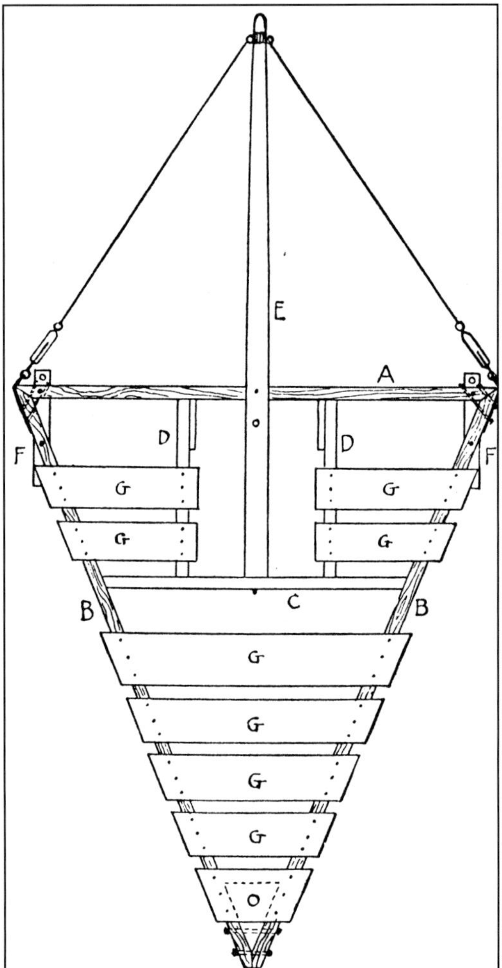

Abb. 319. Balkengerüst der Eisjacht.

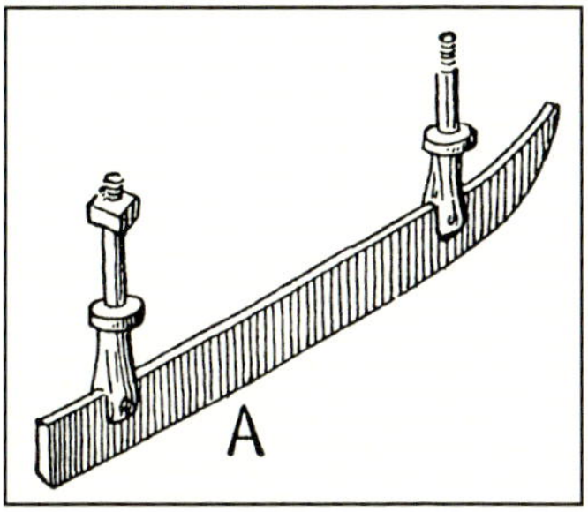

Abb. 320. Schuh der Eisjacht.

eingedreht; besser ist ein Eisenbandring mit drei angenieteten Ösen, der aufgeschoben und festgeschraubt wird. Von der oberen dieser Ösen läuft ein Tau zur Mastspitze (Fogstag), von den seitlichen das Wasserstag zu den Enden von A. Die seitlichen Schuhbalken F sind 65 cm lang bei einem Querschnitt von 7 cm im Quadrat; sie sind auf der Unterseite des Balkengerüstes festgeschraubt. Am Hinterende ist, durch die punktierte Linie angedeutet, zwischen B und B ein dreieckiger Klotz einzufügen, durch dessen Loch der Hals C des Steuers (Abb. 321) geschoben wird. Zu den Deckplanken G verwendet man einzöllige Bretter; man kann sie natürlich auch eng aneinander rücken. Der Mast ruht mit seinem Fuß in einem Zapfenloch des Bugsprietes und wird 20 cm darüber noch von einem bankähnlichen Gestell festgehalten, wie es in der Abb. 318 deutlich zu sehen ist. Die zwei Schuhe (Schlittenkufen, Abb. 320) muß man vom Schlosser herstellen lassen, desgleichen das Steuer (Abb. 321). Jeder Schuh (A) ist 75 cm lang und vorn abgerundet, die Träger sind 30 cm hoch und werden von unten in die Fußbalken F eingesetzt. Das Steuer, 35 cm lang, gleicht einem schwach gebogenen Halbmond (B). Die senkrechte Stange (C) führt, wie schon erwähnt, durch das Loch des dreieckigen Klotzes am Hinterende und ist oben mit einem Vierkant sowie mit einer Schraubenmutter versehen. Über den Vierkant wird der Hebel D geschoben und mit einer Mutter befestigt. Der Mast, unten 12 cm, oben 9 cm dick und

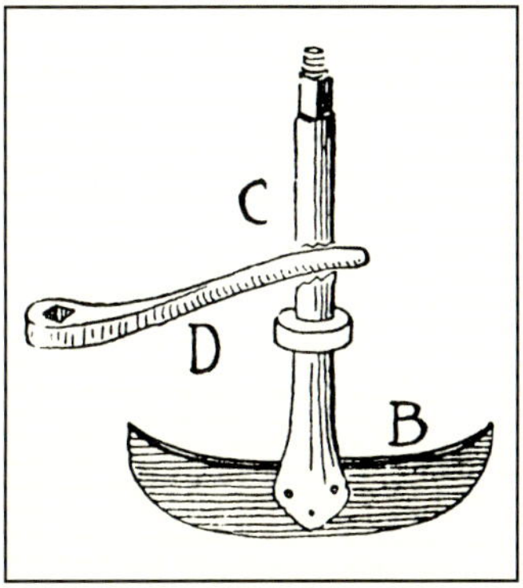

Abb. 321. Steuer der Eisjacht.

360 cm hoch, ist aus Eschenholz zu fertigen; die Gaffel mißt 160 cm, der Baum 365 cm. Die Segel haben also folgende Dimensionen: das Hauptsegel 245 cm am Mast, 150 cm an der Gaffel, 350 cm am Baum und 395 cm am Außenliek; das dreieckige Segel mißt 300:185:250 cm. Das Innenende der Gaffel endigt in eine gabelförmige Klaue, mit der es den Mast umfaßt; das Innenliek des Segels hängt ferner mittels sechs Ringen am Mast. Läßt man nun

Abb. 322. Eisjacht mit Doppelmast.

die Zugseile nach, die oben an der Mastspitze über einige Blöcke (siehe Abb. 292) laufen, so senkt sich die Gaffel und das Segel kann zusammengebunden werden. Die Befestigung des Vordersegels ist aus der Abbildung leicht zu entnehmen. Da aber die Bedienung eines Gaffelsegels immerhin einige Erfahrung im Segeln voraussetzt, tun Anfänger besser, ein viereckiges nach Art der Abb. 295 oder ein dreieckiges nach Angabe der Abb. 298 anzubringen. Für letzteres kann man zum Aufhängen auch einen Doppelmast vorsehen, wie ihn die Abb. 322 zeigt.

Diese zweite Eisjacht ist im großen Ganzen der vorigen ähnlich, doch sind die Deckplanken am Hinterende eng aneinander gerückt. Die beiden, je 335 cm langen Masten sind seitwärts in den Pfosten B des Rahmens (Abb. 319) einzapft, neigen sich nach oben zu gegeneinander und sind an der Spitze durch eine eiserne Spange verbunden. Von hier führt ein Stag (Seil) nach der Bugsprietspitze, zwei weitere zu den Enden des mittleren Rostquerbalkens. Das Segel hängt mittels einer Talje (Flaschenzug) zwischen den beiden Masten. Das obere Holz ist 485 cm, das untere 550 cm, das Außenliek 430 cm lang. Durch eine zweite Talje wird die Entfernung des hinteren Segelendes von der hinteren Spitze des Balkenrostes bestimmt. Die Schuhbalken, die eisernen Kufen sowie das Steuer sind nach den bezüglichen Angaben der vorigen Jacht anzufertigen.

Abb. 323. Windbrenner.

Der *Windrenner* (Abb. 323) endlich hat zwar den Nachteil, daß man mit ihm nur vor dem Wind fahren, also nicht gegen den Wind aufkreuzen kann, erfordert aber keine besondere Seglerkunst und ist deshalb leicht zu lenken. Wir möchten ihn daher besonders Anfängern empfehlen. Seine Länge kann ungefähr 400 cm betragen, die Breite 180 cm, die Höhe des Mastes 240 cm, die Länge des Segelbaumes 200 cm. Der letztere wird einfach über einen oben am Mast befestigten Block auf und nieder gezogen. Das Zusammenfügen der Balken ist höchst einfach und in allen Einzelheiten der Abbildung zu entnehmen. Die Schuhe und das Steuer können hier, weil sie nicht so stark beansprucht werden, auch aus hartem Holz bestehen, das man an der Unterseite mit einem Bandeisen benagelt. Bei allen bisher beschriebenen Schlitten und Eisjachten sind die Holzteile gut mit heißem Leinöl einzulassen.

Wenn man im Schlittschuhlaufen, der „Kunst Thialfs", geübt ist, kann man auch auf Flüssen und anderen kleineren Wasserflächen die treibende Kraft des Windes ausnützen, indem man ein sogenanntes *Eissegel* zu Hilfe nimmt. Die einfachste Form sehen wir in der Abb. 324. Es besteht also aus einer etwa 160 cm langen Querstange von Eschenholz oder Bambus, an welcher senkrecht rechts eine ebensolche von 200 cm, links eine von 60 cm Länge befestigt ist. Zwischen diesen beiden Außenstangen ist das trapezförmige Segel ausgespannt, das man unter 45° hinter dem Rücken hält, wenn man sich vom Wind treiben lassen will. Es ist ferner sehr vorteilhaft, die Stangen nicht ständig miteinander zu verbinden, sondern zum Beispiel an den Außenstangen starke

Abb. 324. Schlittschuhsegel.

Abb. 325. Kanadische Schlittschuhläufer mit Eissegeln.

Ösen aus Leder oder Draht anzubringen, in die man die Enden der Querstange schiebt; das Segel läßt sich bei dieser Anordnung bequem zusammenrollen.

Etwas abweichend von diesem sind die Eissegel auf der Abb. 325. Hier ist die schmale Seite nach oben gekehrt, und alle drei Stangen messen etwa 180 cm; die Querstange ruht auf der Schulter des Fahrers. Diese Art Eissegel wird besonders auf den kanadischen Seen gebraucht und erfordert einige Übung in der Handhabung.

Viel leichter zu regieren sind die Segel von der Form der Abb. 326 und 329, die freilich in der Herstellung etwas mehr Schwierigkeiten verursachen. Das beste Material dazu sind Baumbusstäbe, aber auch eschene Schienen von 2 x 4 cm Querschnitt eignen sich, wenn man sie überall gegen die Enden zu dünner hobelt. Die Querstangen in Abb. 326 sind 360 cm lang

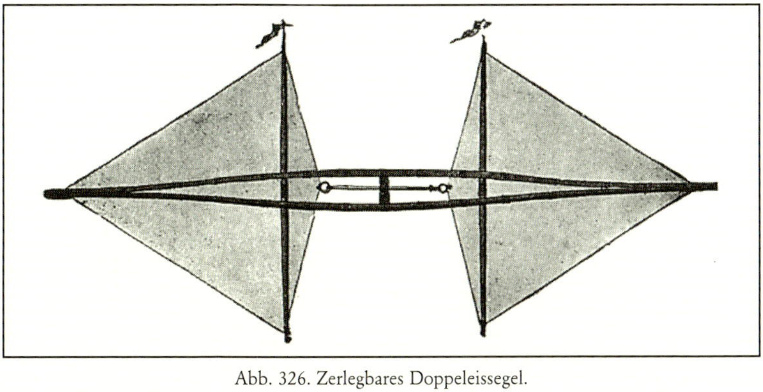

Abb. 326. Zerlegbares Doppeleissegel.

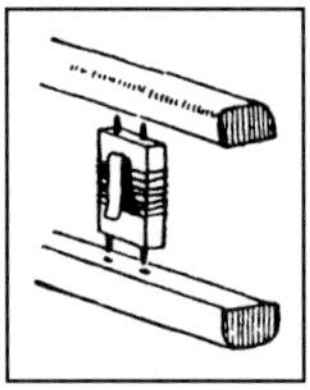

Abb. 327. Spannklotz des Doppeleissegels.

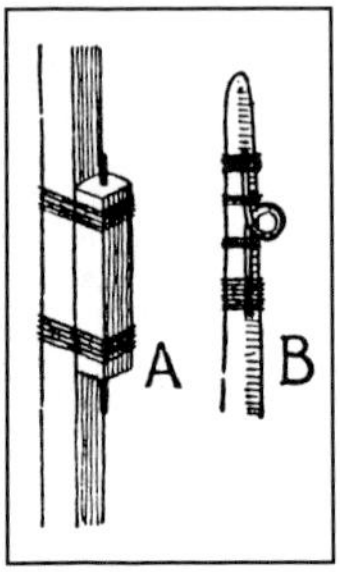

Abb. 328. Befestigung der senkrechten Segelhölzer.

und werden an den Enden ungefähr 20 cm lang mit Bindfaden in eng aneinanderliegenden Windungen umwickelt. In der Mitte werden sie durch ein Klötzchen von 14 cm Länge und 3 x 4 cm Querschnitt (Abb. 327) auseinandergehalten; durch dieses laufen zwei Drahtstücke, deren vorstehende Enden in entsprechende 1 cm tiefe Löcher der Querstangen passen. An diesem Spannklötzchen kann man ferner einen Haken aus starkem Blech anbringen, um das Segel später nach Bedarf in den Gürtel einhängen zu können. Die senkrechten Stangen sind je 160 cm lang. In ihrer Mitte befestigt man durch Annageln und Umwinden mit Bindfaden je ein Klötzchen von 10 cm Länge (Abb. 328 A), durch das wieder ein 3 mm dicker Eisendraht läuft, der in entsprechende Löcher der Querstangen paßt. Man kann auf diese Art die Segelstangen jederzeit ohne große Mühe aus der Verbindung mit den Querstangen lösen, indem man letztere ein wenig auseinander biegt, und so das Segel auseinander nehmen. Nun ist an den Enden aller Hölzer je ein zu einer Öse gebogener Eisendraht von 3 mm Dicke durch Umwickeln mit Bindfaden zu befestigen, wie es Abb. 328 B zeigt. Nachdem das Gestell so weit fertig ist, mißt man danach die Maße

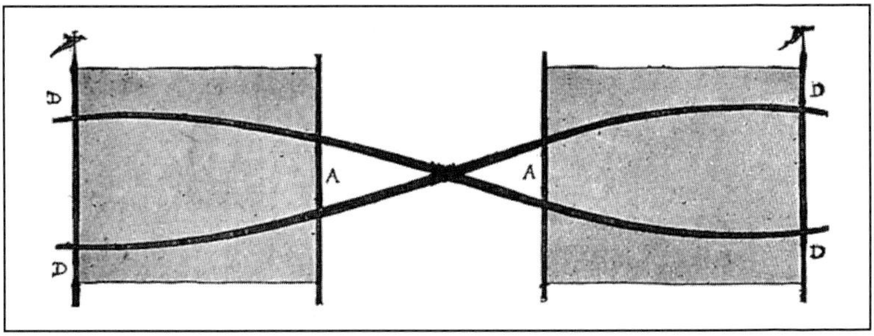

Abb. 329. Doppeleissegel, nicht zerlegbar.

Abb. 330. Klappermühle.

der beiden deltoidförmigen Segel ab, die aus starker Leinwand bestehen müssen. An den Rändern wird ringsum eine starke Hanfschnur eingenäht, die wieder an den Ecken in eiserne Schnepper (Karabiner) geschlungen wird: man kann damit das Segel rasch in die Endösen einhängen. Wer Lust hat, mag schließlich oben an den Segelhölzern noch kleine Fähnchen anbringen.

Das andere Eissegel (Abb. 329) ist nicht zerlegbar. Die Querstangen sind 360 cm, die senkrechten 120 cm lang und werden aneinander durch sorgfältiges Umwickeln mit Bindfaden befestigt. Wem das nicht gelingen will, der mag Schrauben nehmen, aber gut achtgeben, daß ihm dann beim Biegen die Stangen nicht brechen. Die Entfernungen A–D etwa 100 cm übrig bleiben; jedes Segel wird also eine Fläche von 120 x 110 cm erhalten müssen. Nimmt man Bambus zum Gestell aller dieser Segel, so bedarf es keiner weiteren Zurichtung. Esche, Eiche, Buche und anderes Holz muß man aber wieder gut mit Leinöl einlassen.

Haben wir bisher des Sportes auf den größeren Wasser-, Eis- und Schneeflächen gedacht, so sei jetzt eines unterhaltenden Zeitvertreibes gedacht, zu dem auch das kleinste Wässerlein Gelegenheit bietet. Wir meinen den Bau von *Wassermühlen.*

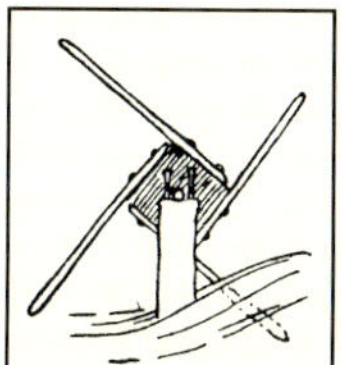

Abb. 331. Querschnitt der Klappermühle bei den Schaufeln.

Eine sehr einfache Einrichtung dieser Art zeigt die Abb. 330. Eine Holzlatte von 30 bis 40 cm Länge und 5 x 5 cm Querschnitt wird nach den Enden zu verjüngt und rund zugeschnitten, so daß sie sich beiderseits zwischen zwei Nägeln drehen kann, die in

Abb. 332. Querschnitt der Klappermühle an den Hämmern.

die Kopfenden zweier senkrechter Pfähle eingeschlagen sind. Links nagelt man dann an die Latte die vier Radflügel, wie es in der Abb. 331 im Durchschnitt zu sehen ist. Am anderen Ende der Welle schlägt man vier rundköpfige Nägel ein, auf jeder Seite einen. Vor dieser Radwelle wird nun zwischen zwei Pflöcken eine andere Welle aus 3 mm dickem Eisendraht angebracht, an der drehbar zwei Hämmer sitzen. Vor diesen wiederum bringt man auf einem Bindfadenrost zwei der bekannten Kuhschellen an. Wenn

Abb. 333. Glockenmühle.

sich dann das Rad, vom Wasser angetrieben, zu drehen beginnt, drücken die Nägel am rechten Ende abwechselnd bald den einen, bald den anderen Hammer in die Höhe (Abb. 332), der dann, sobald der Nagel unten durch ist, kräftig auf die Schelle niederfällt und diese zum Tönen bringt.

Etwas komplizierter ist die *Glockenmühle,* die wir auf den Abb. 333 und 334 dargestellt sehen. Die Welle (W) mit den Treibflügeln ist wie vorher zu fertigen, nur etwas länger, etwa 60 cm zu nehmen. An ihrem linken Ende sitzen acht rundköpfige Nägel, die man aber besser durch dicke, am äußeren Ende krumm gebogene Eisendrähte ersetzt (N). Diese Drähte stoßen beim

Drehen gegen die Nasen E der Stampfbalken C und heben diese hoch. Die Balken C laufen in Führungen D, die an

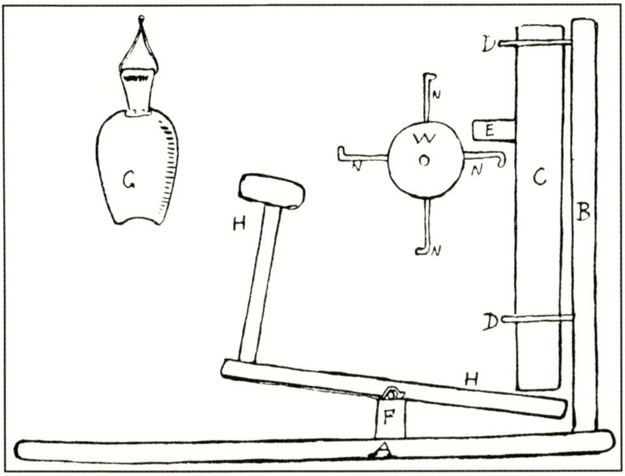

Abb. 334. Schema der Glockenmühle.

einem senkrechten Brett E befestigt sind. Beim Niederfallen schlägt nun jeder der vier Stößel C auf das hintere Ende eines Winkelhebels H, der um F drehbar gelagert ist und an seinem aufrechten Ende einen kleinen Holzhammer trägt. Vor diesen Hämmern hängen an einer Schnur Kuhschellen G, die bei jedem Auf und Nieder der Hämmer einmal getroffen werden. Wenn sich also die Welle einmal herumdreht, erhalten wir 32 einzelne Töne, die, wenn die Schellen nach einem Akkord abgestimmt sind, nicht unangenehm auf das Ohr wirken dürften.

Noch genauere Arbeit verlangen die regelrechten *Wasserräder,* besonders wenn man sie zum Antrieb von kleinen Maschinenmodellen und dergleichen verwenden will. Die Abb. 335 zeigt ein sogenanntes unterschlächtiges Wasserrad, das sich bei reichlicher Wasserzufuhr und geringem Gefälle empfiehlt. Von der Welle, mittels eiserner Endbolzen in eisernen Lagern ruhend, gehen die

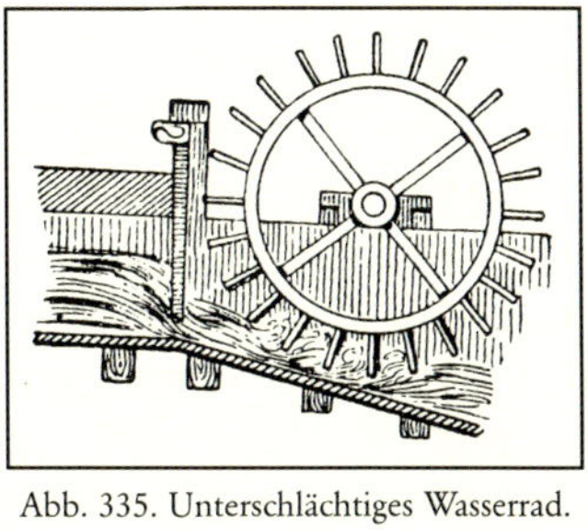
Abb. 335. Unterschlächtiges Wasserrad.

Radspeichen aus, die den Radkranz tragen; dieser ist wieder mit einer größeren Anzahl quer verlaufender Schaufelbretter versehen. Maße können wir bei diesen Wasserrädern nicht angeben, weil sie

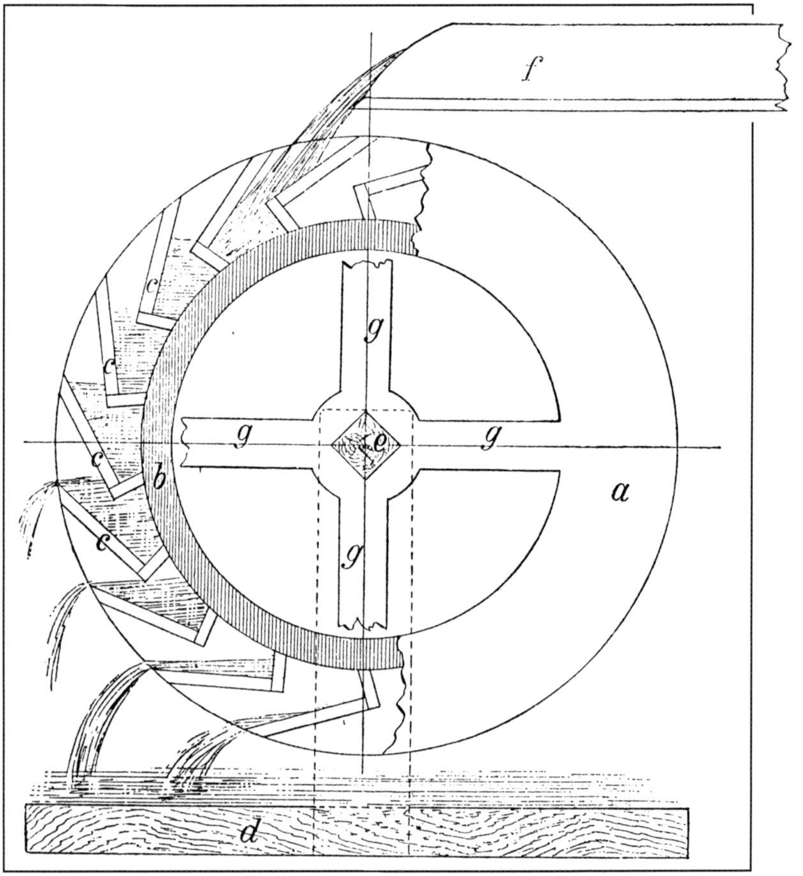

Abb. 336. Oberschlächtiges Wasserrad.

sich nach dem verfügbaren Gefälle richten müssen. Ist dieses ermittelt, kann man durch Abstechen mit dem Zirkel und proportionale Vergrößerung den wirklichen Maßstab leicht berechnen. Durch Anbringen einer Schleuse kann man den Wasserzufluß regeln.

Bei wenig Wasser von beträchtlichem Gefälle geben die oberschlächtigen Räder einen größeren Nutzeffekt. Sie erfordern aber eine ziemliche Sorgfalt in der Herstellung. In der Abb. 336 sehen wir ein solches Rad im Durchschnitt. Auf der vierkantigen Welle e sitzen die Speichen g, die samt dem zugehörigen Radkranz a doppelt aus Brettern von der erforderlichen Größe gesägt werden. Zwischen den Radkränzen sind dann die Wasserkasten in folgender Weise anzubringen. Man nagelt erst im innern Kreis ringsum schmale Brettchen b ein, die gut aneinander und an den Radkranz schließen müssen. Darauf kommen dann die eigentlichen Schaufelkästchen c, ein jedes aus zwei senkrecht aufeinander stehenden Brettchen gebildet. Um alle diese Fugen dicht zu machen, kann man wie beim Segelboot Bleiweiß mit Baumwolle dazwischenpacken, und dann alles Holz gut mit Teer streichen. Auch nimmt man die Nägel besser aus Kupfer, damit sie nicht rosten. Zu den Achsen und Achsenlagern muß man freilich Eisen nehmen, das aber hier durch das Schmiermittel (Wagenfett) vor der Einwirkung der Feuchtigkeit ziemlich geschützt ist. Das Wasser fließt bei dieser Art Räder von oben aus der Rinne f herunter und füllt die Schaufelkasten auf der einen Seite, wodurch diese schwerer wird und sich zu Boden senkt, bis endlich das Wasser unten wieder austreten kann. Das Brett d auf dem Grund des Baches hat den Zweck, daß das herabklatschende Wasser die

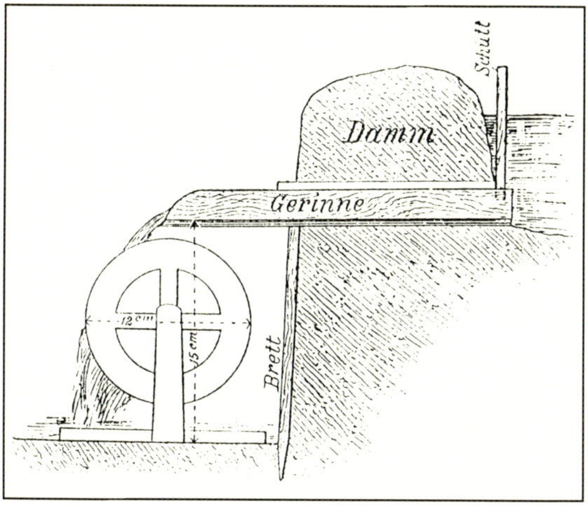

Abb. 337. Wehranlage für ein oberschlächtiges Wasserrad.

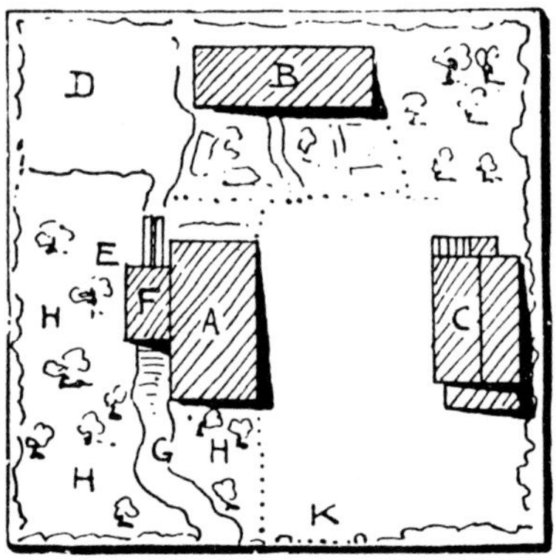

Abb. 338. Mühlenanlage, Grundriß.

Sohle nicht zu tief aushöhlt, kann aber auch wegbleiben. Die übrige Einrichtung einer solchen Mühle mit Damm, Schleuse (Schütze) und Gerinne können wir aus der Abb. 337 mit aller wünschenswerten Deutlichkeit entnehmen.

Sehr hübsch ist es, wenn wir uns mit dem Wasserrad als solchem nicht begnügen, sondern es mit einer vollständigen *Mühlenanlage* in Verbindung bringen. Die Abb. 338 zeigt einen solchen Grundriß. A ist das Wohnhaus mit den Mühlgängen, B ein Getreidespeicher und C eine Scheuer mit angebauten Ställen. D stellt einen Teich vor, von dem das Wasser durch das Gerinne E über das Rad F zum Abflußgraben G läuft. Bei H sehen wir allerlei Strauchwerk verzeichnet, während K ein Tor in der Umzäunung der ganzen Anlage andeutet. Wie das Wohnhaus mit Wasserrad und Gerinne anzufertigen ist, kann man aus den Abb. 339 und 340 entnehmen. Eine solche Mühlenanlage, in größerem Maßstab ausgeführt, kann recht an Stelle der Gebirgslandschaft (Abb. 232) zur Belebung eines Gartens dienen. Als kleines

Abb. 339. Mühle, Seitenansicht.

Abb. 340. Mühle, Rückansicht.

Modell aus Zigarrenkistenholz dagegen eignet es sich als Zimmerschmuck und wird sich besonders in einem Fenstergarten (Abb. 74) gut ausnehmen. In letzterem Fall muß man die ganze Anlage auf einem geneigten Brett (B in Abb. 341) unterbringen.

Ferner kann man an dem einen Ende der Radachse eine Riemenscheibe befestigen, von der die Bewegung auf ein anderes Maschinchen übertragen wird. Ein sehr beliebtes Spielzeug dieser Art ist eine *Stampfmühle* (Abb. 342). Die Walze b ruht in den Lagern c (am besten aus Metall) innerhalb des Holzgestelles a, dessen Maße jedermann nach Belieben einrichten kann. Von dem Triebrad d läuft eine Schnur zur Riemenscheibe auf der Achse des Mühlrades. Die paarweise angeordneten Stampfbalken e finden oben in dem Brett f eine Führung und fallen unten in passende Kerben y eines Brettes x. Sie sind nach vorn zu mit Nasen (1 bis 6) versehen, denen wiederum Zähne (nur 1, 2 und 5 in der Abbildung sichtbar) auf der Welle b entsprechen. Das Ganze muß man so einrichten, daß die Stampfbalken bei jeder Drehung der Welle abwechselnd einmal aufgehoben und dann fallen gelassen werden.

Abb. 341. Mühlenanlage, Durchschnitt.

Schließlich kann man ein unterschlächtiges Rad noch nutzbringend verwerten, indem man es als *Schöpfrad* einrichtet, wie es die Beilage (rechte Seite) zeigt. Von der Welle, in die als Zapfen zwei kräftige Nägel eingeschlagen sind, gehen die gekreuzten Speichen aus, welche die beiden Radkränze tragen. Zwischen letzteren sind wieder die Schaufelbretter eingefügt. An der Außenseite des einen Radkranzes sind ferner noch kleine Kästchen angebracht, die bei der Umdrehung des Rades unten Wasser schöpfen, es nach oben bringen und dort in eine Rinne ausgießen, die knapp bis an die Radspeichen heranreicht. So kann das Schöpfrad als hübsches Spielzeug eingesetzt werden. Wenn man jedoch Breite und Höhe des Rades gegen das Volumen der Kästchen richtig abmißt und vor allem die Welle sicher lagert, so daß sie sich nicht seitlich zu verschieben vermag, dann kann man das Schöpfrad recht gut auch dazu benutzen, von einem in einiger Entfernung vorbeifließenden Bache Wasser in den Garten zu leiten.

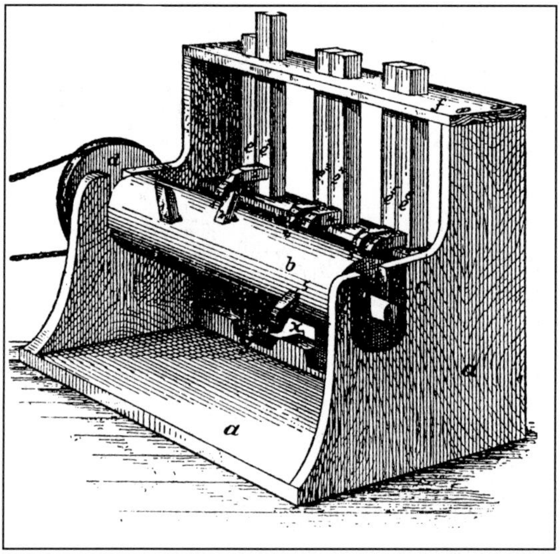

Abb. 342. Stampfwerk.

Auf das Reich des Wassers mag nun das Reich der Luft folgen, auf die Wassermühle die Windmühle, und zwar in der weitesten Bedeutung des Wortes. Im Grunde ist nämlich auch jede Windfahne eine Art Windrad, das sich in der Richtung des Windes einstellen muß, weil es nur eine Schaufel hat. Solche *Windfahnen*

Schöpfrad (siehe Seite 230)

Lustige Drachenvorlagen (siehe Seite 247)

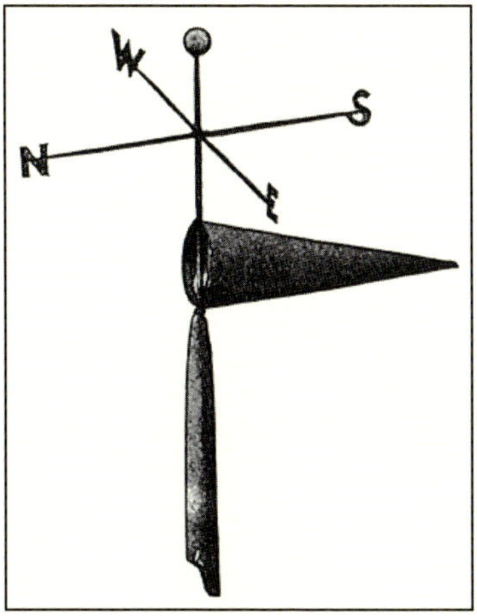

Abb. 343. Langer Peter.

kann man auf jedem Dach anbringen, indem man irgendwo einen kurzen Mast befestigt und diesen nach oben durch einen 3 bis 10 mm dicken Eisenstab verlängert, der als Drehungsachse für die verschiedenen mechanischen Vorrichtungen dient. Am leichtesten dürfte ein sogenannter „langer Peter“ (Abb. 343) anzufertigen sein, den man auch auf Schiffen häufig findet. Er besteht der Hauptsache nach aus einem langen kegelförmigen Sack aus dünnem Stoff, der vorn um einen Drahtring festgenäht ist. Dieser Ring ist oben und unten einmal zu einer Öse ausgebogen, durch welche die senkrechte Achse hindurchgeht, so daß sich der Sack leicht in die Richtung des Windes einstellen kann. Diese letztere stets ablesen zu können, bringt man nun oberhalb des langen Peters ein Drahtkreuz an, auf dessen Enden man die aus dünnem Blech geschnittenen Anfangsbuchstaben der vier Himmelsgegenden anlötet. Wenn wir dabei das einheimische Zeichen O für Osten durch das internationale E (East) ersetzen, wird auch ein Ausländer sich an unserer Windfahne zurechtfinden.

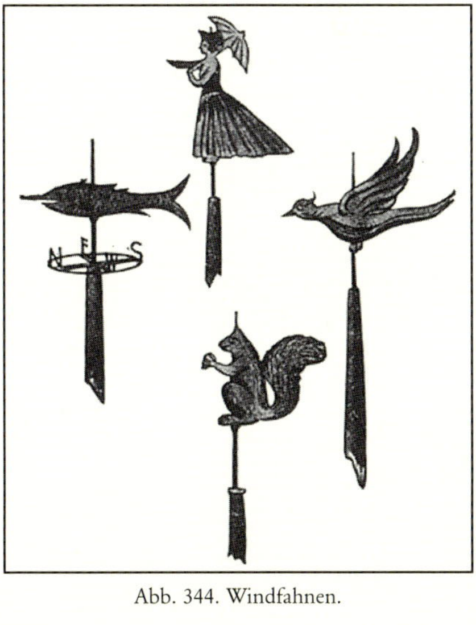

Abb. 344. Windfahnen.

In der Abb. 344 sehen

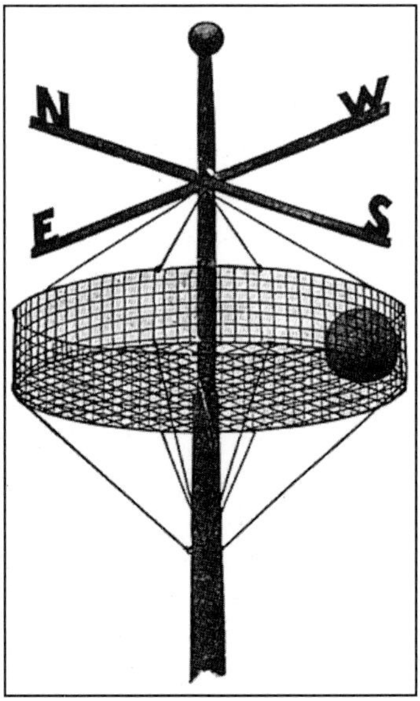

Abb. 345. Windball.

wir weitere Vorlagen für Windfahnen, die alle aus Blech geschnitten und mit einer senkrechten durchlaufenden Öse versehen werden, die man am besten aus einem Streifen Blech biegt und auf das Hauptbild auflötet. Man muß dabei nur achtgeben, daß der Schwerpunkt in die senkrechte Achse fällt, zugleich aber das Hinterende dem Wind eine größere Fläche darbietet als das vordere; dies erreicht man, indem man an letzterem das Blech doppelt nimmt.

Ein wenig seltsam mutet die Windfahne an, die wir auf Abb. 345 sehen. Den Korb aus dem überall käuflichen Drahtgeflecht mittels dünnen Blumendrahts zusammenzufügen, wird nicht allzugroße Schwierigkeiten verursachen. Man legt dann einen leichten Ball hinein, der vom Wind stets nach der Richtung hingetrieben wird, wohin dieser weht, genau wie auch beim langen Peter der Zipfel des Kegels.

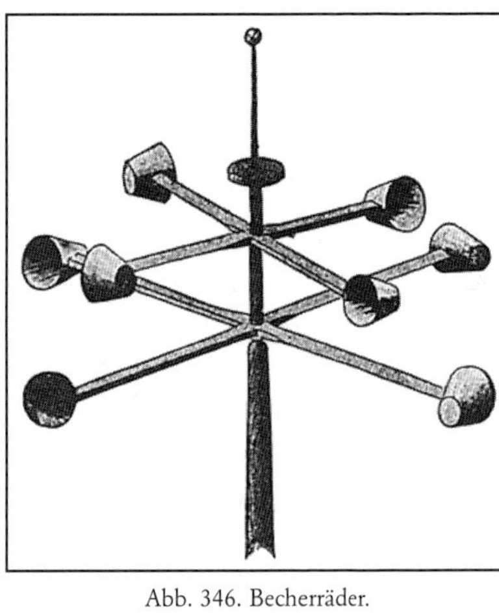

Abb. 346. Becherräder.

Um nun mit den eigentlichen *Windrädern* zu beginnen, wollen wir zunächst das sogenannte Schalenkreuz beschreiben, das mit einigen Abänderungen sogar in der Meteorologie als Anemometer zur Verwendung kommt. Zwei kreuz-

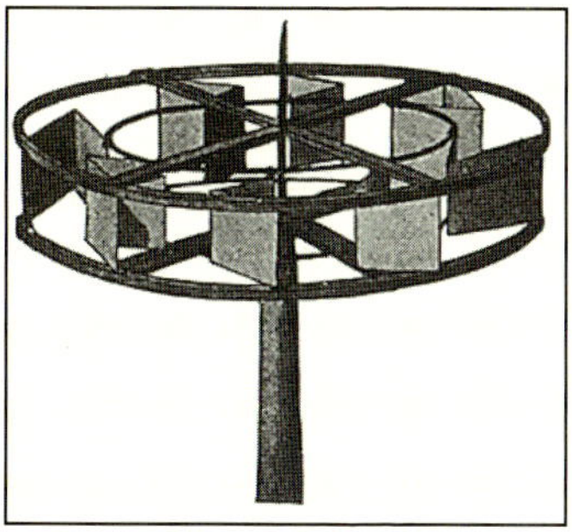

Abb. 347. Waagrechtes Windrad.

weise verbundene Stäbe erhalten an jedem Ende einen Napf, entweder von der Form der Abb. 346, oder auch einfach halbkugelig. Man muß aber darauf achten, daß alle Öffnungen im Sinne des Kreises nach der gleichen Richtung sehen. An der Kreuzungsstelle werden beide Arme durchbohrt, worauf man die Vorrichtung über die Eisenachse des Firststockes schiebt, die in halber Höhe mit einem Ringwulst als Auflager versehen ist. Der Wind findet also, wenn er auf das Schalenkreuz trifft, an der einen Seite Öffnungen, in die er kräftig hineindrücken kann, während ihm auf der anderen Seite die flachen oder gerundeten Napfböden gegenüberstehen; dadurch wird nun das Rad in Umdrehung versetzt. Bringt man zwei solcher Räder übereinander an mit dem Unterschied, daß die Näpfe des unteren jenen des oberen entgegengesetzt gerichtet sind, so werden sich auch beide Räder in entgegengesetzter Richtung drehen.

Nicht viel mehr Arbeit verursacht das Windrad Abb. 347. Es besteht aus zwei Blechkreuzen, von denen jedes zwei konzentrisch angeordnete Ringe aus Eisendraht trägt. Zwischen diesen Ringen sind acht im Winkel gebogene Blechschaufeln (Abb. 348) angelötet, die unter dem Druck des Windes gleicherweise die Drehung des ganzen Rades bewirken.

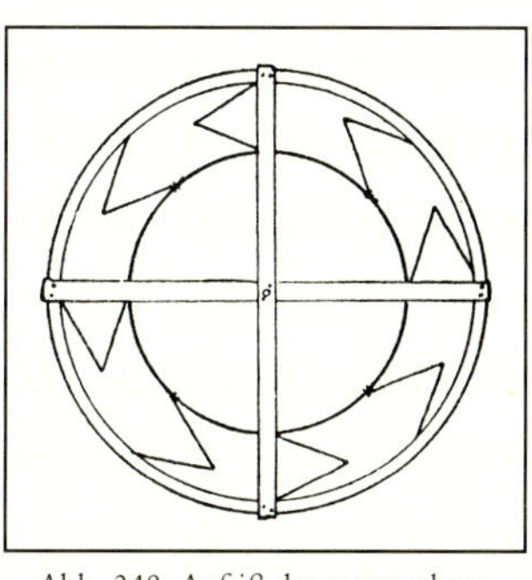

Abb. 348. Aufriß des waagrechten Windrades.

Ein sehr überraschendes Windrad ist in der Abb. 349 zu sehen. Wir sägen ein Brettchen von 10 bis 15 cm Seitenlänge zurecht und nageln auf dessen Kanten je eine 60 bis 100 cm lange Leiste, wie es die Abb. 350 veranschaulicht. In der Mitte des Brettes bohren wir ein Loch, das auch durch

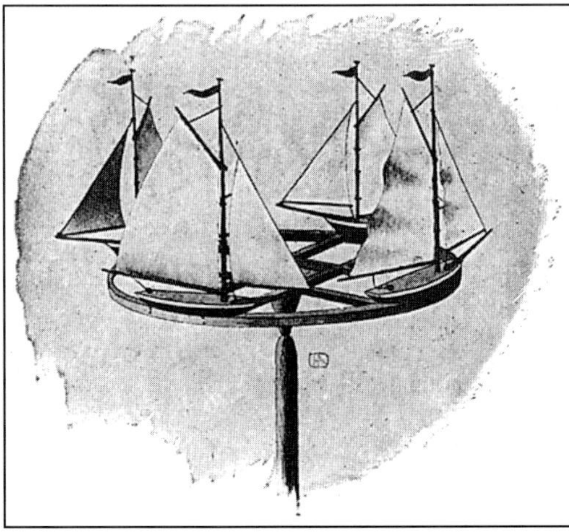

Abb. 349. Windrad mit Segelschiffchen.

ein auf der Unterseite befestigtes rundes Holzstück von 5 cm Höhe hindurchgeht. Steckt man durch diese Bohrung einen kräftigen Nagel mit breitem Kopf und treibt ihn dann in die Spitze des hier hölzernen Firststockes, so kann sich die Scheibe um ihn drehen, ohne vom Wind herabgeworfen zu werden. Rings um das Leistenkreuz befestigt man dann einen Radkranz aus biegsamem Bambus oder Eschenholz und setzt auf dieses vier kleine Schiffe von der Form der Segeljachten. Damit aber die Segel als Antriebsflächen wirken, entsprechend den Flügeln eines Windrades, muß man sie bei allen Schiffchen in der gleichen Stellung festbinden. Es ist das aus der Abb. 349 deutlich zu entnehmen. Die Schiffchen kann man in einer Spielwarenhandlung fertig kaufen oder selbst bauen; die Länge des Rumpfes darf 25 cm betragen.

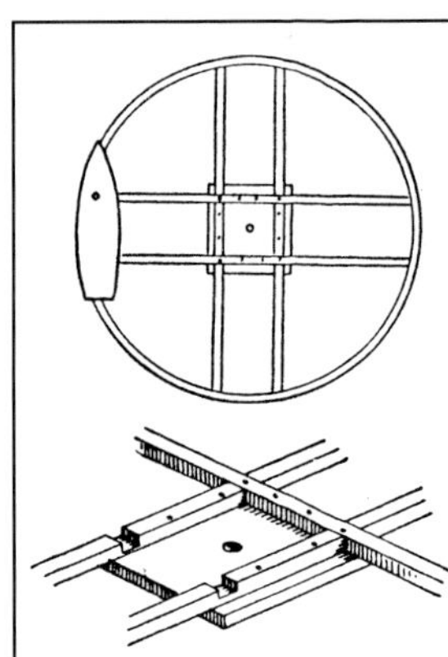

Abb. 350. Gestell zum Windrad mit Segelschiffchen.

Eine andere sehr hübsche und unterhaltende Firstkrönung sehen wir in der Abb. 351 wiedergegeben. Um den ziemlich langen senkrechten Eisenstab, an dessen oberem Ende ein Fähnchen befestigt ist, dreht sich ein der Länge nach durchbohrter Holzstab, der am oberen Ende das Windrad, am unteren eine

Drehscheibe trägt. Das Windrad ist hier waagrecht angeordnet. Auf die untere Drehscheibe können wir allerlei lustige Puppen aufsetzen, die nicht nur bei den jüngeren Geschwistern, sondern auch bei den Erwachsenen lebhafte, mit Erstaunen gemischte Freude hervorrufen werden.

Abb. 351. Windkarussell.

Windräder, die sich in einer senkrechten Ebene drehen, sind etwas schwieriger herzustellen. Das Rad selber ist zwar ziemlich rasch aus einer runden Blechscheibe angefertigt, indem man diese an den in der Abb. 352 A dick ausgezogenen Stellen durchschneidet und die so erhaltenen Lappen etwa um 30 Grad aus der Ebene herausbiegt. Wer ein mehreres tun will, mag den außen stehenbleibenden Blechkranz entfernen, die Enden der Flügel schief umbiegen und sie innerhalb eines Blechreifens festnieten, etwa wie es auf der Abb. 353 zu sehen ist. Weil aber ein solches Windrad immer gegen den Wind stehen soll, müssen wir noch die folgende Einrichtung vorsehen. Durch eine Latte (B in der Abb. 352) bohren wir im ersten Drittel ein Loch, durch das später der Eisenstab auf dem Firststock geschoben

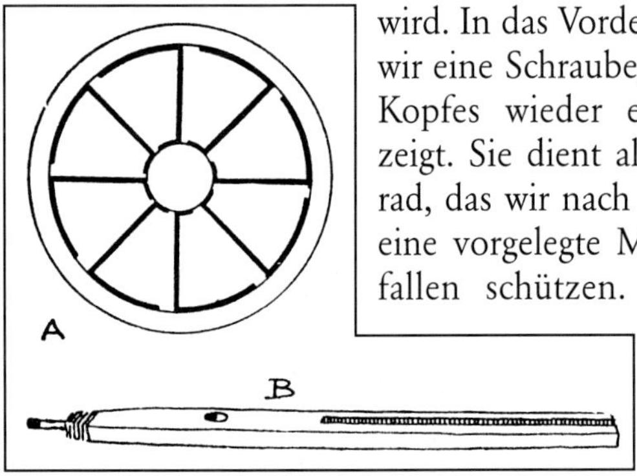

Abb. 352. Blechscheibe und Gabelstange.

wird. In das Vorderende der Latte drehen wir eine Schraube, die vorn an Stelle des Kopfes wieder ein Schraubengewinde zeigt. Sie dient als Achse für das Windrad, das wir nach dem Aufstecken durch eine vorgelegte Mutter vor dem Herabfallen schützen. Das Hinterende der Latte wird eingesägt und hier der sogenannte Windschwanz eingeschoben, ein Stück Blech oder ein dünnes Brett, das als Windfahne wirkt und dafür sorgt, daß das Rad dem Wind jederzeit die breite Vorderseite darbietet. Wenn wir in Abb. 353 den Windschwanz aus drei Teilen zusammengesetzt sehen, so dient das lediglich dem hübscheren Aussehen.

Statt das Windrad aus Blech zu schneiden, kann man es auch aus Holz fertigen. Man nimmt wieder ein altes Wagenrad, entfernt den Kranz und nagelt an die Speichen deltoidähnliche dünne Flügel, die zur weiteren Sicherung noch durch starke Drähte miteinander verbunden werden, wie es in der Abb. 354 zu sehen ist. Auch hier dürfen die Bretter nicht in einer Ebene liegen, sondern müssen aus dieser um etwa 15 Grad herausgedreht sein (Abb. 356). Ferner kann man den horizontalen Achsenträger aus einem durchbohrten Klotz und zwei Latten herstel-

Abb. 353. Windrad aus Blech.

len (Abb. 357). Schließlich ist es nicht unbedingt nötig, daß die Radachse vorn eine besondere Schraubenmutter aufweist; vielmehr kann man eine gewöhnliche rundköpfige Schraube verwenden, auf die man das Rad vor dem Eindrehen aufschiebt.

Es wird nun bei den wenigsten Häusern der Dachfirst so leicht zugänglich sein, um darauf ohne jede Gefahr eine Windmühle anzubringen. Man setzt sie also besser auf den First eines Schuppens, des Gartenhauses und dergleichen, oder man baut dafür ein besonderes Gerüst, wie es die Abb. 354 zeigt. Es besteht aus vier starken, in die Erde gerammten Pfählen, die sich nach oben zu einer Plattform zusammenneigen, ferner aus zwölf horizontalen und sechzehn gekreuzten Leisten. Wie letztere mit den senkrechten und horizontalen Hölzern verbunden werden, ersehen wir aus der Abb. 355.

Abb. 354. Windmühle.

Man kann einem solchen Windrad, wenn es gut gebaut ist, auch mancherlei Arbeiten zumuten, z.B. eine kleine Druckpumpe zu betreiben. Freilich müssen dann verschiedene Abänderungen daran vorgenommen werden, über die uns die Abb. 358 belehrt. Zunächst müssen wir auf der Plattform des Gerüstes statt des senkrechten massiven Pfostens ein aus vier Brettern zusammen-

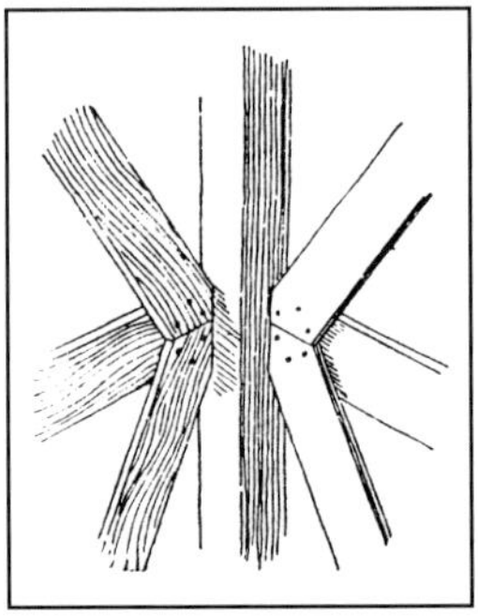

Abb. 355. Verbindung der Gerüstbalken.

genageltes Prisma (F) von ungefähr 50 cm Höhe anbringen. Auf dieses wird ein eiserner Ring geschraubt (D), der aber selbst an den Ecken noch 1 cm vorstehen muß. Der Achsenträger wird aus zwei halbrunden Brettern und drei starken Leisten zusammengefügt, wie wir es aus H und J entnehmen können. Unterhalb der Ecken der halbrunden Bretter werden vier gebogene Eisenbleche von der Form G aufgeschraubt, die mit ihren Nasen unter den Ring D greifen; man erreicht damit, daß sich H auf F drehen kann, ohne herabzufallen. In die oberen Vertiefungen wird die Achse gelegt. Sie ist vorn bei A vierkantig und infolgedessen auch das Loch in der Nabe I des Windrades, damit dessen Bewegung auf die Achse übertragen werde. Das Rad wird durch eine vorgelegte Mutter vor dem Herabgleiten bewahrt. B, C und C' sind Wülste auf der Achse, damit diese sich zwischen den halbrunden Brettern nicht verschieben kann. Aus diesen Angaben wird man ersehen, daß man die Achse, die obendrein zwischen C und C' zu einer Kurbel ausgebogen ist, am besten vom Schlosser anfertigen läßt. Nachdem man sie eingelegt hat, werden über die halbrunden Bretter Eisenblechstreifen geschraubt, wie man es bei J sieht. An die Kurbel der Achse wird dann die Pumpenstange angehängt, indem man deren oberes Ende halbrund ausschneidet (E) und nach dem Einfügen der Kurbel wieder einen gebogenen Eisenblechstreifen darüber schraubt. Weiter unten muß diese Pumpenstange noch ein Gelenk erhalten, damit sie der Bewegung der Kurbel folgen kann. Die innere Einrichtung einer Druckpumpe ist aus jedem Physiklehrbuch zu entnehmen; der Querschnitt des Kol-

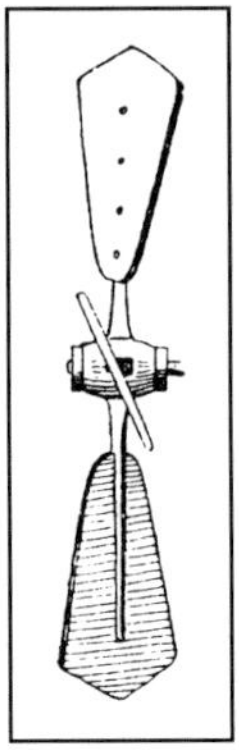

Abb. 356. Windrad, von der Seite gesehen.

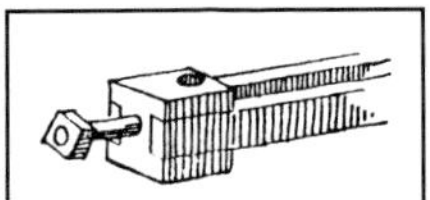

Abb. 357. Achsenträger.

bens hängt natürlich von der Höhe ab, bis zu welcher das Wasser emporgetrieben werden soll.

Will man mit der Windmühle einen kleinen Dynamo antreiben, so muß man wieder eine andere Anordnung wählen, die wir in der Abb. 359 veranschaulicht haben. Dem Windrad selbst soll man aus Gründen der Betriebssicherheit nicht mehr als 80 bis 100 cm Durchmesser geben. Außerdem bringen wir nur vier Flügel an, die einen sehr kleinen Winkel mit der Drehebene bilden, höchstens 15 Grad. Diese Form hat sich nach eingehenden, in Dänemark an einer Versuchsmühle angestellten Proben als die wirksamste erwiesen. Die Übertragung der Bewegung lassen wir durch Zahnräder vermitteln, weil andere Anordnungen zwar einen besseren Effekt geben würden, aber für uns viel zu schwierig in der Herstellung sind. Der Balken B (Abb. 359), der etwa 4 x 10 cm im Querschnitt mißt und nach rückwärts wieder in einen Windschwanz W endigt, trägt vorn die beiden Achsenträger H. Die Achse r darf sich in ihnen nicht verschieben können, wofür die Vorlagwülste (Ringe) v_1 und v_2 sorgen. Vorn auf der Achse und mit dieser durch die Schraube K fest verbunden, sitzt die Nabe N

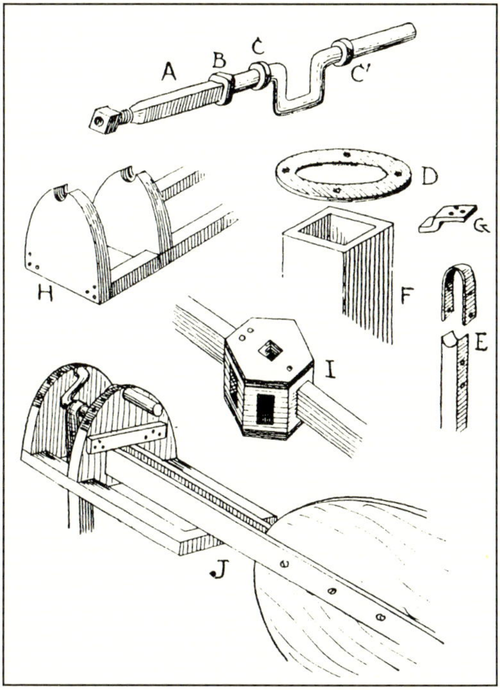

Abb. 358. Windrad mit Pumpwerk.

des Windrades mit den Flügeln F. Ferner sitzt auf der Achse noch das kegelförmige Zahnrad z_2, das in das ebenso geformte Zahnrad z_1 greift. Achse und Zahnradgetriebe läßt man von einem Schlosser oder Mechaniker anfertigen, ebenso die senkrechte Achse a. Diese ruht mit ihrem unteren stählernen Ende in der konischen Vertiefung einer kleinen Stahlplatte c, die auf dem Balken M ganz unten im Gerüst aufgeschraubt ist. Damit nun das Achsengestell H B H sich auf die Windrichtung einstellen kann, ist zunächst auf den obersten Gerüstbalken G mit den Schrauben s ein eisernes Rohr o aufgeschraubt, dem man durch Einsägen und Umklopfen der Lappen die Form der Abb. 359 II gegeben hat. In dieses Rohr o paßt ein anderes i, das in gleicher Weise hergerichtet und unten auf dem Balken B festgeschraubt ist; i muß sich in o leicht, aber ohne zu klappern, drehen lassen, die innere lichte Weite von i ein wenig größer sein als der Durchmesser der Achse a. Dieser Achse eine genaue Führung zu geben, dienen die Stahlringe m und n, die oben auf B, beziehungsweise unten auf G über den Balkendurchbohrungen festgeschraubt sind. Damit sich die Achse zwischen ihnen nicht verschieben kann, sind die Vorlegeringe e vorgesehen. Die Bewegung des Rades wird also auf

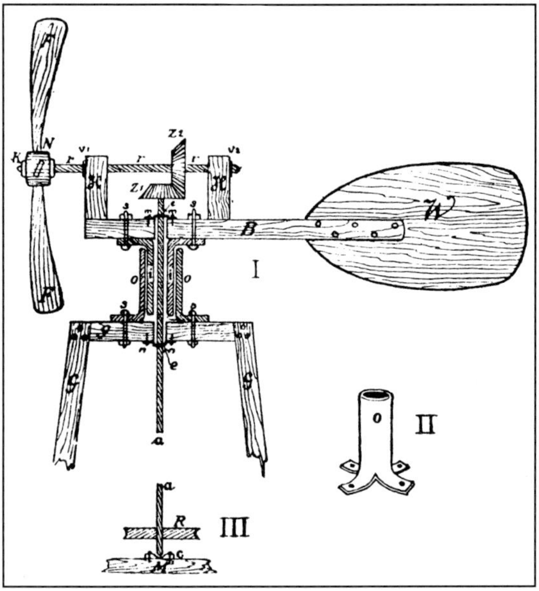

Abb. 359. Windmotor.

die Achse r, von dieser durch z_1 und z_2 auf die senkrechte Achse a übertragen; letztere trägt schließlich noch ein Stück über ihrem unteren Ende die runde Scheibe R (Abb. 359 III), von wo ein Treibriemen zum Dynamo hinüberführt. Alle Drehungstellen, besonders zwischen z_1 und z_2 sowie zwischen o und i sind stets reichlich zu schmieren.

Die Verwendung der Windkraft zur Erzeugung von Elektrizität ist nun erschwert durch die Unregelmäßigkeiten im Gang des Windmotors, die einen direkten Verbrauch des erzeugten Stromes zu Beleuchtungszwekken unmöglich machen. Ebenso bietet das Laden von Akkumulatoren Schwierigkeiten, indem bei abnehmender Motorgeschwindigkeit die Spannung des Dynamos leicht so weit sinkt, daß sich die Akkumulatoren in die Maschine entladen. Aber auch da zeigt sich ein Ausweg in dem von Professor La Cour konstruierten „Schlüssel“, von dem die Abb. 360 eine schematische Ansicht gibt. Mit dem Punkt A ist der eine Pol des Dynamos verbunden, mit B der entsprechende der Akkumulatorenbatterie, während die beiden anderen Pole direkt miteinander verbunden werden. Bei zu schwachem Wind fließt durch diesen Schlüssel ein sehr schwacher Strom in der Richtung von den Akkumulatoren zum Dynamo, und zwar durch die zahlreichen Windungen eines Elektromagneten M_1; dieser zieht infolgedessen den Südpol eines Stahlmagneten an, der die leitende Verbindung zwischen Dynamo und Batterie bei D aufhebt. Sobald

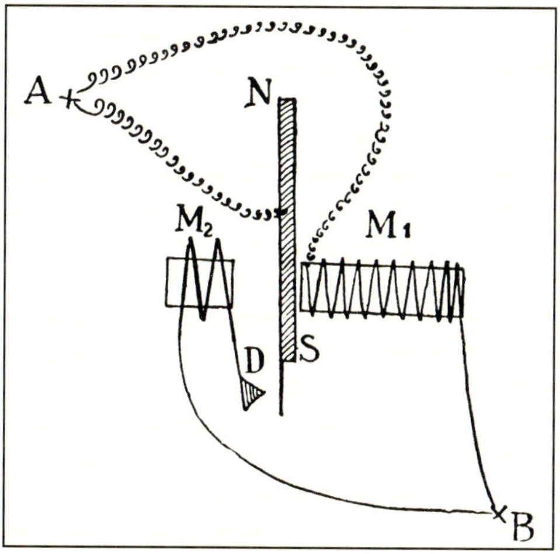

Abb. 360. La Courscher Schlüssel.

mit zunehmender Windstärke die Spannung des Dynamos steigt, kehrt sich die Stromrichtung im Elektromagneten M_1 um, der Südpol des Ankers wird abgestoßen und dadurch der Hauptstrom über D geschlossen. Dieser geht dann noch in einigen Windungen starken Drahtes um einen Elektromagneten M_2, der den Südpol des

Abb. 361. Regenschirm als Windmotor.

magnetischen Ankers noch fester nach links zieht. Die Zeichnung stellt den Zustand dar, in dem die Batterie abgeschaltet ist.

Im Anschluß an diesen Windmotor sei noch einer mechanischen Vorrichtung gedacht, die durch die Einfachheit der verwendeten Mittel geradezu verblüffend wirkt, aber trotzdem regelmäßig arbeitet, freilich nur als Spielzeug. Wie wir aus Abb. 361 sehen, ist hier ein alter aufgespannter Regenschirm in ein Windrad verwandelt, indem man seine Bahnen erst auf der einen Seite längs der Stäbe aufschneidet und mit starkem Bindfaden daran wieder so befestigt, daß sie sich unter dem Druck des Windes nach hinten ausbiegen und wie die Schaufeln eines Windrades wirken. Der Schirmstock, der als Achse dient, ist in zwei senkrechten, auf dem Sims befestigten Leisten gelagert. Das Übertragungsrad ist in höchst origineller Weise aus einem viereckigen Brettchen hergestellt, in das man entlang einer Kreislinie eine Anzahl Nägel schief eingeschlagen hat. In der

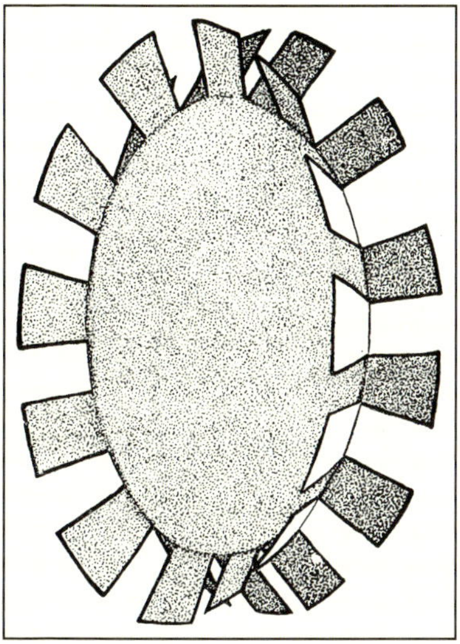

Abb. 362. Triebrad, aus einer Blechscheibe hergestellt.

Abb. 363. Straßenbahnanlage, durch den Regenschirmmotor betrieben.

Abbildung sind zwei solcher Brettchen verbunden, von denen das eine eine größere Übersetzung aufweist. Man kann aber ein solches Rad auch aus einer runden Blechscheibe herstellen (Abb. 362), indem man sie längs des Randes vielfach einschneidet und die so erhaltenen Lappen abwechselnd nach rechts und links ausbiegt. Wenn wir nun die Triebschnur durch eine Öffnung des Fensters nach innen leiten, können wir im Zimmer mancherlei Modelle antreiben, z.B. eine Straßenbahn, wie es die Abb. 363 zeigt. Zwirnrollen dienen hier in ähnlicher Weise wie draußen die benagelten Brettchen als Aufnahmerollen für die Kraft. Das Gelenk der beiden Drähte aber, die von der Kette zum Wagen führen und mit dieser ein Dreieck bilden, werden wir besser in der Mitte des vorderen Wagenrandes statt an der linken Ecke anbringen. – Ein anderer bei jung und alt beliebter Zeitvertreib ist der *Drachensport.* Die zumeist gebrauchten „Dreiecker“ bestehen aus einer langen, dünnen, senkrechten Leiste und einer kürzeren, geraden oder gebogenen Querleiste, von deren Enden feste Bindfäden zum anderen Ende der Längsleiste führen. Am oberen Ende wird auf die gleiche Art meist noch eine kurze Spitze angebracht. Dieses Gestell wird nun gut mit zähem Papier überklebt, das man mit Farben bunt ausmalen kann. Eine sehr hübsche

Abb. 364.
Dreieckerdrachen.

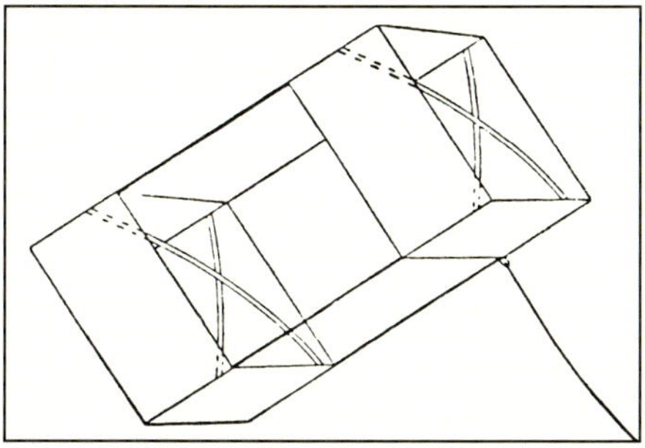

Abb. 365. Hargravedrachen.

und lustige Vorlage dazu sehen wir auf der Abbildung 364. Von den Enden des Drachens führen ferner Bindfäden nach der Mitte zu, die sich über dem Schnittpunkt der Diagonalen vereinigen und zwar in einer Entfernung von diesem, die der halben Längsachse des Drachens entspricht. Ans untere Ende des Dreieckerdrachens wird dann noch ein langer Schweif gehängt, bestehend aus einer Anzahl Papierbüschel, die in eine starke Schnur eingeknüpft sind.

Von diesen Drachen weichen die sogenannten amerikanischen oder *Hargravedrachen* (Abb. 365) in der Form vollständig ab. Wir brauchen dazu vier dünne Stäbe (a in Abb. 366) von 80 cm Länge und vier (b) von 40 cm Länge. Die ersteren sind in einer Entfernung von je 35 cm mittels vier starker Bindfäden parallel zueinander verbunden, die anderen übers Kreuz; daraus wird das kastenförmige Gestell gefertigt, das wir in der Abb. 365 erkennen. An dessen oberem und unterem Ende sind dann noch zwei Streifen

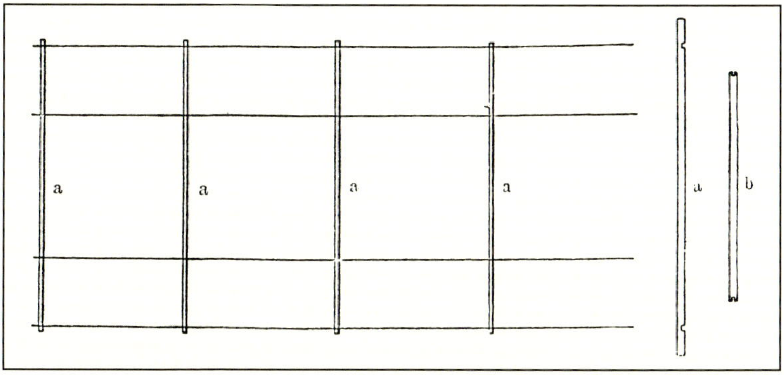

Abb. 366. Einzelteile zum Hargravedrachen.

zähes Papier von je 20 cm Breite ringsherum geleimt. Diese Drachen, die keinen Schweif brauchen, fliegen ausgezeichnet und können, besonders wenn man sie in größerem Maßstab anfertigt, sehr gut zu der „Luftschifferei“ Verwendung finden, die wir später (S. 255–260) beschreiben werden:

Reichlich schwieriger ist ein *Adlerdrachen* (Abb. 367), der aber zum Ersatz für die aufgewandte Mühe durch seine eigentümliche, taumelnde Bewegung täuschend den Flug eines in der Luft kreisenden Raubvogels nachahmt. Wir brauchen dazu fünf Stäbe von

Abb. 367. Adlerdrachen.

je 155 cm Länge und einem Querschnitt von 5 x 12 mm. Zur Not kann freilich auch der Länge nach halbiertes spanisches Rohr dienen. Aus zweien formen wir zunächst das Rückgrat (Abb. 368 I), indem wir sie oben und in der Mitte mehrfach mit Bindfaden umwickeln, zur Verstärkung auch noch die kurzen Leistchen a und c aufsetzen und sie dann durch zwei andere Leistchen (b und d) entsprechend der Vorlage spreizen. Die Fig. II zeigt, wie an diesem Rückgrat die drei übrigen Stäbe zu befestigen sind. Über dieses Gerippe wird nun gewöhnlicher dünner Futterstoff gespannt und angeklebt, wie wir es aus Abb. 367 und 369 entnehmen können. An den Stellen A, B, G, H der letzteren werden sodann Bindfäden angeknüpft und nach vorn zu in einem Punkt F so vereinigt, daß der Drachen, an dieser Stelle gehalten, gerade horizontal schwebt. Auch ist bei der ganzen Herstellung sorgfältig darauf zu achten, daß die rechte und die linke Hälfte genau gleich schwer ausfallen. An D und E kann man einen nach Bedürfnis langen und schweren Schweif anbinden, aber nur dann, wenn es auch beim besten Bemühen nicht gelingen sollte, am Drachen das richtige Gleich-

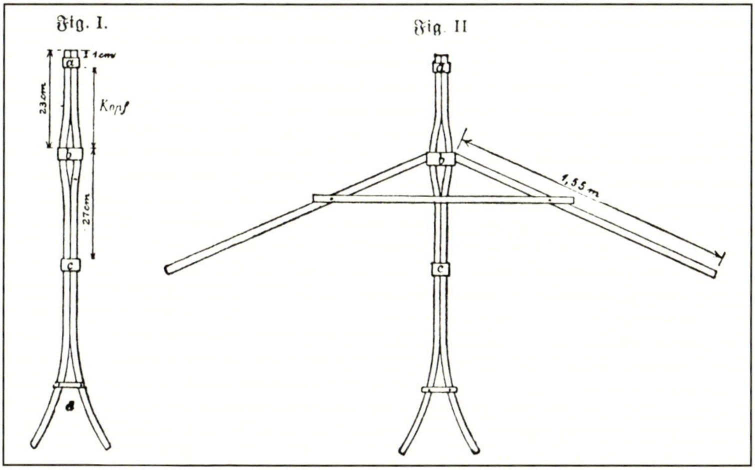

Abb. 368. Gerüst zum Adlerdrachen.

gewicht herauszufinden. Am oberen Ende wäre schließlich noch ein beliebig geformter Kopf aus Pappe zu befestigen, auch kann man den Stoff mit Ölfarbe grau- und schwarzscheckig bemalen.

Nicht selten wird es sich schicken, daß wir Papa oder einen gemütlichen Onkel zur Teilnahme an unserem Drachenbau überreden können. In diesem Fall dürfen wir uns wohl sogar an den *Riesendrachen* wagen, dessen Gerippe in Abb. 371 zu sehen ist. Wir brauchen dazu sechs Bambusstangen von je 3 m Länge, die am unteren Ende auf ein Drittel gespalten werden. Dann sägen wir einen runden Holzklotz von 20 cm Durchmesser und 5 cm Höhe aus, schieben die gespaltenen Bambusenden beiderseits darüber und nageln sie gut fest (Abb. 370). Zwischen den Armen dieses sechsstrahligen Sternes wird dann ein Netzwerk aus dünnem Draht oder festem Bindfaden ausgespannt, wie es in der Abb. 371 deutlich zu erkennen ist. Hierauf fertigen wir aus haltbarem Zeug (Leinen- oder Baumwollstoff) den Überzug, indem wir die erforderliche Anzahl Stoffbahnen aneinander und längs des Außenrandes eine 4–5 mm dicke Hanfschnur einnähen. Weil es nun fast unmöglich wäre, einen solchen Riesendrachen selbst beim leichtesten Luftzug an den Ort des Aufstieges zu bringen, richten wir den Stoffüberzug zum Abnehmen ein. Zu diesem Ende wird an jedem Bambus außen mittels eines Eisenbandes ein eiserner Ring befestigt; an die Ecken des Überzuges aber kommt auf die hier vorschauende Hanfschnur ein Schnepper (Karabiner), so daß man den Stoff jederzeit rasch aus- und einhängen kann (Abb. 372). Allerdings müssen wir, dem Verlauf der Bambusstangen entsprechend, auf der Rückseite des Stoffes auch noch eine Anzahl starker Bindfäden einnähen, um ihn an die Stäbe binden zu können. Schließlich schneidet man drei kleine Löcher in den Stoff, die aber sorgfältig wieder umsäumt werden müssen, damit der Wind nicht aus ihnen alsbald ein einziges großes macht; hier werden drei von den fünf Fangschnüren durchgezogen, die an den Bambusstangen

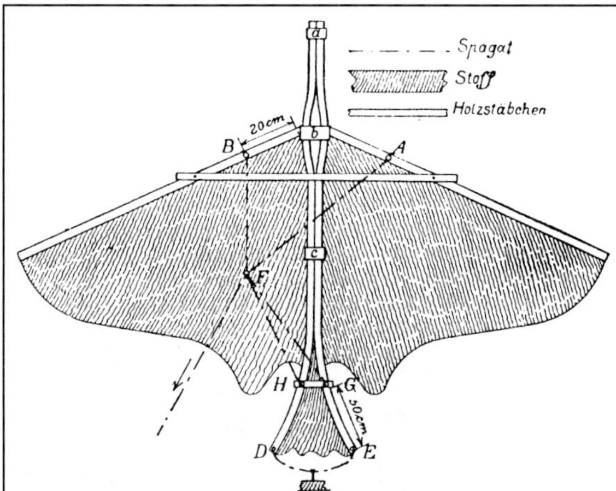

Abb. 369. Stoffbezug und Fangschnüre des Adlerdrachens.

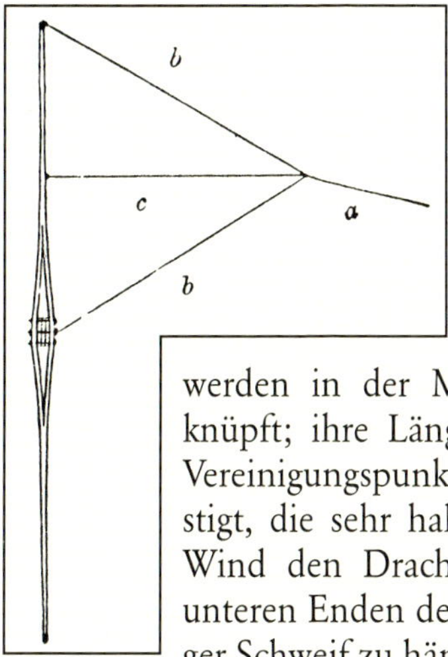

Abb. 370. Riesendrache, Durchschnitt.

festzubinden sind. Drei dieser Schnüre (b in Abb. 370) sind gleich lang, nämlich je 3 m; die eine wird in der Mitte des Drachens angebunden, die beiden anderen führen zu den Enden der beiden oberen Arme des Gerüstes. Die zwei noch übrigen Fangschnüre (c) werden in der Mitte dieser selben Stangen festgeknüpft; ihre Länge ergibt sich von selbst. An dem Vereinigungspunkt wird dann die Hauptschnur a befestigt, die sehr haltbar und fest sein muß, damit der Wind den Drachen nicht entführt. An die beiden unteren Enden des Riesen ist schließlich noch ein langer Schweif zu hängen, bestehend aus Stoffstreifen, die in eine Schnur eingeknüpft sind; bei der Größe und Schwere des Drachens kann dieser Schweif immerhin 8–10 m lang sein. Einen solchen Drachen kann man nun freilich nicht mit der Hand halten, sondern es muß eine kräftige und sicher im Erdboden befestigte Winde zur Anwendung kommen, wie wir sie in der Abb. 373 sehen. Ferner wähle man zum Aufstieg ein weites, freies Feld, wo keine Gefahr besteht, daß der Drachen bei einem unvorhergesehenen Absturz Menschen treffen kann, was bei seiner

Abb. 371. Gerüst zum Riesendrachen.

Größe böse Folgen nach sich ziehen würde. Ohne die Teilnahme Erwachsener gehe man jedenfalls nie über einen Durchmesser von 2 m hinaus; auch dann hat der Drachen noch Tragkraft genug, die nachfolgend beschriebenen kurzweiligen Kunststückchen zu ermöglichen.

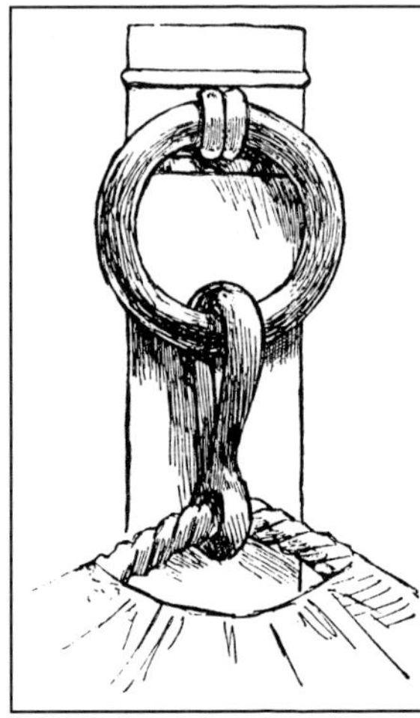

Abb. 372. Ring und Schnepper.

Wir verschaffen uns eine Anzahl der billigsten Baumwolltaschentücher und befestigen an deren Ecken vermittels Zwirnfäden kleine Figuren aus Blech oder Holz (Abb. 374). In der Mitte des Tuches wird ferner nach oben zu, wieder mittels eines kurzen Fadens, eine am oberen Ende umgebogene Stecknadel oder ein gleichgeformtes Stück Draht befestigt. Schließlich knüpfen wir noch in die Drachenschnur in kurzen Abständen kleine Schlingen, in die wir vor dem Aufstieg die Taschentücher mit den krummen Drahtenden einhängen. Führen wir dann, während der Drachen hoch in den Lüften steht, einen kräftigen Hieb mit der Hand oder einem Stock gegen die Drachenschnur, so läuft an dieser eine Transversalwelle hinauf und hakt die Drähte aus den Schlingen. Durch das Gewicht der Figuren nach unten gezogen, blähen sich die Tücher alsbald auf und sinken nach Art der *Fallschirme* langsam zu Boden, was einen

Abb. 373. Drachenwinde.

recht drolligen Anblick darbietet, besonders wenn sich mehrere Drachenbesitzer zu dem gleichen Zweck zusammenfinden.

Ein aufgespannter alter *Regenschirm,* der unten am Griff sowie an einer Stelle des Stoffrandes (bei A in Abb. 375) mit einer Öse versehen ist, durch welche die Drachenschnur läuft, wird vom Wind rasch in die Luft emporgeführt; doch mag man, etwa durch ein oben in die Schnur eingeknüpftes Stück Holz, dafür Sorge tragen, daß der Schirm nicht völlig bis zum Drachen emporsteigen und diesen durchlöchern kann.

Abb. 374. Fallschirmchen.

Noch viel hübscher nimmt sich die *Drachenmühle* aus (Abb. 376). Sie besteht aus zwei kreuzweise aneinander befestigten leichten Stäben, die an den Außenenden Fähnchen tragen. Gegen die Mitte zu sind ferner dreieckige Leinwandstücke so befestigt, daß jedes mit einer ganzen Schmalseite an einem Stab, an der freien dritten Ecke aber mittels eines kurzen Fadens am nächsten Stab hängt. Diese Stoffdreiecke wirken also wie die Flügel einer Windmühle und bewirken unter dem Druck des Windes eine Drehung der ganzen Vorrichtung um einen dritten Stab, der an der Kreuzungsstelle der beiden anderen fest angebunden wird und an seinen Enden mit je einer Drahtöse versehen ist, durch welche die Drachenschnur läuft. Sobald wir die Mühle frei lassen, steigt sie unter lebhaftem Kreisen bis zum Drachen empor.

Ungemein drollig wirkt der *Chinese* (Abb. 378). Je kleiner wir ihn machen, desto sicherer wird er seine Luftreise vollenden; doch gehe man darin nicht zu weit, damit er auch hoch oben noch gut erkenntlich bleibt. Das Gerüst besteht, wie die Abb. 377 zeigt, zunächst aus zwei im rechten Winkel verbundenen Stäben, die durch einen schief verlaufenden und am unteren Ende mit einem Stück Blei oder dergleichen beschwerten dritten Stab in ihrer gegenseitigen Lage festgehalten werden. Der senkrechte Stab trägt noch drei Querstäbe, die untereinander wieder durch dreizehn ausgespannte Fäden miteinander verbunden erscheinen. Dieses Gerüst wird dann nach der Angabe der Abb. 378 mit Papier oder dünnem Stoff überklebt und ausgemalt. Ans obere Ende kommt ein Kopf aus Pappe mit einem langen Zopf, den wir am einfachsten aus schwarzgefärbtem Werg zusammendrehen. Der Armstab wird an seinen Enden durch leichte Fähnchen verlängert, auch führen von hier zwei Bindfäden zur Spitze des horizontalen Leitstabes. Schließlich bindet man an dessen Enden je eine leere Zwirnrolle als Führung für die Drachenschnur. Noch besser

Abb. 375. Regenschirm, zur Luftreise vorgerichtet.

bewähren sich kleine Laufrollen, ähnlich wie wir sie bei dem nachfolgenden Luftschiff verwendet finden werden. Wenn dieser Chinese richtig ausbalanciert ist, wird er nach der Freigabe unter

Abb. 376. Drachenmühle.

leichtem Hin- und Herschwanken auf sein luftiges Ziel zusteuern, zur lebhaften Überraschung aller Vorübergehenden.

Die größte Verwunderung aber erregt ohne Zweifel das „*Luftschiff*", dieses Wort im buchstäblichen Sinne genommen. Wir schneiden zunächst zwei Stück Karton nach der Form der Abb. 379 derart aus, daß die Länge der Sichel von Spitze zu Spitze etwa 60 cm und die größte Breite ungefähr 12 cm beträgt, und nähen sie an den Außenrändern zusammen. Dann fügen wir die beiden

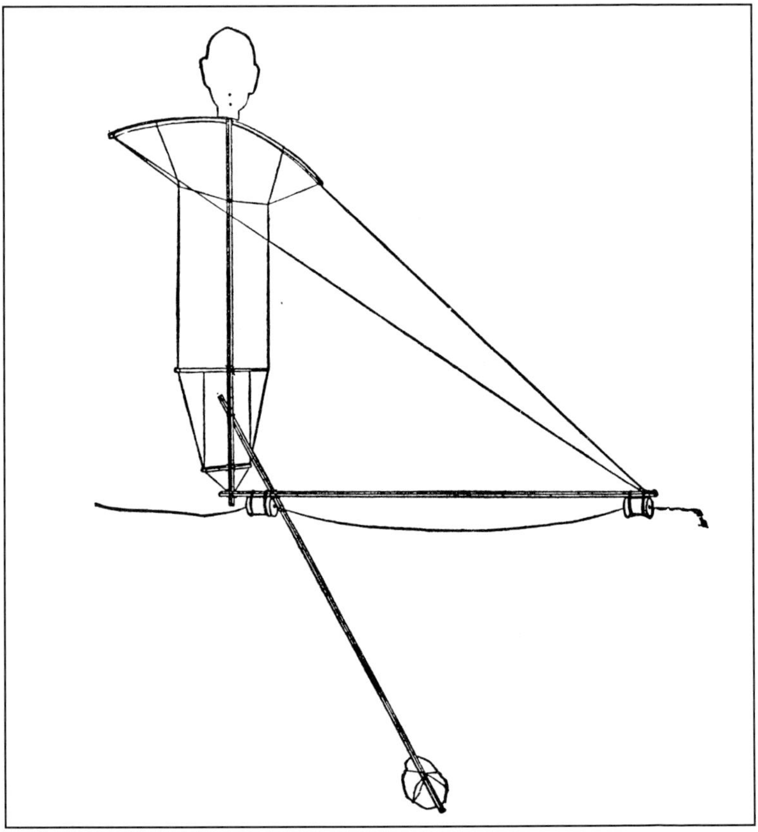

Abb. 377. Gerüst zum Chinesen.

Querspreizen aus Holz ein, jede 14 cm lang und 20 cm von den Spitzen entfernt. Hierauf fertigen wir die beiden Seilführungen (Abb. 380). Jede besteht aus einem kleinen Holzklotz von dreieckigem Querschnitt, der nach unten spitz zuläuft und in das

Bug-, beziehungsweise Sternende des Schiffchens paßt, einer kleinen Rolle, die man am besten einem alten Gardinenträger entnimmt, einem gebogenen Blechstreifen als Träger für diese und

Abb. 378. Chinese als Drachenreiter.

einer länglichen Drahtöse für die Drachenschnur. Diese Führungen werden ins Schiffchen eingeleimt und außerdem mittels zweier von der Seite her durchgetriebener und umgebogener

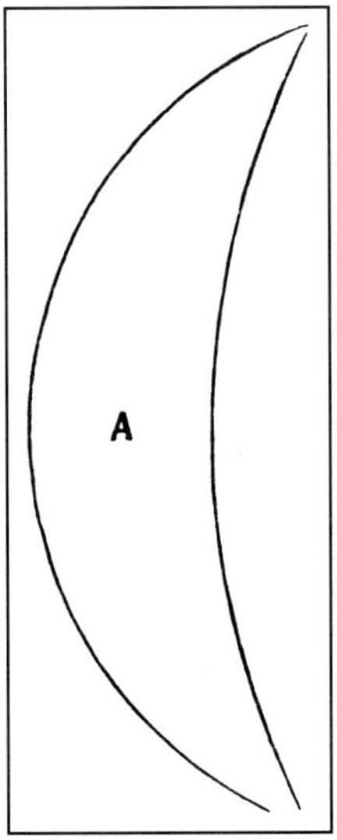

Abb. 379. Kartonsichel zum Luftschiff.

Nägel festgemacht. Der Mast, etwa 1 m lang, wird ein wenig seitwärts von der Mitte durch den Schiffboden geschoben und in diesem mit Siegellack, Pech oder dergleichen so befestigt, daß er unten 30 cm vorragt. Er muß deshalb seitlich stehen, weil die Drachenschnur, die genau in der Mitte des Schiffchens verläuft, bei ihrem Durchgleiten nicht im mindesten behindert sein darf. Mit dem vorderen Querholz wird er zusammengebunden (Abb. 381 D), unten erhält er ein Stück Blei als Ballast, um dem Fahrzeug die senkrechte Lage zu sichern. Oben wird eine etwa 20 cm lange Verlängerung angebunden, die einen kleinen Wimpel trägt. Der untere der beiden Drähte, die Mast und Stenge verbinden, erhält eine Öse (Abb. 381 C). Von den beiden Rahen ist die untere 70 cm, die obere 60 cm lang. Letztere erhält in der Mitte (bei C) einen Drahtring, der genügend weit sein muß, daß die Rahe am Mast ohne Widerstand auf- und abgleiten kann. Die untere Rahe wird etwa 8 cm über den Bootsrändern an dem Mast festgebunden. Das Bugspriet mißt 50 cm in der Länge und geht, gleichfalls ein wenig seitlich von der Mitte, durch die vordere Bugwand und den Holzklotz der dort angebrachten Schnurführung. In diesem Loch muß es sich, ohne zu klappern, leicht verschieben können. Sein hinteres Ende wird unter die vordere Querstrebe geschoben (bei D), aber mit dieser nicht fest verbunden. Kurz vorher, bei f, ist durch einen Einschnitt ein kleiner Spahn abgehoben, so daß eine federnde Kerbe entsteht. Hier wird ein mit einem Endknoten versehener Bindfaden leicht eingehängt, der von da nach oben durch die Öse führt und an dem Ring der oberen Rahe (C) festgebunden ist. Seine Länge muß so abgemessen sein, daß diese

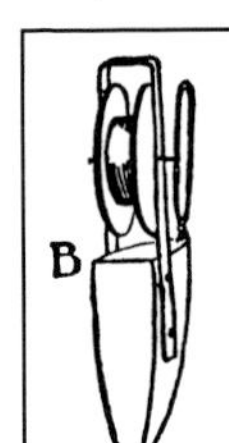

Abb. 380. Führungsrolle.

Rahe gerade an der Öse steht, wenn der Knoten unten an der Kerbe sitzt. In dieser Stellung wird dann das Hinterende des Bug-

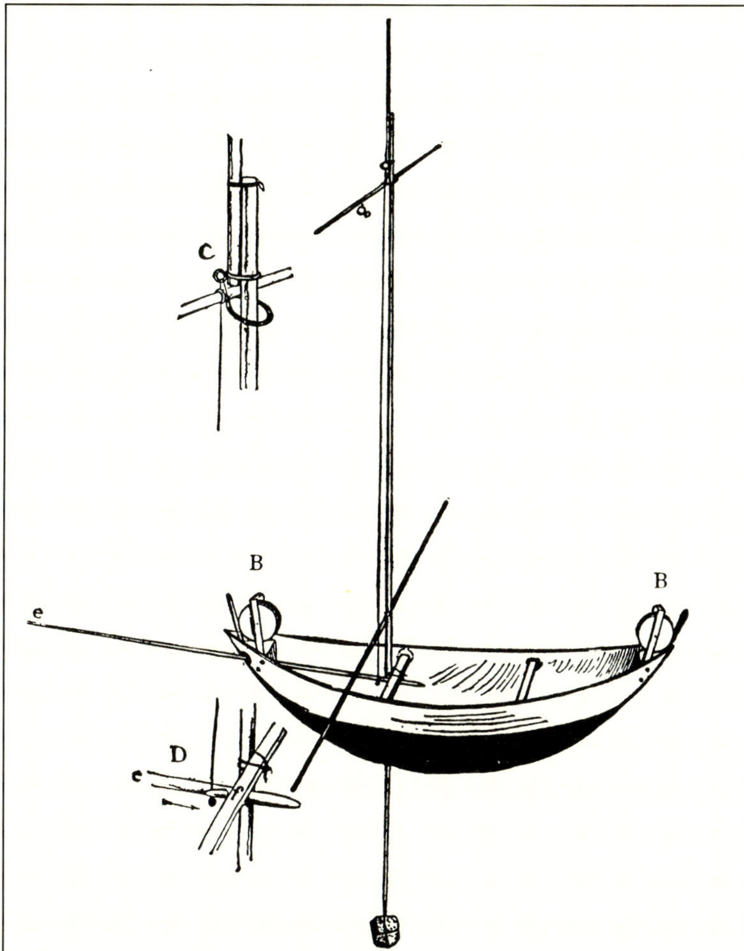

Abb. 381. Takelage des Luftschiffes.

sprietes von unten gegen die Querstrebe gedrückt (D). Nun spannen wir zwischen den beiden Rahen noch ein Segel aus dünnem

Leinen oder Seidenpapier, führen einen Faden von der Spitze des Mastes zu der des Bugsprietes sowie je einen von den Enden der Rahen zum Klotz der hinteren Schnurführung, und die Fahrt kann losgehen. Doch nein – noch eine Vorkehrung ist zu treffen, und zwar bevor wir den Drachen aufsteigen lassen. Wir schneiden aus starkem Karton eine Scheibe von 40 cm Durchmesser, schieben durch ein Loch in ihrer Mitte die Drachenschnur und befestigen sie an dieser vermittels vier 35–40 cm langer Fäden so, daß sie senkrecht zur Schnur steht und vom Drachen etwa 10 m entfernt ist. Diese Zielscheibe (Abb. 382) hat folgenden Zweck. Wenn wir die Drachenschnur unter den Führungsrollen des Schiffes durchziehen und dieses mit gespanntem Segel loslassen (Abb. 383), so wird es vom Wind rasch nach aufwärts getrieben, bis das Bugspriet gegen die Zielscheibe stößt. Dadurch wird letzteres zurückgestoßen, die Querspreize schiebt den Faden aus der Kerbe f, die obere Rahe fällt nieder und das Segel klappt zusammen. Weil es nun dem Winde nur mehr geringen Widerstand bietet, gewinnt die Schwerkraft das Übergewicht und das Schiffchen kehrt durch sein eigenes Gewicht an den Ausgangspunkt zurück. Man braucht dann das Segel nur von neuem zu spannen und die Luftfahrt kann wieder beginnen. Ist das nicht fein ausgesonnen? Übrigens kann man diesen Zeitvertrieb noch interessanter gestalten, indem sich mehrere Drachenbesitzer zusammentun und ein Wettrennen mit hübschen Preisen zwischen ihren Schiffchen veranstalten.

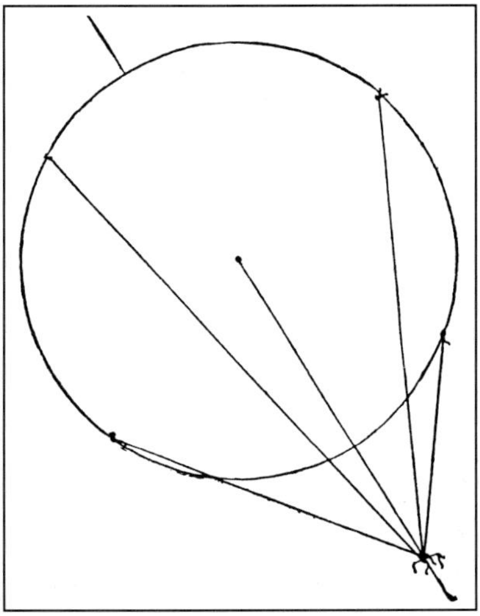

Abb. 382. Zielscheibe.

Neben dem Drachensport liebt die Jugend besonders das Steigenlassen von *Luftballonen.* Für uns kommen nur die Heißluftballone in Betracht, denn das Füllen der Gasballone ist durchaus

Abb. 383. Luftschiff in voller Fahrt

nicht ungefährlich, auch dürfte es Schwierigkeiten bieten, die erforderlichen undurchlässigen Hüllen aufzutreiben. Die Heißluftballone können wir dagegen ohne große Mühe aus dem billigen Seidenpapier herstellen. Wir schneiden daraus zwölf bis fünfzehn

Bahnen von der Form und den Maßen der Abb. 385 und kleben sie zu einem oben geschlossenen birnenförmigen Gebilde zusammen, wie es auf der Abb. 384 zu sehen ist. An die untere Öffnung von ungefähr 10 cm Weite kommt noch ein Papierzylinder, der durch zwei eingeklebte Ringe aus dünnem Draht verstärkt ist. Innerhalb des oberen Ringes ist ein Drahtkreuz und an dessen Kreuzungspunkt ein kleiner Wattebausch angebracht. Wenn wir den Bausch mit Spiritus tränken und anzünden, wird die Luft im Inneren des Ballons erwärmt, also leichter als die äußere und der Ballon steigt lustig in die Höhe. Wir raten aber dringendst, solche Ballone nur im Winter oder Frühjahr steigen zu lassen, denn es ist immerhin möglich, daß sich die Hülle durch einen unglücklichen Zufall entzündet und beim Niederfallen ein Kornfeld oder dergleichen in Brand steckt.

Abb. 384. Seidenpapierluftballon.

Die Herstellung von *Flugmodellen* verlangt solche Präzisionsarbeit, daß wir von derartigen Beschreibungen hier lieber absehen wollen. Höchstens mag man sich etwa an Pénauds Wellensegler (Abb. 386) versuchen. Er besteht aus einem starken Eisenbügel, zwischen dessen Enden eine mehrfache Gummischnur so ausgespannt ist, daß sie am Vorderende festsitzt, rückwärts aber eine kleine Luftschraube in Umdrehung versetzt. Letztere hat nur

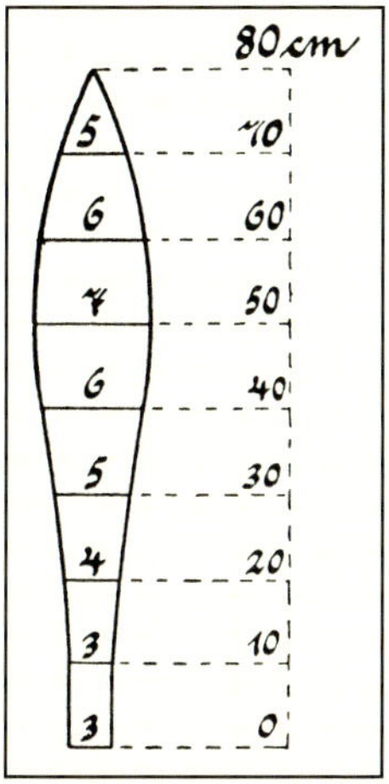

Abb. 385. Einzelbahn zum Luftballon.

zwei eiförmige Flügel, die wie jene einer Windmühle mit der Drehungsebene einen kleinen Winkel bilden müssen. Des weiteren sitzen an dem Eisenbügel noch zwei Querarme von verschiedener Länge; jeder von ihnen trägt rechts und links dreieckige Segel, deren Fläche gegen die Längsachse der Maschine verschieden geneigt ist, wie es auch die unteren schematischen Längsschnitte anzeigen. Beginnt dieser Segler seinen Flug etwa in der Lage 1, so wird sich das vordere, schwerere Ende alsbald nach abwärts senken (2), wodurch der Luftwiderstand von B vermindert, jener von A aber vergrößert wird. Dadurch wird das Hinterende wieder nach abwärts gedrückt. Sobald sich aber C über die Horizontale erhebt (3), verschwindet der Widerstand von A, und jener von B wächst, worauf C wieder sinken kann. Dieses Wechselspiel wiederholt sich fortwährend und das Maschinchen durchschneidet also die Luft in einer Wellenlinie, woraus sich auch sein Name erklärt.

Wenn wir nun auch noch einige beliebte Waffen, wie Bogen, Bumerang und dergleichen, in den Kreis unserer Betrachtungen ziehen, so geschieht dies ausdrücklich nur in dem festen Vertrauen, daß unsere Leser als wackere Knaben stets darauf bedacht sein werden, bei ihrem Spiel nicht das Leben und die Gesundheit ihrer

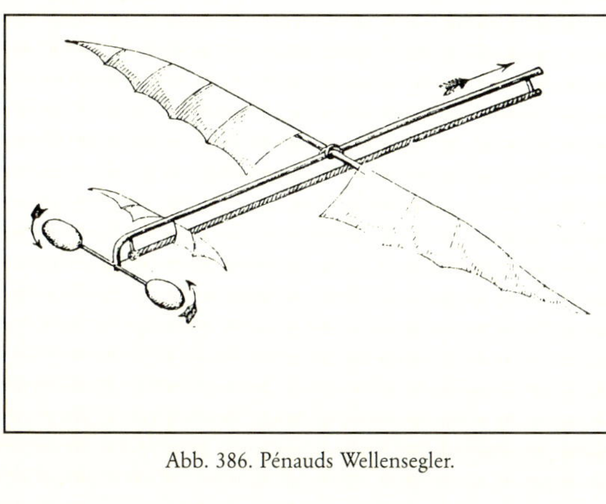

Abb. 386. Pénauds Wellensegler.

Mitmenschen zu gefährden. Es wäre eine schwere, niederdrückende Last fürs ganze Leben, wenn sich einer sagen müßte: „Ich habe durch meinen Leichtsinn meines Nächsten Unglück verschuldet." Also bei jedem Schuß, bei jedem Wurf sich sorgfältigst umsehen, daß ja niemand getroffen werden kann!

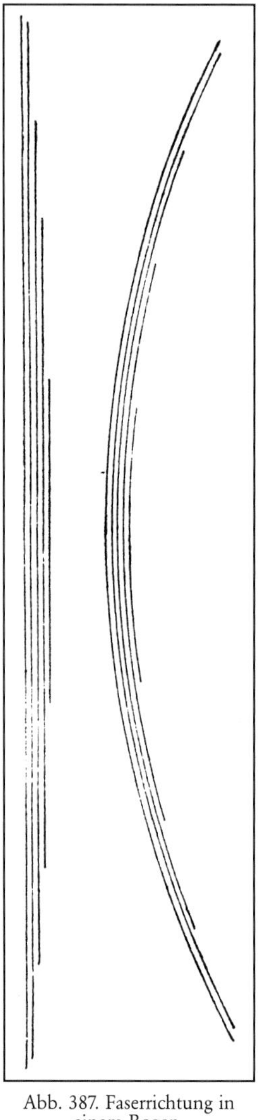
Abb. 387. Faserrichtung in einem Bogen.

Für den *Bogen* besorgen wir uns vom Tischler einen astfreien, völlig geraden Eschenstab von 120 bis 130 cm Länge und 20 bis 23 mm Dicke; seine Fasern müssen genau parallel mit den Kanten laufen. Mit einer Raspel machen wir ihn nun gegen die Enden zu dünner, aber nur auf einer Seite, während die andere unversehrt bleiben muß; diese letztere ist die Außenseite, wenn der Bogen gespannt wird (Abb. 387). Wollte man gegenteilig verfahren oder den Stab beiderseits verjüngen, so würde der Bogen beim Spannen alsbald zerspleißen. Je sorgfältiger diese Arbeit des Verjüngens verrichtet wird, desto besser wird man mit dem Bogen zufrieden sein. Hat man mit der Raspel das Gröbste entfernt, setzt man das Schaben mit einer Ziehklinge oder einem scharfrandigen Stück Glas fort. In die Enden des Stabes wird eine Kerbe eingefeilt (nicht eingeschnitten!), wie es die Abb. 388 zeigt. Die Sehne besteht am besten aus einer mehrfach zusammengedrehten Hanfschnur; die Schlingen an den Enden werden durch Zurückschlagen, Einflechten und sorgfältiges Umwickeln mit Bindfaden hergestellt. Zum ersten Einlegen der Sehne

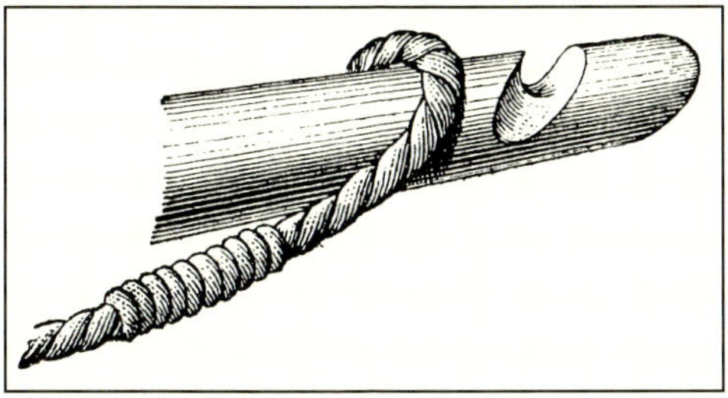

Abb. 388. Kerbe zum Einhängen der Sehne.

drückt man mit dem linken Knie die Mitte des Bogens langsam nach auswärts, während man das untere Ende gegen den Boden stemmt und das obere in der rechten Hand hält. Nachdem der Bogen so gespannt ist, schabt man mit dem Zieheisen oder Glasstück an der Innenseite so viel Holz weg, daß er eine gleichmäßige flache Rundung zeigt und gerade genug Kraft für den Schützen zu haben scheint. Für die Pfeile nimmt man Kiefernholz, Ruten von Ahorn, Hornstrauch, Weide oder dergleichen. Diese Schäfte müssen etwa armlang, völlig gerade und vorn etwas schwerer als rückwärts sein. Am hinteren Ende wird mit der Feile, nicht mit dem Messer, eine Kerbe zum Einlegen der Sehne angebracht (Abb. 389). Hier leimt man ferner auch noch drei Federbärte an, die man von Gans- oder Hühnerfedern abzieht und nach dem Befestigen zuschneidet. An das Vorderende kommt eine flache eiserne Zwinge, wie solche auch unten an den Spazierstöcken angebracht sind. Wir warnen dringendst, eine Spitze zu wählen, weil damit im Handumdrehen ein Unheil angerichtet ist. Sie ist auch für unsere Zwecke völlig überflüssig, ja geradezu schädlich, weil sie unsere Scheiben verderben würde. Eine Scheibe aber soll jederzeit unser Ziel sein, denn wir lernen doch das Bogenschießen nur, um unser Auge zu schärfen und die Muskeln der Arme zu kräftigen, nicht aber, um uns nach Art der Wilden damit das Leben zu fristen. Zum Schuß faßt man den Bogen mit der linken Hand, wie es die Abbildung 390 zeigt. Sollte die Sehne beim Abschnellen etwa gegen den

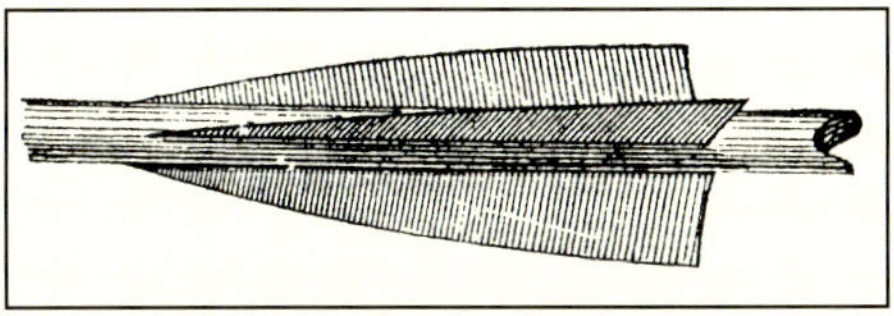

Abb. 389. Pfeilende mit Kerbe und Federbärten.

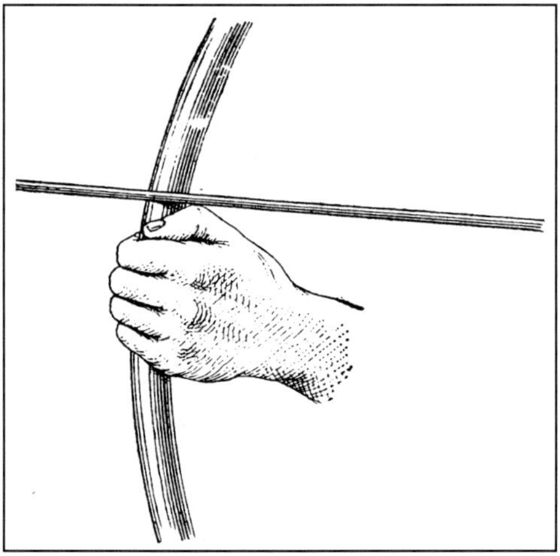

Abb. 390. Haltung des Bogens.

Rücken des Daumens schlagen, so muß man diesen durch ein darumgewickeltes, mehrfach zusammengelegtes Tuch oder noch besser durch eine Kappe aus starkem Sohlenleder schützen, die über den Daumen geschoben werden kann; wilde Völkerschaften verwenden dazu nicht selten auch ein zweckmäßig zugeschnitztes Stück hartes Holz. Wie der Pfeil zugleich mit der Sehne von der rechten Hand erfaßt wird, ersehen wir aus Abb. 391. Während man nun in einem fort zielt, zieht man die Sehne an und läßt sie dann zum Schuß los. Wenn man nämlich nicht gleich von Anfang an zielt, geht der Pfeil links am Ziel vorbei. Man zieht die Sehne ferner so weit zurück, bis der Daumen den rechten Wangenknochen berührt; andernfalls schlägt man sich beim Loslassen leicht ins Auge. Damit der Bogen seine Form und seine Spannkraft bewahrt, wird er stets in ungespanntem Zustand aufgehoben;

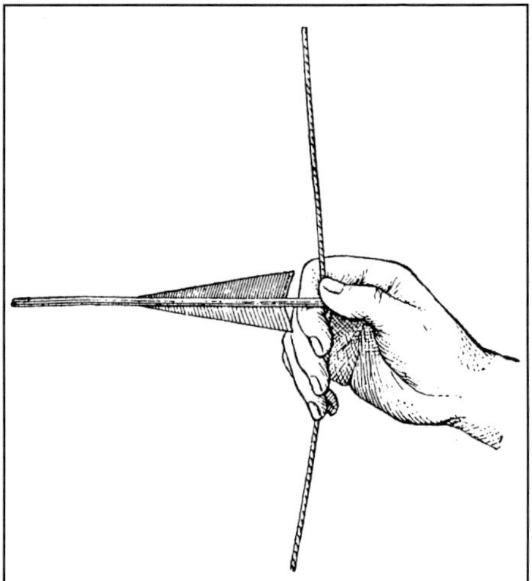

Abb. 391. Haltung von Pfeil und Sehne.

auch empfiehlt es sich, ihn gegen den Einfluß der Feuchtigkeit durch Einlassen mit Leinöl zu schützen. Mit einem gut gearbeiteten und seiner Kraft angemessenen Bogen dieser Art kann ein vierzehnjähriger Schütze darauf rechnen, daß er nach hinlänglicher Übung ein Ziel bis auf 40 m Entfernung sicher zu treffen vermag.

Die *Zielscheiben* müssen so aufgestellt werden, daß fehlgehende Pfeile nicht hinter ihnen Personen treffen können. Am besten eignet sich also dazu eine große Scheunenwand ohne Fenster und Türen. Ferner müssen sie ein wenig nach hinten geneigt stehen, damit sie von den Pfeilen, die ja in einem Bogen von oben kommen, senkrecht getroffen werden. Man verwendet dazu einhalb- bis einzöllige Bretter und überzieht deren Vorderseite am besten mit dünnem Weißblech, das man mit Ölfarbe bemalt oder mit den käuflichen Scheibenbildern überklebt. Die Vorderseite a der Scheibe Abb. 392 kann etwa 40 x 50 cm, der Durchmesser der schwarzen Mittelplatte b 6 cm betragen. Diese Platte b sitzt auf einem runden Holzkern, der durch die Scheibe hindurchgeht und bei einem Treffer den Mechanismus (Abb. 393) auslöst. Letzterer besteht aus einem Männchen c, das an der Feder d so befestigt ist, daß es nach hinten zurückgeklappt werden kann. Eine zweite Feder f, in dem kurzen Klotz e befestigt, hält es in dieser Lage fest, bis der zurückprallende Bolzen die Verbindung löst. Dann schnellt das Männchen nach oben und zeigt den Treffer an.

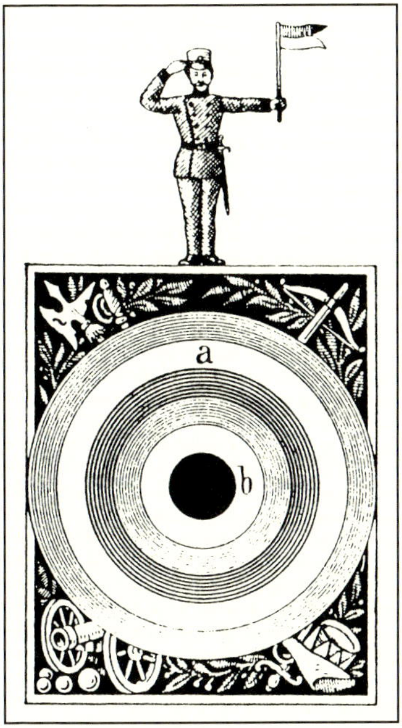

Abb. 392. Schießscheibe.

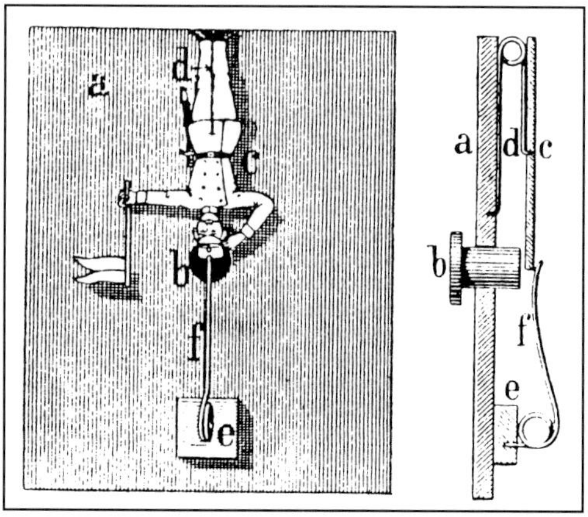

Abb. 393. Schießscheibe, von rückwärts und im Durchschnitt gesehen.

Eine andere Art von Scheibe sehen wir in den Abb. 394 bis 396 dargestellt. Der Hirsch a ist um den linken Hinterfuß mittels eines Stiftes am Boden Stück b drehbar befestigt. An letzterem ist ferner eine Feder e e' angenagelt, deren oberer Arm auf der Rückseite des Hirsches durch zwei Ösen führt und mit dem Vorderende auf dem Mittelbolzen c der Scheibe ruht. Von diesem Bolzen wieder führt eine dünne Feder d hinunter zum Bodenstück, wo sie in einem kleinen Holzklotz festsitzt. Wenn nun der Bolzen c kräftig genug von einem Pfeil getroffen wird, fährt er aus der Scheibe hinaus nach hinten, wie es der punktierte Pfeil andeutet. Der Hirsch verliert dadurch den Halt, den ihm c d gewährten, und bricht gleichsam im Feuer zusammen. Da der Bolzen c nur etwa 3 cm im Durchmesser hat, stellt diese Scheibe weit größere Anforderungen an die Geschicklichkeit der Schützen als die vorige. Die Höhe von c über dem Fußbrett f mag ungefähr

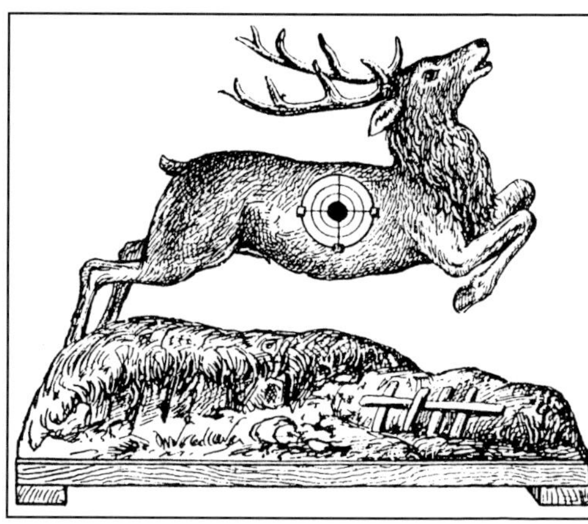

Abb. 394. Hirschscheibe.

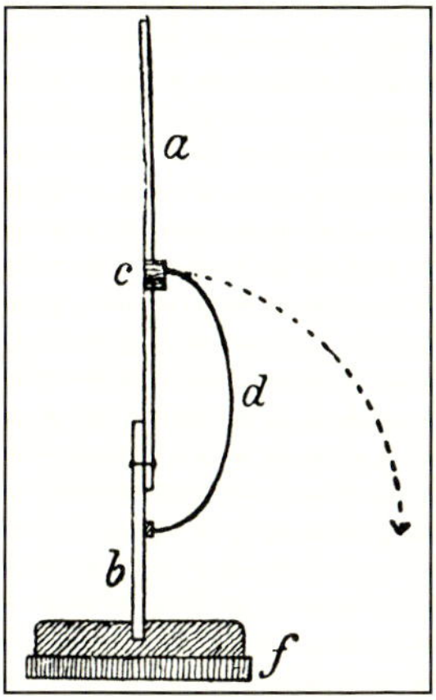

Abb. 395. Hirschscheibe, Durchschnitt.

50 cm betragen; daraus kann man die übrigen Maße unschwer berechnen.

Wieder anders wirkt die Scheibe Abb. 397. Hier sitzt das Männchen auf der Spitze eines senkrechten Stabes F, der in der Drahtöse E und dem Loch des unteren Querbrettes A eine Führung hat. Ferner sitzt auf ihm als Widerhalt ein Scheibchen B fest; zwischen A und B ist über den Stab eine Spiralfeder geschoben, die also nach oben zu drücken strebt. Schließlich sehen wir an F noch eine seitliche Nase N, die gegen das untere Ende eines um die Achse G drehbaren Hebels H stößt. In diesem Zustande ist die Scheibe gespannt. Der Bolzen mit der schwarzen Platte C von 6 cm Durchmesser findet in den auf der Vorderwand S aufgeleimten Brettchen DD eine bessere Führung; R ist die Rückwand. Trifft nun ein Pfeil gegen die Platte C, so treibt diese das obere Ende von H nach hinten (links in der Fig. II), die Nase N wird dadurch frei und der Stab mit dem Männchen schnellt nach oben. Auch hier mag die Entfernung von C über dem Bodenbrett ungefähr 50 cm betragen. Die Länge des Bolzens hinter der Platte C ist so zu bemessen, daß das obere Ende von H nicht gegen die Öse E schlägt und diese

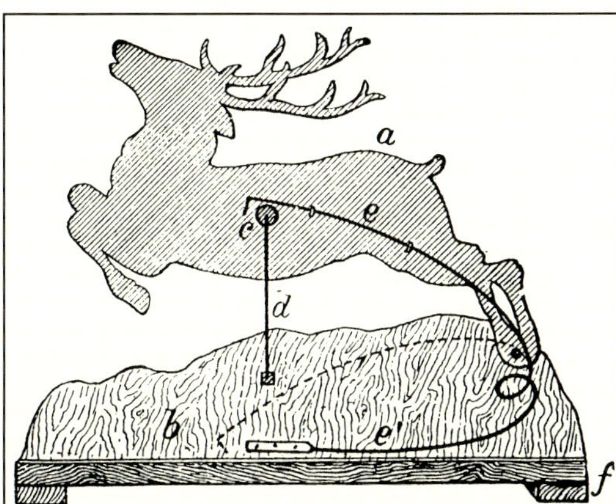

Abb. 396. Hirschscheibe, Rückansicht.

verbiegt; auch können wir natürlich statt der Drahtöse ein mit einem Loch versehenes Brettchen anbringen. Die Feder fertigt man selber, indem man einen 1 mm dicken Stahldraht ausglüht, langsam erkalten läßt, dann um den runden Stab F wickelt, nochmals glüht und in kaltem Wasser abschreckt.

Nicht minder unterhaltend sind Scheiben nach der Art der Abb. 398. Auch haben sie den Vorteil, daß man sie nicht nach jedem Treffer neu zu spannen braucht. Man zeichnet die Figur mit breiten Tuschlinien auf die Scheibe, die aus mehreren, rückwärts mittels Querleisten verbundenen Brettern bestehen kann. Dann sägt man aus ihr die Teile heraus, die in

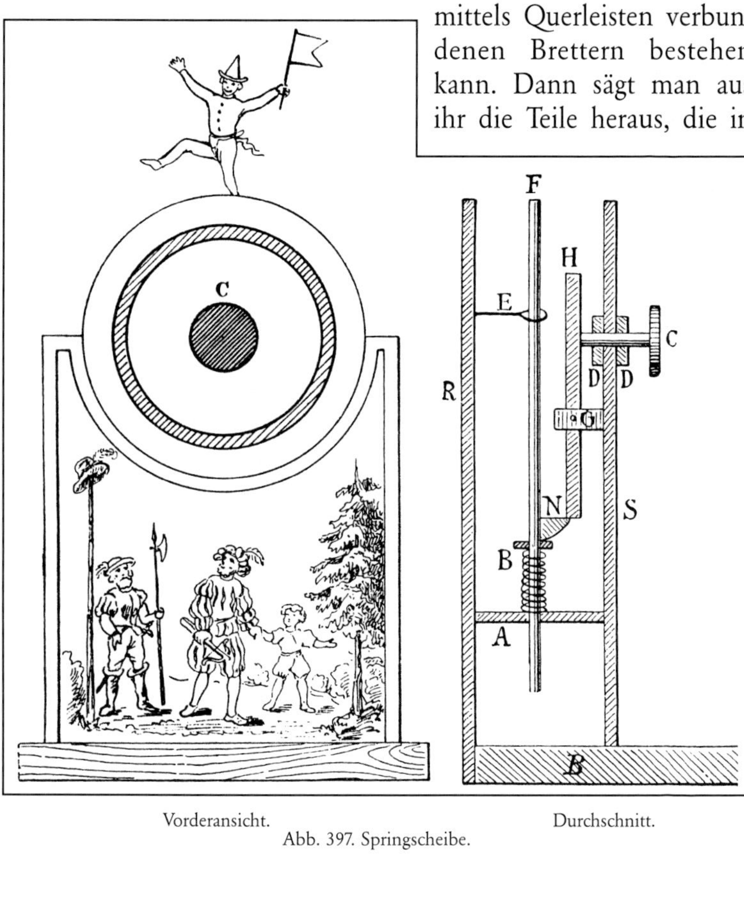

Vorderansicht. Durchschnitt.

Abb. 397. Springscheibe.

der Abb. 399 einzeln wiedergegeben sind. Genau so müssen auch die Blechstücke zugeschnitten sein, mit denen wir alle Einzelteile auf der Vorderseite benageln. Dann setzen wir die letzteren wieder in das Scheibenbrett und verbinden sie mit ihm durch Scharniere oder Lederstreifen derart, daß sie, von einem Pfeile getroffen, nach hinten zurückklappen und aus dem Scheibenbild verschwinden. Wenn also mehrere Knaben an einer solchen Schießübung teilnehmen, kann sie außerordentlich abwechslungsreich gestaltet werden. Der Spielleiter gibt z. B. an, welche Teile der Reihe nach getroffen werden sollen; wer einen anderen herausschießt, bekommt einen Strafpunkt. Oder es werden jedem Teilnehmer hintereinander eine Anzahl Schüsse erlaubt und die Einsatzstücke haben je nach ihrer Größe einen bestimmten Wert; es gelten etwa die Ärmel und die Hosenbeine je einen guten Punkt, die Äpfel und die Schuhe je zwei, Ohrläppchen und Gürtelschnalle je vier und der Halsschleifenknoten sieben Punkte. Wer nun bei seinen zehn Schüssen am höchsten kommt, hat gewonnen. Ja wenn es sich um sehr geschickte Schützen handelt, mag wohl gar die Bedingung

Abb. 398. Schießscheibe: Der zerlegbare Junge.

aufgestellt werden, daß jeder vorher angeben muß, was er treffen will; trifft er ein anderes Stück, so gelten diese Punkte als schlecht. Es ist ohne weiteres klar, daß bei solchen Wettübungen die Treffsicherheit jedes einzelnen sich fast unabhängig von der Gunst des Schicksals geltend machen kann.

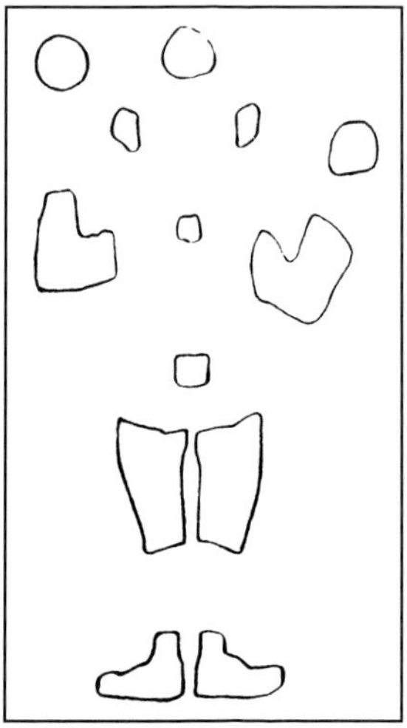

Abb. 399. Bewegliche Teile des zerlegbaren Jungen.

Sehr unterhaltend ist schließlich die Scheibe, die wir in Abb. 401 dargestellt sehen. Auf dem Fußbrett a steht die Vorderwand b, in der Form eines Mannes ohne Kopf aus einem dicken Brett gesägt. Der Kopfteil endigt nach unten zu in einen reißschienenartigen Fortsatz und ist an dem Vorderbrett um die Achse c drehbar eingerichtet. Hinter dem Munde des Mannes (Abb. 400) sind ferner zwei kleine Blechösen d d angebracht, durch die man das Mundstück b einer der bekannten billigen Tonpfeifen (Holländerpfeifen) schiebt. Sobald deren Kopf a von einem Pfeil getroffen wird, zerspringt er in hundert Trümmer; dadurch wird aber der Schwerpunkt des Kopfstückes verlegt und der Scheibenmann beginnt freundlich zu nicken, als ob er seinen Beifall an dem guten Schuß ausdrücken wolle.

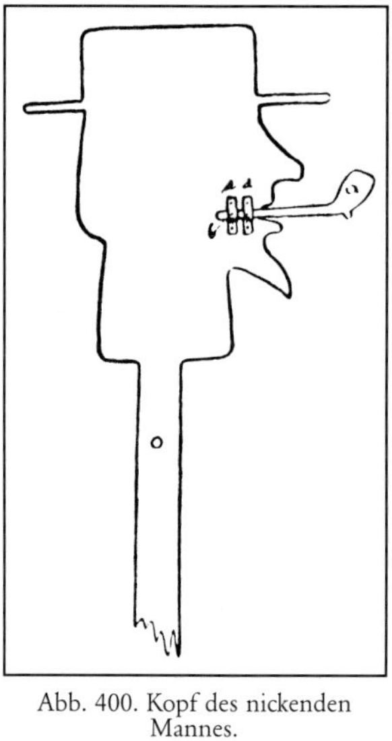

Abb. 400. Kopf des nickenden Mannes.

Am allerschwierigsten sind natürlich bewegte Scheiben zu treffen. Umso leichter ist dafür ihre Herstellung. Schon jeder an einem Faden aufgehängte Apfel, ein leeres Ei und dergleichen Gegenstände, die man mittels einer Schnur aus sicherer Ferne in schwingende Bewegung versetzten kann, eignen sich dazu; ferner eine alte Reißschiene, an deren unteres Ende leere Eier gebunden werden, oder das Bild eines Vogels, das an einem Stab herabhängt und in gleicher Weise zum Schwingen gebracht wird. Auch kann man die beweglichen Scheiben der Soldaten zum Vorbild nehmen. In diesem Fall legt man ein langes Brett, das oben zwei parallele Schienen trägt, über zwei verschieden hohe Sägeböcke, so daß es nach dem einen Ende zu leicht geneigt erscheint. Auf die Schienen kommt das mit vier Rädern versehene schwere Fußbrett der Scheibe, das dann durch sein eigenes Gewicht die schiefe Ebene hinabrollt. Die Scheibe selbst kann ein einfaches Tierbild sein, das bei einem Treffer nach hinten klappt, oder man verwendet eine der früher beschriebenen Schießscheiben. Letztere stellen natürlich die größten Anforderungen an die Geschicklichkeit, da es bei ihnen gilt, im Vorüberrollen ihren kleinen schwarzen Mittelkreis zu treffen.

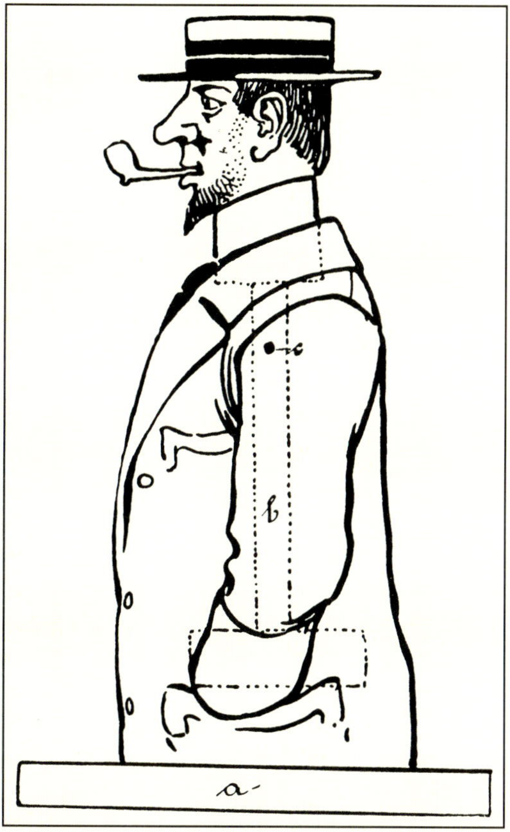

Abb. 401. Schießscheibe: Der nickende Mann.

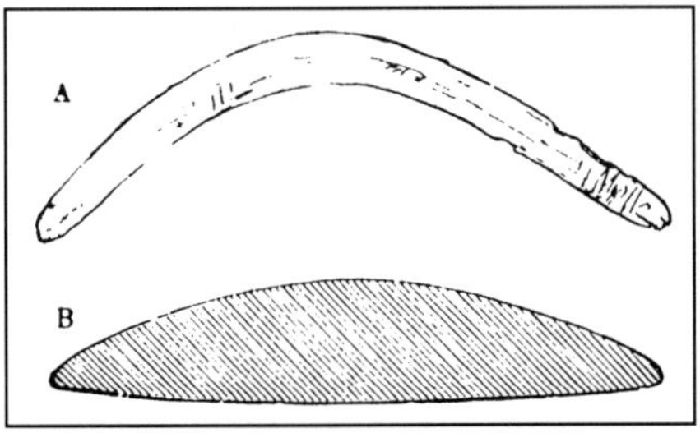

Abb. 402. Bumerang. A Seitenansicht. B Querschnitt.

Der *Bumerang,* das Wurfholz der Australneger, mißt etwa 60 bis 65 cm in der Länge, 6 cm in der Breite und weist nahe der Mitte ein Knie auf, das einen Winkel von ungefähr 140° bildet (Abb. 402 A). Man verwendet dazu einen Eichen- oder Buchenast, der diesen Winkel aufweist, oder sägt den Bumerang aus einem Brett der erwähnten Holzarten an einer Stelle, wo die Fasern unter einem solchen Winkel umbiegen. Aus einem geraden Stück Holz geschnitten, würde er beim ersten Aufschlagen zerspringen. Die beiden Enden sind rundlich zugespitzt, von den Seiten die eine flacher als die andere (Abb. 402 B), aber beide gerundet und nur die Ränder ziemlich scharf. Die Länge der beiden Arme muß sich verhalten wie 4:5, worin zum Teil die Eigentümlichkeit der Waffe beruht. Zum anderen gründet sie sich darauf, daß trotz der verschiedenen Länge beide Arme gleich schwer sein sollen; man muß also den längeren ein wenig dünner und schmäler machen als den kürzeren. Dies ist das schwierigste an der Herstellung und wird erst nach einigen Versuchen gelingen; man darf sich aber durch die anfänglichen Mißerfolge nicht abschrecken lassen, wenn man eine wirklich gute Waffe und mit ihr die gewünschte Treffsicherheit gewinnen will. Endlich muß der Bumerang etwas windschief sein; wenn man ihn daher so auf den Tisch legt, daß das Ende des langen Schenkels auf der Platte ruht, muß sich das des kurzen 20 bis 30 mm über sie erheben. Das gleiche Ge-

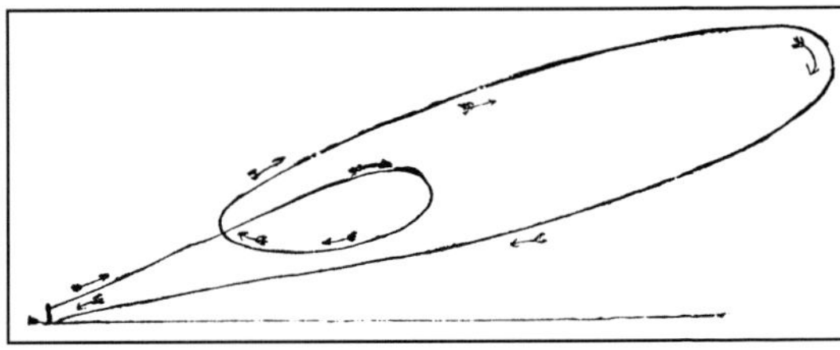
Abb. 403. Bumerang, schief nach aufwärts geworfen.

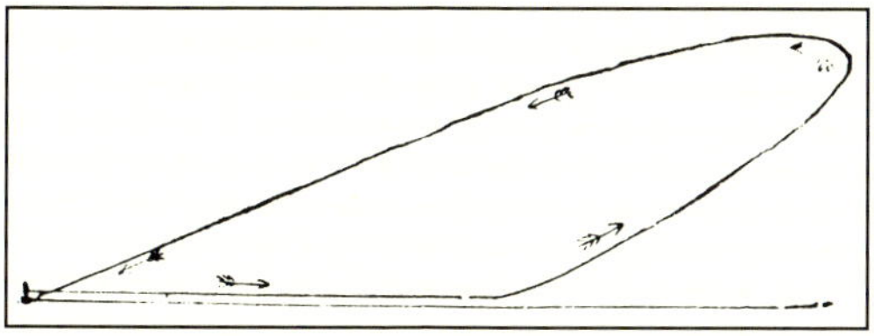

Abb. 404. Flugbahn des waagrecht geworfenen Bumerang.

wicht der Schenkel ermöglicht das Zurückkehren des Wurfholzes zum Standplatz des Schleudernden, die Windschiefe das Aufsteigen. Der Bumerang wird mit der rechten Hand geworfen, wie es die Abb. 406 zeigt, doch ist es gleichgültig, ob man dabei das kurze oder das lange Ende in die Hand nimmt. Schleudert man ihn nun schräg nach aufwärts, so wird seine Bahn etwa die Form der Abb. 403 annehmen, nur daß man sich diese in die Horizontalebene umgelegt denken muß. Beim Zurückkehren hat er noch so viel Kraft, daß er einen harten Hut wie ein Messer glatt durchschneidet. Man nehme also Übungen nur auf freiem Feld vor, wo niemand in den Bereich seiner Bahn geraten kann, und hüte sich selbst vor dem zurückwirbelnden Geschoß durch rechtzeitiges Ausweichen. Überhaupt ist es sicherer, sich erst mittels eines Modells aus Pappe über seine verschiedenen Flugbahnen im allgemeinen Klarheit zu verschaffen. Ein geradeaus geworfener Bumerang fliegt erst parallel zum Erdboden, steigt aber dann plötzlich turmhoch empor, um schließlich in einem steilen Bogen zum Ausgangspunkt zurückzukehren (Abb. 404). Gerade diesem seltsamen Wechsel in der Richtung des geschleuderten Bumerang verdankt der Australneger seine besten Beutestücke aus der Luft, weil er damit die flüchtigen Vögel vollständig überrascht. In der Abb. 405 endlich sehen wir die Flugbahn eines Bumerangs, der leicht die Erde berührt hat; hier muß man bei der Rückkehr doppelt achtgeben, um nicht getroffen zu werden. Der Bumerang muß stets gegen den Wind geschleudert werden, sonst wird er von diesem fortgetragen und kehrt nicht zurück.

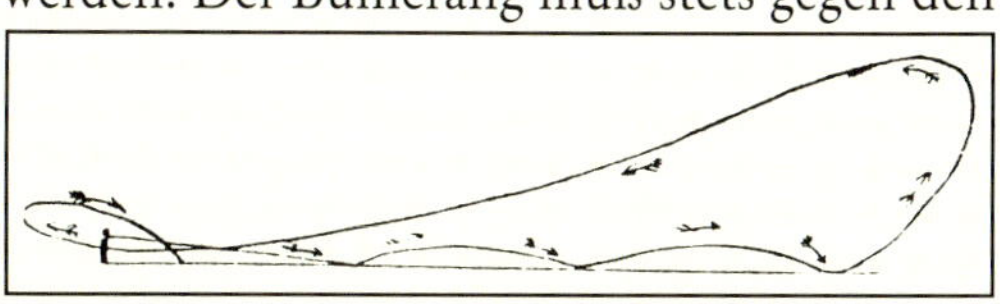

Abb. 405. Flugbahn des leicht aufschlagenden Bumerang.

Ein noch größeres Ansehen als das beschriebene Wurfholz genießt bei der Jugend die Wurfleine, das *Lasso.* Man nimmt dazu eine Leine von Bleistiftdicke und etwa 10 m Länge, z.B. eine alte, glatte Wäscheleine, aber keine aus dem widerspenstigen Material Hanf. Auch darf niemals ein Knoten darin gewesen sein, weil diese Stelle beim Wurf nicht glatt durch die Schlinge laufen würde. Wie letztere zu machen ist, ersehen wir aus Abb. 407, doch wird der Knoten natürlich fest zugezogen. Durch diese Öse ist dann das Seil seiner ganzen Länge nach hindurchzuschieben, nicht aber etwa die Öse umzukrempeln. Wer Lust dazu hat, kann sie auch mit einem Stück Rindsleder, das zu diesem Zweck gut eingeweicht wurde, so überziehen, daß die Naht außen herum zu liegen kommt. Was das Werfen selber anbelangt, so übt man sich an Pfählen, Kisten und dergleichen, niemals aber an lebenden Wesen, weil das Aufschlagen der harten Öse äußerst schmerzhaft ausfallen und gar leicht die Augen verletzen kann.

Abb. 406. Haltung des Bumerang.

Über die Haltung des Lasso belehrt uns die Abb. 408. Die Öse darf also nicht in der Hand selber ruhen, sondern muß von dieser etwa 3/4 m entfernt bleiben; ferner müssen die Windungen in der linken Hand sorgfältig nebeneinander ohne jede Drehung aufgerollt sein. Mit der so gebildeten Schlinge beginnt man nun zu schwingen, so daß sie möglichst einen Kreis bildet, der sich niemals schließen darf (Abb. 409). Hat man dies gut weg, so kann man die Schlinge allmählich vergrößern, indem man unter fortgesetztem Schwingen von der Rolle in der linken Hand Seil ablaufen und durch die rechte Hand gleiten läßt, die aber dabei das kurze Ende mit der Öse stets festhalten muß. Auf der Abb. 410 hat die Schlinge ihre volle Größe erreicht, doch braucht sie beim Anfänger nicht so groß zu sein, da sie sich in diesem Umfang sehr schwierig werfen läßt. Diese Abbildung zeigt übrigens die Schleife, wie die vorige, ein wenig von der Seite her; in Wirklichkeit ist sie

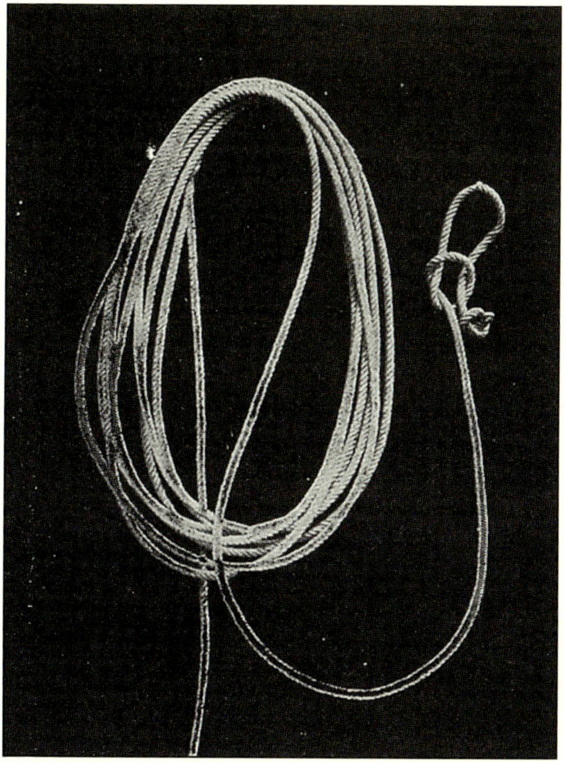

Abb. 407. Lasso.

Abb. 408. Haltung des Lasso.

mehr rund. Wenn sie sich dagegen etwa verdrehen sollte, wie es die Abb. 411 darstellt, dann wird der Wurf niemals gelingen, sondern man muß von vorn anfangen. Endlich wird die Schlinge nach dem Ziel geschleudert. Auf der Abb. 412 sieht man deutlich, wie sich dabei die einzelnen Ringe von der Seilrolle lösen; sie darf aber dabei nicht mitgerissen werden, wie es hier teilweise der Fall ist. Auch hier ist der Kreis wieder vollständig rund, obwohl er, von der Seite gesehen, oval erscheint.

Eine andere Art, ein Lasso schwingen zu lernen, ist in Abb. 413 angegeben; sie sieht sehr elegant aus, ist nicht besonders schwierig und daher recht zu empfehlen, wenn man die Handhabung des Lasso gründlich erlernen will. Zum Schluß noch einige Ratschläge. Man wird nie nach einem Ziel werfen lernen, solange man nicht eine volle runde Schlinge zu schwingen versteht. Deshalb übe man sich ausdauernd im letzteren, lasse sich dagegen mit ersterem Zeit.

Abb. 409. Beginn des Schwingens.

Abb. 410. Die Schlinge in voller Größe.

Glaubt man aber endlich geschickt genug zu sein, dann wählt man als Ziel am besten eine größere Kiste, um die sich die Schlinge rund herum legen muß, ohne an den Ecken aufzuprallen. Kann man das, dann wird man einen Pfahl, Ast und andere dünne Gegenstände sicherlich auch zu treffen wissen. Von da bis zum Einfangen beweglicher Ziele wäre nun nicht mehr weit, wir können uns diese Mühe jedoch ruhig ersparen, weil wir sie in der Heimat nicht verwenden können, ohne gegen die tierschutzpolizeilichen Vorschriften zu ver-

Abb. 411. Die Schlinge hat sich verdreht.

Abb. 412. Der Wurf.

stoßen. Dagegen wird es uns bei Hochgebirgstouren und ähnlichen Anlässen nicht selten von großem Vorteil sein, wenn wir verstehen, unsere Leine sicher nach einem festen Ziel, etwa einer Felsennase, zu werfen.

Was für die größeren Knaben das Lasso, das ist für die jüngeren Brüder der *Tomahawk.* Freilich kann es sich da nicht um die

Abb. 413. Andere Art, das Lasso zu schwingen.

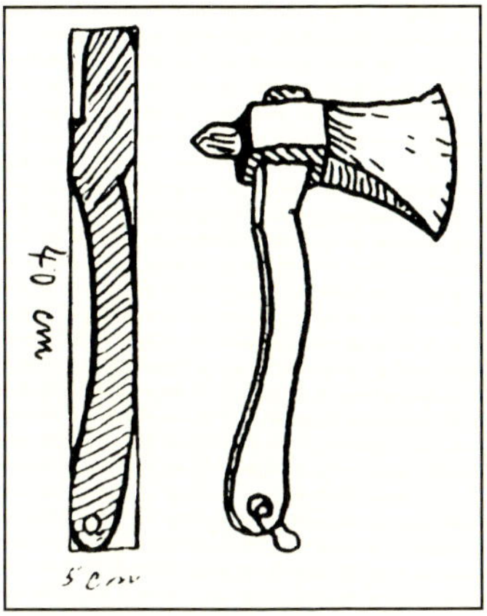

Abb. 414. Tomahawk und Stiel dazu.

Herstellung eines richtigen Wurfbeiles handeln, wie es die Rothäute früherer Zeiten meisterhaft zu handhaben verstanden, denn das wäre viel zu gefährlich. Wir wollen vielmehr unserem Brüderlein ein hübsches Spielzeug verfertigen, das seine Würde als junger Indianerhäuptling gebührend kennzeichnet. Man schnitzt es aus weichem Holz nach den Angaben der Abb. 414 und 415 und überklebt den Kopfteil mit Silberpapier, während man den Stiel braun beizt. Noch besser erreicht man das Aussehen von Eisen, indem man den Kopfteil zuerst mit dünnem Leimwasser tränkt, dann einen Brei aus Wasser und Graphitpulver aufträgt und schließlich kräftig bürstet.

In ähnlicher Weise wird sich ein Bowiemesser herstellen lassen. Zu einer Lanze nehmen wir eine etwa 150 cm lange zolldicke Stange ohne Spitze, weil letztere im Ungestüm des Kampfes leicht gefährlich werden könnte, und nageln ringsherum Streifchen von Kaninchenfell auf, welche die erbeuteten Skalplocken vertreten. Ein Schild wird aus einem dünnen Brett oder recht dicker Pappe geschnitten und nach Belieben bemalt, oder ebenfalls mit Fell überzogen.

Bei der Herstellung der übrigen Ausrüstung für den jugendlichen Indianerhäuptling oder Trapper dürfte der Hauptanteil wohl auf die Schwestern fallen, dagegen können wir ihm mit nicht zu großer Mühe ein echtes *Wildwestzelt* anfertigen. Wir stecken eine Anzahl Bohnenstangen

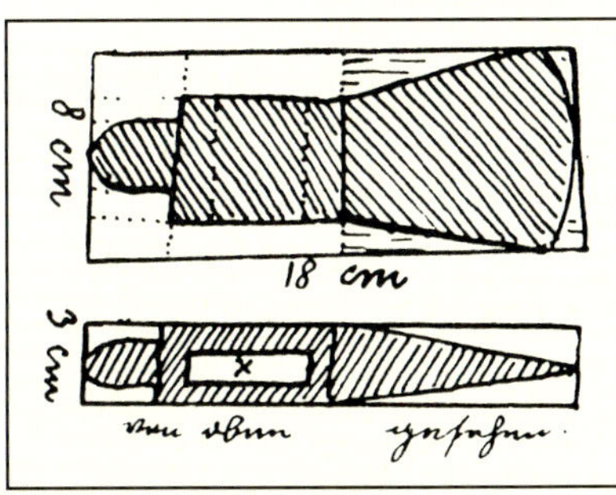

Abb. 415. Kopfteil des Tomahawk.

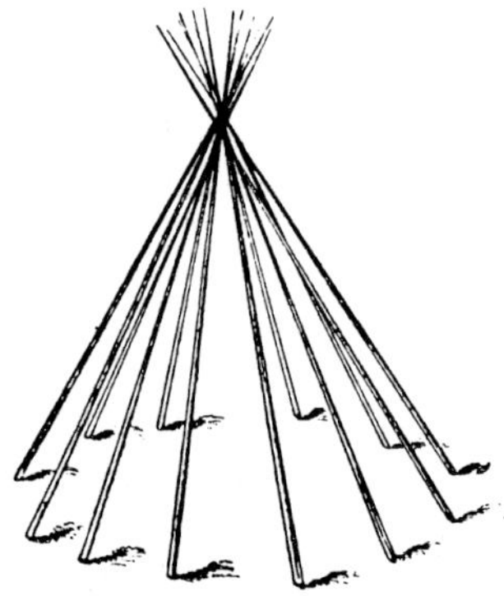

Abb. 416. Stangengerüst.

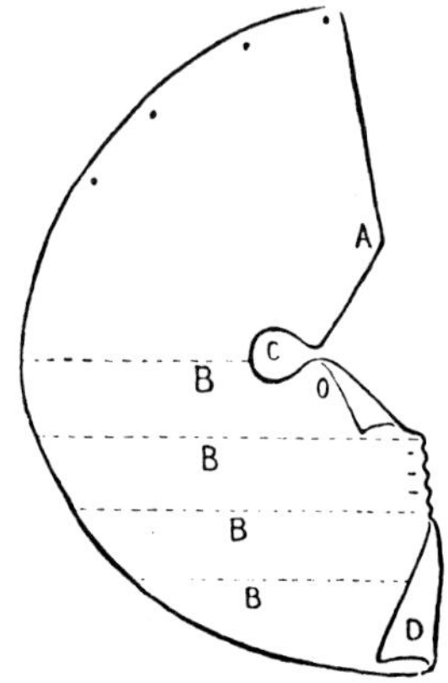

Abb. 417. Zelttuch.

schief in den Boden längs einer Kreislinie und binden sie oben an der Kreuzungsstelle zusammen (Abb. 416). Sodann nähen wir mehrere Stoffbahnen (B in der Abb. 417) aneinander und schneiden sie in der abgebildeten Halbkreisform zu. Längs des Außenrandes bringt man Löcher an, die gut umsäumt werden müssen; sie dienen zur Befestigung des Zeltes am Boden, indem hier kurze Pflöcke hindurch eingetrieben werden. Längs der Seite A werden Knöpfe, längs der Seite D Knopflöcher angebracht, um das Zelt bei schlechtem Wetter vollständig schließen zu können (Abb. 418). Die Länge der Zeltwand von der Mitte (C) kann immerhin 200 bis 250 cm betragen. Man verwendet am besten wasserdichte Leinwand, es genügt aber auch ein anderes recht rauhhaariges Gewebe.

Abb. 418. Das fertige Zelt.

Soll ein Zelt ernsteren Zwecken dienen, z. B. als luftige Ferienlaube am Waldesrand oder als Auskleideraum neben dem Badeteich, dann nehmen wir besser die Abb. 419 zum Vorbild. In einer Entfernung von etwa 290 cm rammen wir zwei starke Pfähle in den Boden, so daß sie noch 210 cm über diesen emporragen. Am oberen Ende erhalten sie einen eisernen Zapfen von 10 cm Länge als Fortsetzung. Über diesen (Abb. 420 III) werden die Endlöcher einer entsprechend langen und starken viereckigen Leiste gescho-

Abb. 419. Großes Zelt.

ben, so daß wir also ein galgenförmiges Gerüst erhalten. Die Zeltwand (Fig. I) wird aus Streifen wasserdichter Leinwand von je 65 cm Breite mit Kappnähten zusammengenäht und an den Rändern ringsum gut gesäumt. Die übrigen Maße sind aus der Abbildung zu entnehmen. Längs der gestrichelten Linien D rechts und links ist ferner eine dicke Schnur oder ein dünnes Hanfseil einzunähen, denn hier werden an den mit einem kleinen Ring bezeichneten Stellen die Befestigungsseile eingeknüpft. Die beiden Lappen an der Vorder- und Rückwand sind in der Mitte rechts mit Knöpfen, links mit Knopflöchern oder Knopfschlingen zu versehen, an den mit c bezeichneten Zwickeln aber am besten mit den Seitenwänden zusammenzunähen. An der Rückwand endlich kann man nach Art der Fig. II ein zweilappiges, mit Knöpfen verschließbares Fenster (A–A) anbringen. An den mit r–r bezeichneten Stellen sind starke Messingringe in die Leinwand einzunähen; durch sie werden die über die Querlatte vorstehenden Enden der eisernen Zapfen oben auf den Stützpfählen geschoben. Zur Befestigung der erwähnten seitlichen Seile schlägt man kurze Pflöcke in den Boden, und zwar entweder einfache, mit einer Kerbe versehene

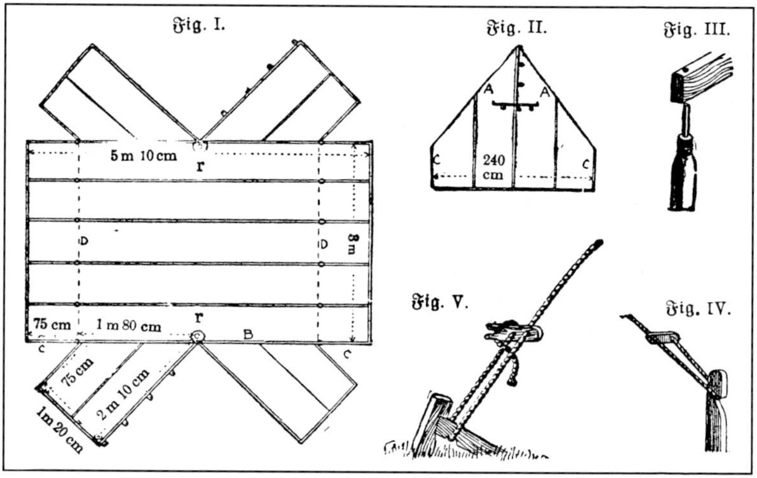

Abb. 420. Einzelteile des großen Zeltes.

(Fig. IV) oder doppelte (Fig. V), die natürlich weit besser halten und auch vom stärksten Wind nicht herausgerissen werden. Zum straffen Anziehen der Seile benützt man kleine Brettchen aus hartem Holz, die jeweils mit zwei Löchern zum Durchziehen der Seite versehen sind; ihre Anwendung ist aus den Fig. IV und V deutlich genug ersichtlich. Da dieses Zelt ziemlich viel Arbeit verursacht, spare man nicht mit der Ausgabe für eine gute wasserdichte Leinwand. Man kann dann unter seinem Schutz auch einen mehrstündigen Gewitterregen ohne jeden Schaden aushalten. Wenn wir schließlich die senkrechten Pfähle vom Schmied unten mit einer 15 bis 20 cm langen eisernen Spitze und darüber mit einer Eisenscheibe von 8 bis 10 cm Durchmesser versehen lassen, können wir das Zelt jederzeit mit uns führen und an jedem beliebigen Ort aufstellen, weil es sich dann mit wenigen Handgriffen zusammensetzen und wieder auseinandernehmen läßt.

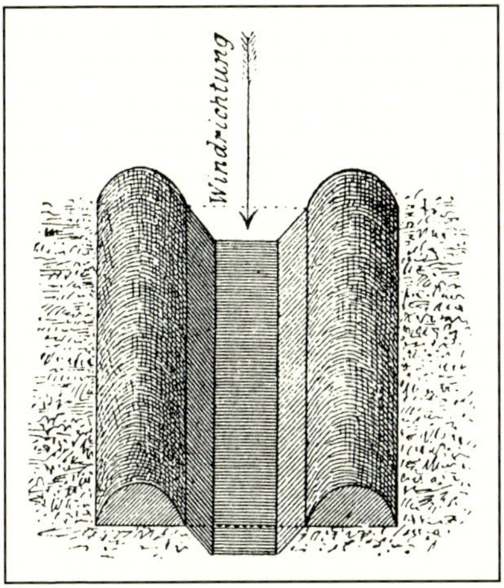

Abb. 421. Kochgraben.

Wenn man sich nun an einem schönen Tag, natürlich mit dem Vorwissen der Eltern, so weit von der Wohnung entfernt, daß man zum Mittagessen nicht zurück sein kann, dann macht es bisweilen Spaß, sich selber auf freiem Feld nach Soldatenart ein Mahl zu bereiten, zumal die Fleisch- und Gemüsekonserven heutzutage auch schon in kleinen Orten käuflich sind und alle besonderen Kochkünste ersparen. Wir heben also, selbstverständlich mit der Erlaubnis des Grundeigentümers, einen *Kochgraben* aus und bilden zu

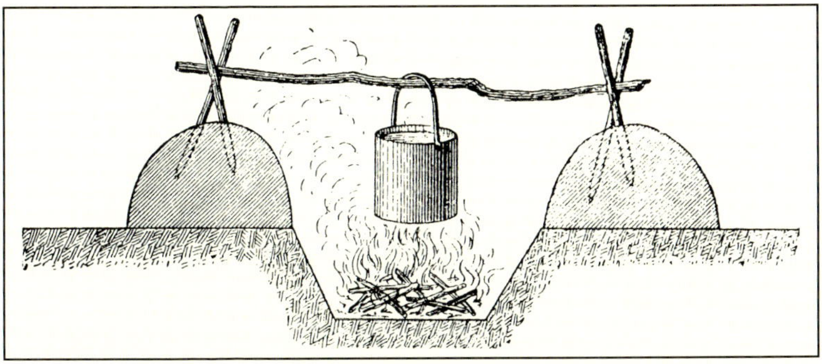
Abb. 422. Feldkochherd.

beiden Seiten davon aus der ausgeworfenen Erde einen kleinen Damm (Abb. 421). In diesen treiben wir kreuzweise je zwei kurze Pfähle und legen in die so entstandenen Gabeln einen Querast, an dem wir den Kochkessel über dem Feuer aufhängen (Abb. 422). Die Flammen werden lustig emporlodern, wenn der Wind in der Längsrichtung durch den Graben streichen kann.

Hat uns das Mahl dann gut gemundet, so können wir, das ländliche Idyll vollständig zu machen, uns und die Gefährten noch durch einige einfache Melodien erfreuen, die wir auf dem uralten Hirteninstrument, der *Schalmei,* zum besten geben. Wie man eine gewöhnliche Weidenpfeife fertigt, das dürfen wir wohl bei allen unseren Lesern als bekannt voraussetzen. Wir stimmen nun eine Anzahl von ihnen nach der Tonleiter ab, was uns dadurch leicht gelingen wird, daß wir Ruten von verschiedener Dicke und Länge verwenden. Dann nageln wir sie nebeneinander auf zwei Holzleisten (Abb. 423). Wer im Flechten geschickt ist, verwendet zur Verbindung der Pfeifen besser Bast.

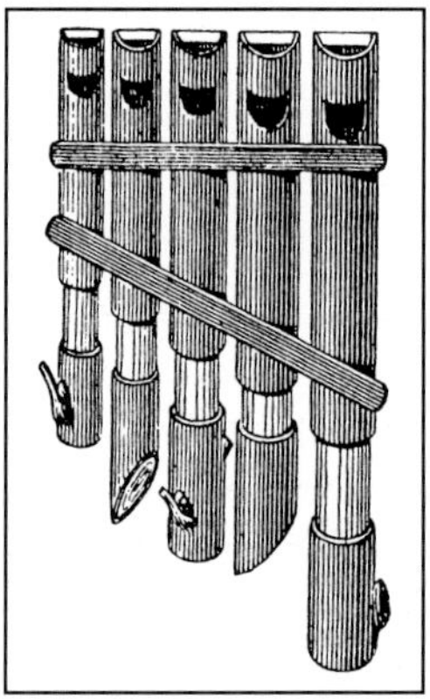

Abb. 423. Schalmei aus Weidenpfeifen.

Können wir uns nun noch des Bewußtseins freuen, ein gutes Schulzeugnis heimgebracht zu haben, dann erinnern wir uns in unserem grünen Waldlager sicherlich mit vollem Genuß der Anfangsverse aus Vergils berühmter erster Ekloge, die uns vor wenig Wochen noch großes Kopfzerbrechen verursachte:

Tityre, tu patulae recubans sub tegmine fagi
Silvestrem tenui musam meditaris avena ...

zu deutsch:

Tityrus, unter dem Dach der weitausgreifenden Buche
Liegst du und übst auf dem dünnen Rohr die Weisen des Waldes.

Einige nützliche Instrumente

Zum Schluß seien nun einige nützliche Instrumente beschrieben, die, ohne fühlbare Ausgaben zu verursachen, oftmals aus großer Not helfen können.

Um rasch einen Kreis zu ziehen, beschafft man sich einen einfachen und guten *Zirkel* in der Art, daß man in einen Karton- oder Blechstreifen zwei Löcher in der Entfernung des Radius sticht. Durch das eine steckt man eine Nadel in den gewählten Mittelpunkt, durch das andere schiebt man die Spitze eines Bleistiftes, und der Notzirkel ist fertig. Die Abb. 424 stellt dieses Verfahren der Deutlichkeit wegen in kleinem Maßstab dar; es eignet sich aber ebenso zum Ziehen großer Kreise, ja hierfür besonders, weil man einen Stangenzirkel von der erforderlichen Länge wohl nur selten zur Verfügung haben wird. Auch kann man auf diese Art viel genauer die Maße einhalten, als wenn man sich, was oft geschieht, eines Fadens mit zwei Schlingen bedient.

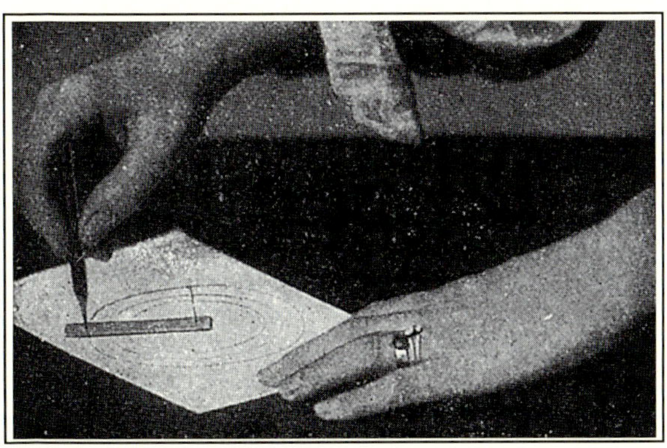

Abb. 424. Einfacher Zirkel.

Recht häufig braucht man ferner einen *Ellipsenzirkel.* Er muß nach folgender Überlegung

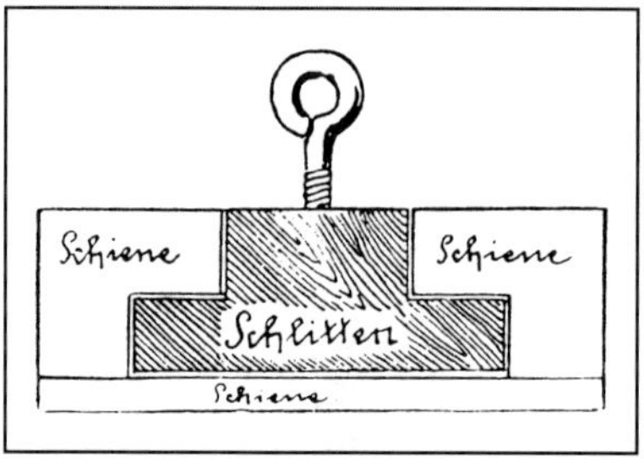

Abb. 425. Durchschnitt der Führungsschienen und des Schlittens

gefertigt sein. Wenn sich (Abb. 428 rechts oben) eine Gerade M N P so bewegt, daß ihr fester Punkt M stets auf dem einen, der feste Punkt N stets auf dem anderen Schenkel des rechten Winkels X O Y bleibt, so beschreibt der dritte feste Punkt P dieser Geraden eine Ellipse. Für den Beweis muß man freilich ein wenig Analytik verstehen, weshalb wir davon absehen wollen, ihn hier zu geben. Wir fertigen nun zunächst ein Schienenkreuz, wie es die Abb. 425 im Durchschnitt, die Abb. 426 im Aufriß zeigt. Die vier Schenkel mögen je 125 mm lang und 30 mm breit sein. Darauf sind die Schlittenschienen zu leimen, die nach oben zu übergreifen. Die Innenflächen sind gut mit Glaspapier zu glätten, wenn nötig auch mit Seife einzureiben. Die beiden Schlitten (M und N in der Abb. 427) erhalten jeder ein senkrechtes Loch, in das eine Ringschraube paßt. Der gerade Stab M N P sei 5 mm dick, 15 mm breit und 40 cm lang. Er wird, bei M beginnend, dreizehnmal in Abständen von 1 cm durchbohrt; in diesen Löchern muß sich die Ringschraube leicht drehen können. Darauf folgen weitere neun Löcher in Abständen von je 3 cm; in diese paßt der Bleistift. Statt dieser letzterwähnten Löcher kann man aber auch einen verschiebbaren Bleistifthalter aus Blech nach Art der Abb. 428 anbringen. Die weitere Handhabung ist ebenda deutlich zu ersehen; der Mittelpunkt des Schienenkreu-

Abb. 426. Schienenkreuz.

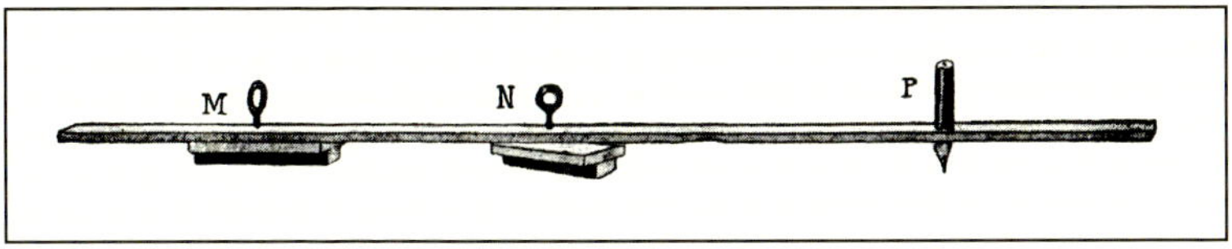

Abb. 427. Stange mit Schlitten.

zes muß also genau auf den Halbierungspunkt der Entfernung der beiden Brennpunkte zu stehen kommen, weshalb man es an dieser Stelle mit einer kleinen Durchbohrung versieht. Der größte Unterschied der beiden Halbachsen wird erreicht für M P = 24 cm, und N P = 12 cm, der kleinste für M P = 39 cm, N P = 38 cm; dazwischen liegen siebzig Übergänge.

Noch einfacher sind die *Lineale für Parabel und Hyperbel* herzustellen. Für erstere befestigen wir ein gewöhnliches Lineal L L' (Abb. 429) mit Reißnägeln auf dem Zeichenbrett. Dann sägen wir ein rechtwinkliges Dreieck A B C, das bei A in einen kleinen Kreis endigt, dessen Mittelpunkt A mit der Spitze des Dreiecks zusammenfällt. Zwischen A und dem Brennpunkt der Parabel F wird ein Faden ausgespannt, der genau so lang wie A C ist. Verschiebt man

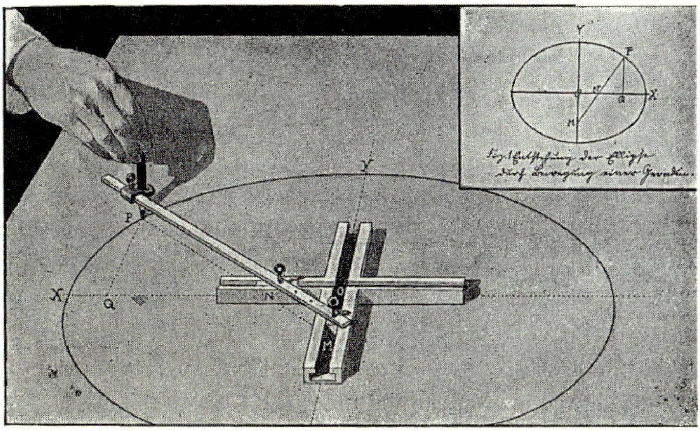

Abb. 428. Ellipsenzirkel.

nun die Spitze des Bleistifts P unter Straffhaltung des Fadens längs A C, während das Dreieck mit seiner Seite B C an L L' entlang gleitet, so wird man bei einiger Kenntnis in der Mathematik leicht begreifen, daß für jede Lage von P die Strecke P C = P F und die so erhaltene Linie eine Parabel ist. Wenn der eine Parabelast fertig ist, muß man das Dreieck herumklappen und auf die andere Seite bringen, um auch den zweiten Ast zu ziehen.

Für die Darstellung der Hyperbel braucht man nur ein gerades Lineal, das an den beiden Enden eine runde Scheibe trägt (Abb. 430).

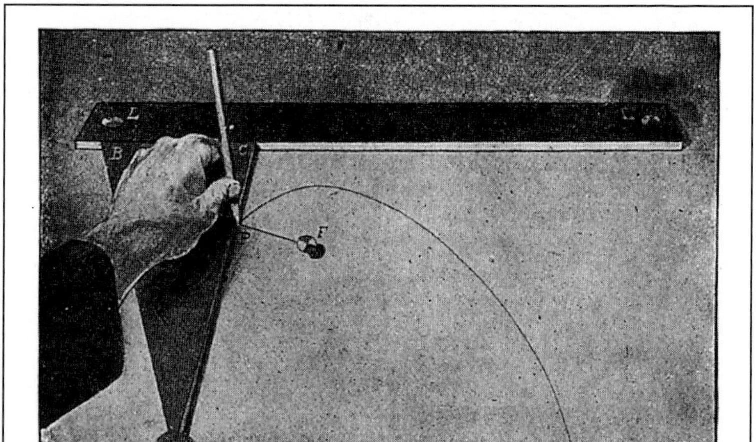

Abb. 429. Parabellineal.

Der Faden, ein wenig kürzer als F G, wird bei G und F' befestigt; das Lineal muß sich um einen bei F durchgesteckten Stift leicht drehen lassen. Man fährt nun unter Drehung des Lineals wieder in der Weise an F G entlang, daß der Faden stets straff bleibt. Nehmen wir den Unterschied zwischen der Fadenlänge und F G = c, so ist leicht zu beweisen, daß unter den angegebenen Verhältnissen stets P F–P F' = c bleibt, also den Bedingungen für das Zustandekommen einer Hyperbel genügt wird. Sobald F G beim Drehen an F' stößt, muß man den Stift F herausziehen, das Lineal umklappen und wieder mittels F in dem alten Loch befestigen. Der linke Ast entsteht, wenn man die Punkte F und F' die Rollen tauschen läßt.

Sehr häufig wird uns ferner die Notwendigkeit auftauchen, einen *Winkel in drei gleiche Teile* zu teilen, was auf dem Wege ebener Konstruktion nicht möglich ist. Es gibt aber ein Instrument, mit dem man das gewünschte Ziel rasch und nur durch kurzes Probieren erreicht. Zu seiner Herstellung zeichnen wir zunächst auf ein Blatt Papier die Figur, die wir in der Abb. 431 schraffiert

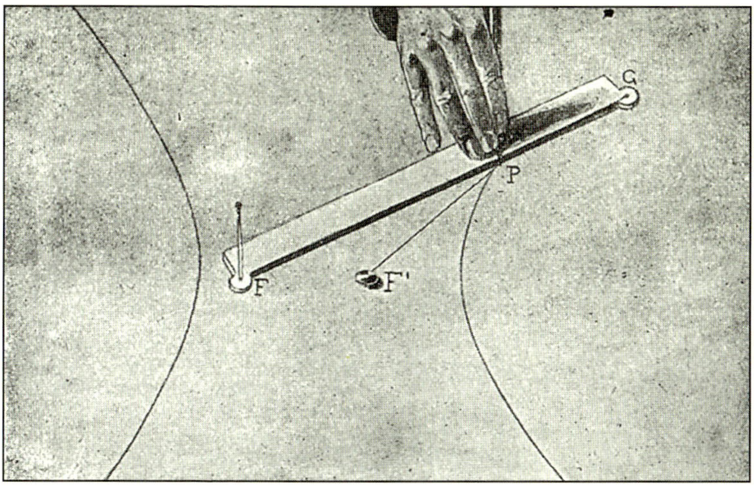

Abb. 430. Hyperbellineal.

angegeben sehen. Auf einer Geraden tragen wir eine beliebige Strecke dreimal auf als a c, a m, m g, errichten in a ein beliebig langes Lot a d und schlagen dann nach derselben Seite mit m a = m g als Radius um m einen Halbkreis. Über a c zeichnet man dann ein Rechteck von beliebiger Höhe a e und zieht auch zu a d rechts durch einen Punkt f eine Parallele bis neben d hinauf. Dann sägt man diese aus einem Winkelhaken und einem Halbkreis bestehende Figur aus Laubsägeholz oder noch besser aus 1 mm dickem Zinkblech sorgfältig aus. Um damit einen Winkel in drei Teile zu

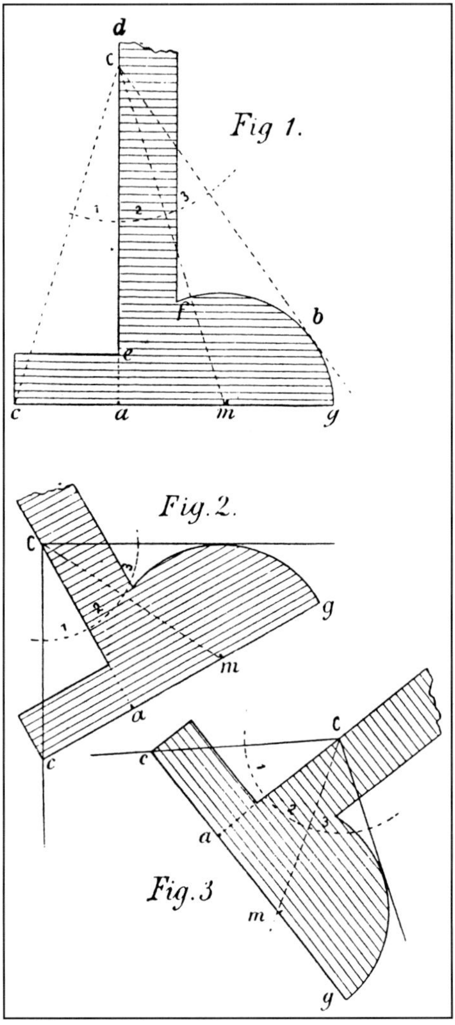

Abb. 431. Instrument zur Dreiteilung eines Winkels.

teilen, legt man, wie es die Abbildung sowohl an einem spitzen (Fig. 1) als an einem rechten (Fig. 2) und einem stumpfen Winkel (Fig. 3) zeigt, das Instrument so auf den Winkel, daß a d durch den Scheitel C des Winkels geht und c auf dem einen Schenkel zu liegen kommt. Dann schiebt man es unter Beibehaltung beider Vorschriften so weit vor, bis der Halbkreis den anderen Schenkel berührt. Nunmehr teilen die Geraden C a und C m den Winkel in drei gleiche Teile. Wie daraus ersichtlich ist, handelt es sich also nicht um eine regelrechte geometrische Konstruktion mit Lineal und Zirkel, sondern um eine Lösung des Problems durch Probieren, die aber doch ein für unsere Zwecke hinreichend genaues Resultat ergeben wird.

Bei mancherlei Anlässen, etwa um Einladungskarten zu einem Geburtstagsschmaus, einem Gartenfest und dergleichen zu vervielfältigen, erweist sich der Besitz eines *Hektographen* als sehr nützlich.

Abb. 432. Zinktasse und Deckel.

Er besteht aus einer Zinkblechtasse, die ringsum etwa 2 bis 3 cm breiter ist als das Format der gewünschten Abzüge. Damit die Masse nicht verstaubt, ist es gut, auch einen passenden Deckel dazu anzufertigen (Abb. 432). Dann breitet man über gelindem Feuer die Hektrographenmasse. Sie besteht nach Kwaisser und Hussak aus einem Teil Gelatine, vier Teilen Glyzerin von 30 Grad Baumé und zwei Teilen Wasser, bei mäßiger Wärme zusammengeschmolzen, und wird, nachdem sich alle Bestandteile gut vermischt haben, in die vorgenannte Zinktasse gegossen. Sodann muß man ohne Verzug mit einem spitzen Hölzchen oder Kartonstreifen all die kleinen und kleinsten Bläschen entfernen, die sich an und unter der Oberfläche zeigen. Wo ein solches übrig bleibt, entsteht bald durch das Abwaschen ein Loch, und die Buchstaben werden an dieser Stelle nicht mehr vervielfältigt. Zum leichteren Abheben der Abzüge legt man, sobald die Masse erkaltet ist, an den Schmalseiten mit Hektographentinte (konzentrierte Lösung von Methylviolett oder Eosin in Wasser) geschrieben, wird nun aufgelegt, kräftig aufgestrichen, ohne es zu verrücken, und nach 7 bis 8 Minuten wieder abgezogen. Man kann dann, wenn Masse und Tinte gut sind, leicht bis an hundert deutliche Abzüge herstellen. Sofort nach dem Gebrauch

Abb. 433. Hektograph.

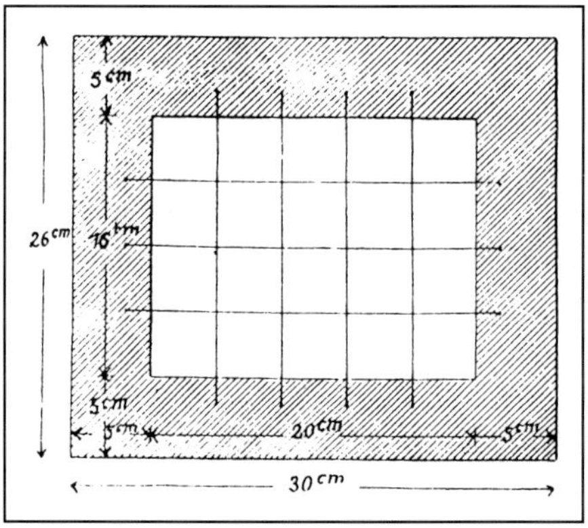

Abb. 434. Netzrahmen.

wäscht man die Masse mit Wasser und einem weichen Schwamm sorgfältig ab, bis alle Buchstaben wieder verschwunden sind. Ist die Fläche dadurch mit der Zeit zu uneben geworden, so daß verzerrte Abzüge entstehen, schmilzt man sie um, indem man die Zinktasse über gelindem Feuer erwärmt, bis die Masse flüssig geworden ist.

Mancher junge Naturfreund würde sich gern zur Erinnerung an schöne Gegenden Skizzen anfertigen, wenn die Sache nicht gar so schwierig wäre. Sie ist aber nur scheinbar, denn sie gelingt schon nach kurzer Übung ziemlich gut, sobald man sich eines Netzrahmens bedient. Man fertigt aus 15 mm dicken und 5 cm breiten Hartholzleisten einen Rahmen in der auf S. 36 beschriebenen Weise, und nach den Angaben der Abb. 434. In gleichen Abständen von je 4 cm spannt man dann Schnüre oder Kupferdraht straff darüber, so daß sich ein aus zwanzig gleichen Quadraten bestehendes Netz ergibt. Man kann aber auch eine Glastafel einsetzen und auf diese die Linien mit Ölfarbe ziehen. Zu dem Rahmen fertigen wir hierauf aus einer 10 cm breiten Latte und einem prismatischen Holzklotz einen Halter (Abb. 435). Zum Durchstechen der Nägel müssen Löcher sowohl in eine Längs- als in eine Schmalseite des Rahmens gebohrt werden. Gleichfalls mittels eines Na-

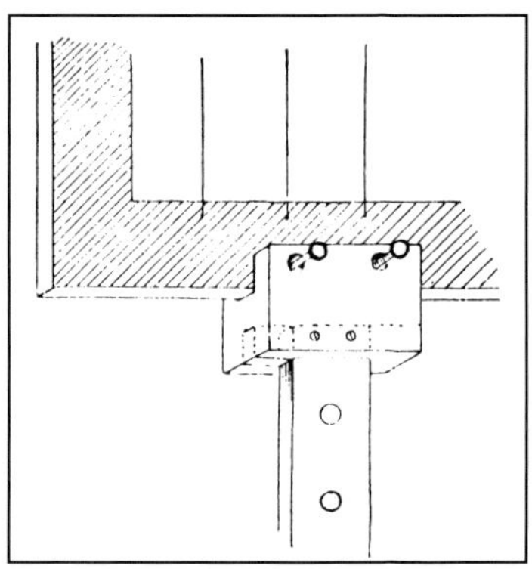

Abb. 435. Stellklotz und Latte.

gels wird die Latte in dem Einschnitt festgehalten, den wir in den Kopf eines alten fotografischen Stativs gesägt haben (Abb. 436). Wer ein solches nicht zur Hand hat, kann es leicht aus drei unten mit einer Eisenspitze versehenen Latten und einem dicken, in der Form eines Bodendreiecks mit abgeschnittenen Ecken gesägten Holzklotz herstellen. Zum Gebrauch zeichnet man zunächst ein Netz, aus zwanzig Quadraten bestehend, auf das Papier, stellt dann den Rahmen so zwischen sich und die Landschaft, daß seine Mitte etwa in Augenhöhe steht, und überträgt den Inhalt jedes Rahmenquadrates auf das entsprechende Netzquadrat des Papiers. Das schwierigste bei der Sache ist, daß man den Kopf beim Absehen stets in der gleichen Höhe hält und weder nach rechts noch nach links verschiebt. Bei einiger

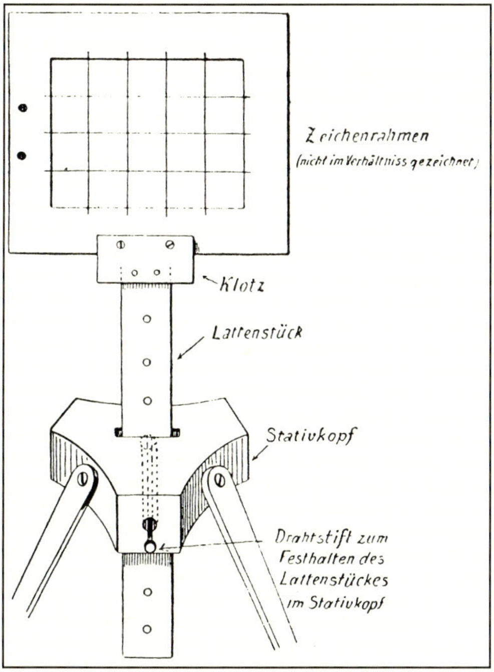

Abb. 436. Netzrahmen zum Landschaftszeichnen mit Stativ.

Ausdauer wird man sich aber auch diese Geschicklichkeit bald aneignen. Will man die so erhaltene Zeichnung etwa daheim noch farbig ausmalen, bezeichnet man die waagrechten Abteilungen des Rahmens mit a b c d, die senkrechten mit 1 2 3 4 5, und verzeichnet dann in seinem Taschenbuch etwa „b 2 Kirchturm mit rotem Ziegeldach, c 3 Bauernhaus mit weißen Wänden, gründen Fensterrahmen und Strohdach“ und so weiter.

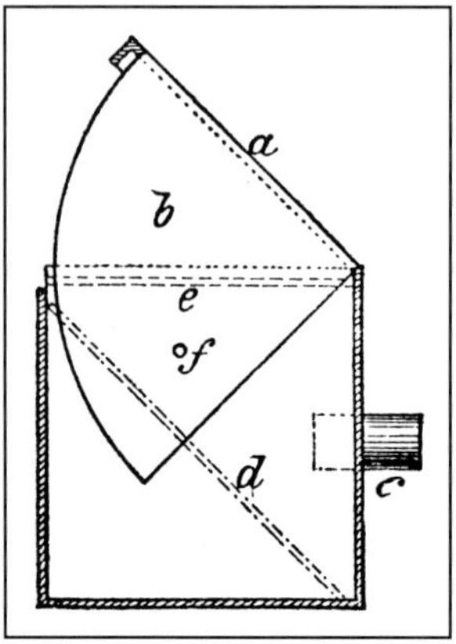

Abb. 437. Camera obskura, Durchschnitt.

Die Handhabung dieses Netzrahmens setzt nun allerdings noch eine gewisse natürliche Geschicklichkeit der Hände voraus. Wer auch diese entbehrt, muß sich zum Nachzeichnen einer *Camera obskura* bedienen, die wir auf Abb. 437 dargestellt sehen. Sie hat folgende Einrichtung. In der Vorderwand eines oben mit einer Mattscheibe e verschlossenen Kastens steckt verschiebbar ein Rohr c, in dem eine bikonvexe oder noch besser achromatische Linse befestigt ist. Ein waagrecht auf diese fallender Lichtstrahl dringt nun geradenwegs ins Innere, wird von dem unter einem Winkel von 45 Grad aufgestellten Spiegel d senkrecht nach oben geworfen und erscheint auf der Mattscheibe ohne Verzerrung, sobald die Linse richtig eingestellt ist. Der bewegliche Schirm a hat den Zweck, das Spiegelbild deutlicher erkennen zu lassen. Wir fertigen also einen würfelförmigen Kasten von 20–30 cm Seitenlänge (Abb. 438), der oben offen ist; die Rückwand b ist 5 mm kürzer als die übrigen. Knapp über ihr sind in die Seitenwände Nuten d zur Aufnahme der Mattscheibe einzustemmen. In die Vorderwand a endlich sägen wir ein rundes Loch e zur Aufnahme des Linsenrohres. Dieses

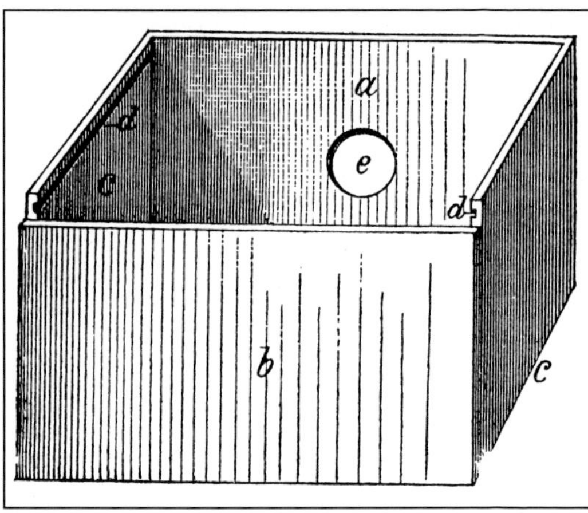

Abb. 438. Kasten.

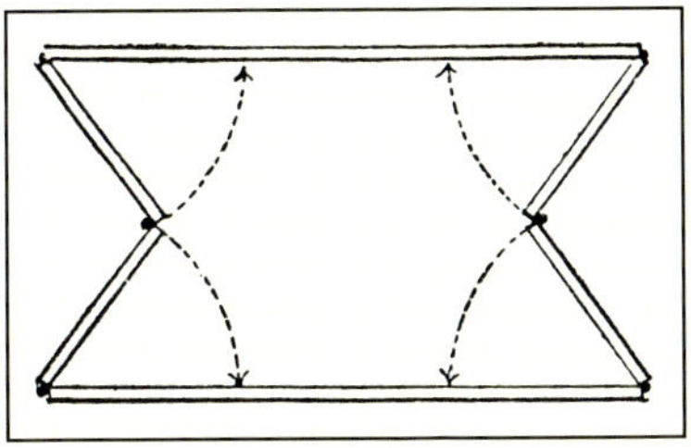

Abb. 439. Faltbarer Blenddeckel.

fertigen wir aus Blech oder aus mehrfach um ein rundes Stück Holz geleimtem Zeichenpapier. In dem Rohr wird mittels zweier federnder Messingringe die Linse befestigt, die je nach der Größe des Kastens 12 bis 18 cm Brennweite und einen solchen Durchmesser haben muß, daß das Bild auf der Mattscheibe bis an die Ränder scharf gezeichnet wird. Die Röhre muß sich in dem Loch mit einigem Widerstand, aber doch nicht allzuschwer verschieben lassen. Dabei ist durch einen eingeleimten Streifen Samt dafür zu sorgen, daß neben ihr kein Licht eindringt; auch sind Röhre und Kasten innen mattschwarz anzustreichen. Die Spiegelscheibe ist, wie erwähnt, unter einem Winkel von 45 Grad einzulegen und wird durch Stiftchen festgehalten, die man knapp über ihr in die Seitenwände einzwängt. Den Blenddeckel fertigt man entweder aus einem quadratischen Brettchen a und zwei viertelkreisförmigen Seitenlappen b und befestigt ihn mittels Scharnieren an der Vorderwand so, daß man ihn nach Belieben auf- und zuklappen kann (Abb. 437). Oder man befestigt die Lappen auch an den Seitenwänden des Kastens; dann muß man sie aber längs der Mittellinie zum Einknicken einrichten (Abb. 439). Schließlich kann man sie auch steif lassen, aber zum Einklappen nach innen seitlich mit Scharnieren oder Leinwandstreifen am Deckel befestigen (Abb. 440). Will man diese Camera obskura zum Zeichnen benützen, so setzt man statt der Mattscheibe eine gewöhnliche Fensterscheibe ein und legt über diese ein Stück durchscheinendes Pauspapier von der erforderlichen Größe. Das Bild, das darauf von unten her sichtbar

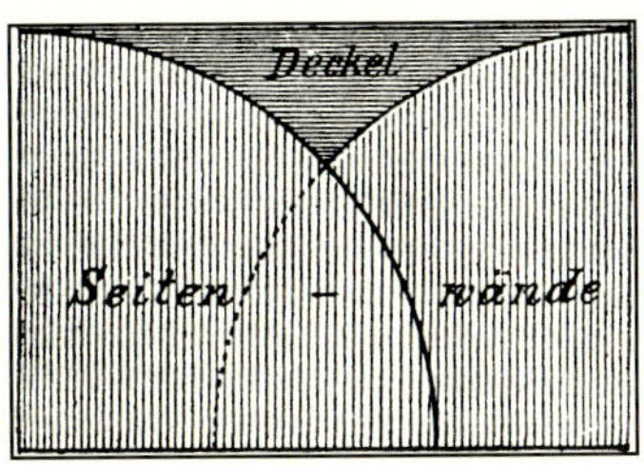

Abb. 440. Deckel mit Seitenklappen.

wird, zeichnet man sorgsam mit dem Bleistift nach und überträgt es daheim in der üblichen Weise auf Zeichenpapier.

Und nun zu guter Letzt, ehe wir von unseren Lesern Abschied nehmen, sei noch eines sehr einfachen Mittels gedacht, wie man auf freiem Feld ohne *Kompaß* die Nord-Süd-Richtung ausfindig machen kann. Man zieht die Taschenuhr heraus und dreht sie in horizontaler Lage so lange, bis der kleine Zeiger auf die Sonne

Abb. 441. Uhr als Kompaß.

gerichtet ist (Abb. 441). Dann liegt genau zwischen diesem und der Ziffer XII Süden und natürlich in der entgegengesetzten Richtung Norden. Der Mann, der diesen ebenso einfachen als klugen Ausweg zuerst erdacht hat, war sicherlich ein Mann mit praktischem Blick, gewohnt, nach dem Wahlspruch zu handeln, den auch dieses Buch als Titel führt:

„Selbst ist der Mann!"

Schlagwörterverzeichnis